FREUD E A MULHER

Transmissão da Psicanálise
diretor: Marco Antonio Coutinho Jorge

1 A Exceção Feminina
Gérard Pommier
2 Gradiva
Wilhelm Jensen
3 Lacan
Bertrand Ogilvie
4 A Criança Magnífica da Psicanálise
J.-D. Nasio
5 Fantasia Originária, Fantasias das Origens, Origens da Fantasia
Jean Laplanche e J.-B. Pontalis
6 Inconsciente Freudiano e Transmissão da Psicanálise
Alain Didier-Weill
7 Sexo e Discurso em Freud e Lacan
Marco A. Coutinho Jorge
8 O Umbigo do Sonho
Laurence Bataille
9 Psicossomática na Clínica Lacaniana
Jean Guir
10 Nobodaddy — A Histeria no Século
Catherine Millot
11 Lições sobre os 7 Conceitos Cruciais da Psicanálise
J.-D. Nasio
12 Da Paixão do Ser à "Loucura" do Saber
Maud Mannoni
13 Psicanálise e Medicina
Pierre Benoit
14 A Topologia de Jacques Lacan
Jeanne Granon-Lafont
15 A Psicose
Alphonse de Waelhens
16 O Desenlace de uma Análise
Gérard Pommier
17 O Coração e a Razão
Léon Chertok e Isabelle Stengers
18 O Mais Sublime dos Histéricos
Slavoj Zizek
19 Para que Serve uma Análise?
Jean-Jacques Moscovitz
20 Introdução à Obra de Françoise Dolto
Michel H. Ledoux
21 O Conceito de Renegação em Freud
André Bourguignon
22 Repressão e Subversão em Psicossomática
Christophe Dejours
23 O Pai e sua Função em Psicanálise
Joël Dor
24 A Histeria
J.-D. Nasio
25 Hölderlin e a Questão do Pai
Jean Laplanche
26 Eles não Sabem o que Fazem
Slavoj Zizek
27 A Ordem Sexual
Gérard Pommier
28 A Neurose Infantil da Psicanálise
Gérard Pommier
29 Pulsão e Inconsciente
Noga Wine
30 Cinco Lições sobre a Teoria de Jacques Lacan
J.-D. Nasio
31 Psicossomática
J.-D. Nasio
32 Fim de uma Análise, Finalidade da Psicanálise
Alain Didier-Weill
33 Freud e a Mulher
Paul-Laurent Assoun

Paul-Laurent Assoun

Freud e a Mulher

Tradução:
Vera Ribeiro
psicanalista

Jorge Zahar Editor
Rio de Janeiro

Título original:
Freud et la femme

Tradução autorizada da edição francesa publicada
em 1993 por Calmann-Lévy, de Paris, França.

Jorge Zahar Editor Ltda.
rua México 31 sobreloja
20031-144 Rio de Janeiro, RJ
Tel.: (021) 240-0226 - Fax.: (021) 262-5123

Editoração eletrônica: TopTextos Edições Gráficas Ltda.

Impressão: Tavares e Tristão Ltda.

ISBN: 2-7021-1278-1 (ed. orig.)
ISBN: 85-7110-223-6 (JZE, RJ)

CIP-Brasil. Catalogação-na-fonte
Sindicato Nacional dos Editores de Livros, RJ.

A869f

Assoun, Paul-Laurent, 1948-
Freud e a mulher / Paul-Laurent Assoun; tradução, Vera Ribeiro. — Rio de Janeiro: Jorge Zahar Ed., 1993
(Transmissão da psicanálise)

Tradução de: Freud et la femme.
Bibliografia.
ISBN 85-7110-223-6

1. Freud, Sigmund, 1856-1939. 2. Mulheres — Psicologia. 3. Feminilidade (Psicologia). I. Título. II. Série.

CDD — 150.1952
92.0140 CDU — 159.964.2

SUMÁRIO

PREFÁCIO[1]

Sucedeu ao fundador da psicanálise formular, em referência ao "preceito de Horácio" — e justamente num de seus principais textos sobre a feminilidade —, uma estranha lei harmônica das obras psicanalíticas. De fato, ele lembrou discretamente que seria oportuno "reprimir" a divulgação de um texto — por uns "nove anos, conforme o preceito de Horácio (*nach dem Horazischen Rezept*)" — antes de entregá-lo "à publicação".[2] Um conselho formulado pelo autor da *Arte poética*[3] como variação, no tocante à escrita, da recomendação de virar a língua na boca sete vezes antes de falar.

Não se aplicaria essa lei, na posterioridade, ao momento em que um ciclo mais ou menos horaciano transcorreu em relação a um texto já "entregue à publicação" — como se costuma dizer de maneira tão assustadora —, e em que convém apor-lhe novamente a própria assinatura? Para o autor, é a experiência de tornar a se confrontar com ele, mas é também uma oportunidade privilegiada de se converter seriamente em seu próprio leitor e de se reintroduzir no texto, como preço de se renomear seu autor: "Eu ainda o diria dessa maneira, nove anos depois?" A lei, com efeito, poderia ser válida *a fortiori* nessa situação, pois, se não há grande serventia em "reprimir" a divulgação de um texto que contém o estado da reflexão do momento em sua urgência — justamente sobre um dos temas "intemporais" que Freud designa como "as coisas extremas, os grandes problemas da ciência e da vida", onde "cada um é dominado por preferências íntimas profundamente arraigadas"[4] —, é preciso ousar reafirmar aquilo a que se impôs a lei do tempo e assumir, inclusive, a idéia de uma "segunda edição", consistindo a única ética, também neste caso, em "ostentar uma calma benevolência diante dos produtos do esforço pessoal de pensamento".

De uma feminilidade sem "visão de mundo"

A reintrodução nessa leitura da feminilidade, portanto, equivale a tentar comunicar esta convicção do efeito da teoria do "querer-feminino" que constitui seu núcleo:[5] abrir um laboratório de pesquisa para as modalidades sócio-clínicas da mulher como sujeito inconsciente. Se, de fato, a presente obra marcou o ponto de finalização de um encaminhamento teórico sobre a questão do feminino — uma espécie de "compreensão" pelo aprofundamento do "conceito" de feminilidade —, ela foi, para seu autor, no período que a separou de sua reimpressão, o ponto de partida para pôr à prova essa "hipótese" — *metapsicológica*,[6] no sentido forte do termo — no tocante a diversos "objetos" ou "fenômenos" em que, de certa maneira, ela foi "extensamente testada".[7] Aliás, não se tratava de "verificar", como que dedutivamente, a "fidedignidade" da hipótese freudiana: fomos levados, antes, pelo próprio movimento da investigação assim inaugurada, ao exame dos "traços" em que essa verdade maior se dá expressamente a conhecer. Esta, portanto, é uma oportunidade de nos indagarmos sobre o que assim se exprimiu: é menos a "atualização" de um texto do que o reesclarecimento, pelo real, da experiência que nele se expressou.

Assim, cabe-nos explicar — e, ao fazê-lo, explicar ao leitor do presente texto — o que nos levou, pelo estranho "painel indicador" freudiano do "querer-feminino", a pistas que, em conformidade com a essência do procedimento analítico, não são unificadas por nenhuma "visão de mundo".[8] Justamente, é nossa convicção que o recurso à psicanálise, muito mais do que uma nova glosa sobre o enigma da Mulher, é o meio — talvez o único, pensando bem — de romper com uma *Weltanschauung* do Feminino. Trata-se apenas, aquém ou além de qualquer avaliação ideológica — ou, pior ainda, de um discurso dos bons sentimentos —, de ajudar a compreender em seu cerne a conflitualidade do "querer-feminino" e dos métodos de constituição do desejo, unicamente autenticável por uma dada mulher que se "reconheça", como "uma", naquilo de que se trata sob o nome de "a Mulher"...

É esse o movimento do *Phantasieren* metapsicológico, de abrir uma pista que sigamos para saber aonde leva, até o ponto em que "não mais se possa pensar de outra maneira":[9] um "ponto de não retorno" a partir do qual possamos avançar! Em sua famosa "autocrítica", onde reconheceu ter avaliado mal a importância da ligação com a mãe, ao mesmo tempo que confidenciou que a pergunta "que quer a mulher?" continuava a desafiar a psicanálise, Freud decididamente acertou o alvo. Um alvo, como vimos no rastro assim traçado, "cercado" por perspectivas tão diferentes quanto a análise literária, o exame das configurações clínicas e a leitura das situações sociais. Através do texto, do sintoma e do real, tudo nos pareceu conduzir a esse "ponto obscuro" sobre o qual se trata de "concentrar toda a luz".[10]

Resta dar conta dessa constatação de que, pela investigação do "querer-feminino", descobrimo-nos diante do par paradoxal *O Perverso e a Mulher*,[11] e depois, do *Casal inconsciente*[12] que confronta "o amor pós-freudiano" com o sintoma da Paixão, de uma forma que batizamos de "pós-cortês".

A partir daí, de fato, é nessa trilogia que a conjunção "Freud *e* a mulher" assume sua significação, como se — e realmente nos apercebemos disso ao escrevê-lo — esse par sintomático formado entre o fundador da psicanálise e o Feminino impusesse, por um lado, voltar à questão da interdição e do Outro — no ponto em que a feminilidade se confronta com a perversão — e por outro, à questão do objeto e do "gozo a dois", onde a Paixão d'*A* mulher junta-se à busca de *uma* mulher que seja suporte da paixão. Ao prometer, ao final desta investigação, esclarecer esse ponto obscuro,[13] estávamos longe de saber a que descobertas isso nos convidava... Aliás, talvez seja essa a oportunidade de compreender o que aconteceu, nessa mudança de encenação em que se perpetua a mesma história...

Com sua metáfora do "enigma miceniano", Freud expressou bem a necessidade de uma reconstituição das "camadas", a serem "datadas" com exatidão, de uma "arqueologia" do *tornar-se*-mulher.

Convém, portanto, expormos novamente a cena de constituição da feminilidade tal como Freud a *reconstituiu*, não apenas para como que refrescar a lembrança desse acontecimento, que se acha detalhadamente descrito no presente texto, mas também para extrair dele uma verdadeira "épura". Retraçando as etapas dessa espécie de saga do "tornar-se-mulher" em que todas se empenham, tratar-se-á de sugerir, desta vez de maneira "fenomênica", em sua dinâmica clínica, aquilo que, mais adiante, torna-se objeto de uma desconstrução. A dimensão clínica já não é apenas uma "ilustração" desse "modelo" — induzido em Freud, por outro lado, pela experiência clínica: é o próprio real clínico que se esclarece *por* essa "dramaturgia" e que a legitima. "Depositam-se", assim, as diversas dimensões em que se encena o tornar-se mulher, desde a ligação com a mãe até o objeto da castração, passando pela relação com o pai e pela questão da "escolha" do objeto e do amor ao homem.

Mas, justamente, essa reexposição permitirá sugerir como essa dinâmica nos levou a questionar a posição da mulher no "simbólico" e sua função de "sintoma social" em determinada *prova de verdade* em que ela torna a se manifestar, desde o "desejo do filho" até a experiência passional.

É para nós a ocasião de dizer, como que mais diretamente, aquilo de que recebemos confirmação, como sua carga de verdade clínica, da teoria freudiana, e também de dizer o que ela abre de perspectivas, inclusive, para a cena social (reesclarecida, por assim dizer, a partir do "buraco" do "ponto teatral" em que se instala o clínico da feminilidade)...

A Paixão materna: a viajante e sua sombra

Houve pois, primeiramente, esta "confirmação": no fundo, tratava-se de entender em todo o seu alcance, clínico e "metapsicológico",[14] a "descoberta" afinal tardia de Freud de que era justificado reorientar toda a escuta e compreensão do "tornar-se-mulher" a partir da ligação-com-a-mãe (*Mutterbindung*), mais duradoura e mais intensa do que jamais se suspeitara. Que a "relação" da filha com a mãe é "afetivamente importante", quem duvidaria disso? É de outra coisa, e de algo diferentemente radical, que se trata aqui, e é preciso sublinhá-lo, na medida em que é isso que a presente obra pretende dar a entender com um destaque especial. Que diz Freud ao sublinhar dessa maneira o "tropismo" materno no tornar-se-mulher?

Daí podemos deduzir que, por essa "paixão" primitiva, ela fica *marcada pela vida afora*, no sentido mais literal, e que, nesse sentido, se há aí um "mal de amor" originário, ele é incurável. A formulação é verdadeira, mas nada na postura freudiana "enaltece" essa situação, reatiçando essas espécies de hinos ao imaginário da fusão materna [1],[15] embora Freud tenha admitido que a menina sofre especialmente sua força de atração e arca com seus custos, ocasionalmente pesados. Parece-nos que a prática analítica confirma maciçamente — e, de certo modo, fá-lo-ia a ponto de chegar à monotonia, se as modalidades não fossem tão renovadas pelas histórias singulares em que o tema é reinventado — a "confissão" da mulher de que seu "grande amor" foi realmente a mãe. Uma declaração de amor, aliás, quase improferível, mas que brota de todas as suas complicações objetais e torna a se expressar até mesmo nas mais furiosas invectivas contra o personagem materno.

Essa "preferência" íntima, no entanto, não deve ser mais ou menos decifrada como uma resposta à pergunta dirigida por adultos bem intencionados, num ritual desgastante, à criança casualmente encontrada: "Diga-me, quem você prefere, o papai ou a mamãe?" Sondagem intempestiva na hierarquia das imagos parentais, da qual a criança geralmente se esquiva por um silêncio secretamente reprovador, ou por uma resposta que torna a remeter a pergunta a sua inépcia: "Os dois!" Eis uma maneira de expressar, além do pudor, que a pergunta, ainda que talvez não seja desprovida de objeto, está essencialmente mal formulada e, acima de tudo, não é dirigida a quem de direito. Freud descreve bem, no entanto, especialmente a propósito da menina, essas variações de "lado" do objeto, "paterno" e/ou "materno". Pois então ele não responde, se o reduzirmos ao mais puro esquematismo, que a menina se distingue por amar inicialmente a mãe, de maneira extremada, antes de se desviar dela e passar a "preferir" o pai, que a levará, ao cabo de uma nova renúncia... ao "homem"? Essas trocas de objeto, de fato, são espetaculares no "tornar-se-mulher" — e a histérica pode ocasionalmente manifestar, nos termos mais explícitos, esse reviramento amoroso, assim revelando o conteúdo histérico latente desta problemática: "*Quem* você prefere?..." A histérica, por conseguinte, hesitará sempre.

Quando a menina chega a fazer do pai seu *preferendum*, com tudo o que o antigo termo "preferência" exprime de uma escolha amorosa que acaba por designar o próprio objeto eleito — "Você *é* minha preferência" —, que expressa ela, exatamente? Que é preciso haver uma "alternância" àquele *outro* amor que era "sem saída". Se ela acumula "razões" para não mais amar sua mãe, numa descrição que constitui, a nosso ver, uma obra-prima clínica do "entendimento freudiano",[16] é para (não) se confessar a "verdadeira" razão: isso é sem saída (*aussichtlos*) e até "sem objetivo" (*ziellos*). Os caminhos que não levam a parte alguma são os que, para a viajante que é a menina, poderiam levar em direção à mãe. Aliás, desconfiamos que aquilo de que ela permanece "incurável", justamente, é de não ter levado a loucura a ponto de nela se perder (mas, justamente, a psicose na mulher traduz os efeitos dessa "loucura" realizada, tanto quanto o desastre de ela não ter sabido romper *o* laço). Uma cicatriz que permanece como seu "ponto doloroso" crônico.

O querer-feminino ou o feminino como "estilo"

Se não há, pois, uma "estrutura" da feminilidade como tal — que justifique uma "causalidade psíquica" da neurose diferente num homem e numa mulher, um determinismo próprio da paranóia feminina, diferente do de seu homólogo masculino etc. —, há efetivamente, na tese do "querer-feminino", uma importância estrutural, na medida em que ela demarca o *estilo* — no sentido mais forte do termo — da conflitualidade psico-sexual *das* mulheres, tomadas na particularidade de sua estrutura (neurótica, perversa, psicótica) e na singularidade subjetiva de sua sintomatologia. É isso que nos autoriza, tanto neste texto quanto nas páginas que se seguem, a falar de "a mulher", como se, tanto na histérica quanto na anoréxica ou na psicótica, houvesse um mesmo "nó" conflitual por desatar — cada uma dando sua "solução" para um mesmo "desafio" e se "enredando" a sua maneira nessa questão...

Assim, através de sua paixão pelo pai, a histérica presta homenagem a essa paixão extinta pela mãe e envereda por uma cavalgada fálica, para responder, a sua maneira, à mesma questão que a anoréxica, por sua vez, decide de maneira mais radical e "terrorista", a seu modo, instalando-se num "não-lugar" outorgado à mãe e numa recusa da confiança no pai, em detrimento de seu desejo, bloqueando tudo na demanda (como descrevemos em [3]). Da mesma forma, a questão do "desejo do filho" impõe-se a todas as mulheres como a prova de verdade desse laço a ser desatado e do acesso, através do amor pelo homem, a um mais-além realizado do anseio fálico — coisa secretamente renegada pelo artifício que é o "desejo maquinal de um filho" [9], que se pretende essencialmente sem sujeito. A tese do querer-feminino nos parece, por sua importância "psicopatológica" *e* social, abrir caminho para uma escuta, através do imaginário subjugante da norma social, das exigências da mulher como sujeito inconsciente.

A eleição do pai

O pai é o momento "histórico" da "conversão" para esse devir.

Será esse pai, então, substitutiva e como que "taticamente" "escolhido", como substituto da mãe e refúgio de uma paixão vacante? Será *por* ser decepcionada pela mãe que ela se resigna a amar o pai? Visto em sua aridez cínica de processo, parece realmente ser assim. Mas isso não diz tudo sobre a qualidade, o valor ou a autenticidade do amor da filha pelo pai. O paradoxo da tese freudiana é que ela revela, no avesso da paixão materna, essa força pungente da demanda de amor dirigida ao pai, na trilha, justamente, desse amor despedaçado[17] — e despedaçado por iniciativa própria. Ele herda a força do desespero e "aposta" numa esperança, por sua vez, encarnada pelo pai.

Nesse ponto, é com a vasta questão da relação entre a filha e o pai que nos deparamos, uma das questões mais importantes e menos exploradas, talvez, da clínica psicanalítica.

Há que pensar, primeiramente, numa espécie de princípio dos "vasos comunicantes": Freud pareceu assinalar que o "conteúdo" materno, na filha, só se esvaziava para reencher o "continente" paterno. Em outras palavras, é lícito concluir, a partir do intenso apego idealizador ao pai, por um vínculo amoroso anterior proporcional com a mãe, num mesmo sujeito. É um princípio de "trasvasamento" que revela muito da economia do objeto em causa. De fato, a lógica edipiana distingue-se, na filha, por essa "economia" de um excesso de amor que escoa sem parar, ou melhor, de uma "falta" a ser "arrumada"... A menina se caracteriza por perguntar *a si mesma* a *quem* amar, e por encontrar um "continente" para esse amor que ela só pede para "encarnar" — ali onde ao menino, antes, designa-se o que ele ama a partir do que lhe é proibido desejar (donde seu "caso" ter sido mais rapidamente identificado por Freud, o que levou a crer numa pura e simples "masculinização" do Édipo). *Ela* se empenha, então, em "pôr em ordem" suas imagos parentais.

Mas, justamente, em virtude dessa lógica de reencarnação incansável de um amor em busca e à espera de objeto, o pai — esse herdeiro substituto do Objeto primitivo, e novo "impetrante" destinado a ocupar o trono vazio — tem que ter sido objeto de uma *eleição*. Na verdade, é como se a filha, tendo sido inicialmente entregue, para o melhor e para o pior, ao amor pela mãe, que lhe foi imposto como seu destino interno e íntimo, tivesse que se decidir, para viabilizar a ruptura com esse destino, a *escolher* — por um movimento próprio — esse pai a ser amado, ainda que como um antídoto contra a dor pela perda materna.

Se de um lado, portanto, o pai amado é da ordem do "substituto" — o que permanece marcado na efígie paterna dos brasões da filha —, de outro, ele possibilita nela uma *escolha* amorosa propriamente dita. Esta se apresenta como um carregador precioso que escora o *desejo* no *amor*. De fato, permanecendo fixada no "tropismo amoroso" do gozo materno, a filha estaria condenada a um amor sem desejo — e, nesse sentido, "desequilibrado". Essa é a "compensação" simbólica que ela espera do pai: que ele lhe garanta, em troca de seu sacrifício do amor materno, com suas "promessas" impossíveis (uma lógica "sacrificial" atestável no momento passional [7]), um amor que se mantenha na linha, por estar escorado no desejo. É isso que a filha requer dele, e dificilmente se poderia exagerar a importância de encontrar um "bom entendedor".

Não é exagero sustentar que, nesse sentido, a intervenção do pai é suscitada pela filha, para ver-se oferecer por ele... um Édipo. Deixemos claro que, em contraste com o pequeno Édipo, prontamente instalado em sua *tragédia* — por relacionar-se com um objeto *marcado* pela interdição —, seu homólogo feminino parte do impossível — da ligação com a mãe —, que ela organiza como *drama*: o clímax patético dessa dramaturgia é justamente a relação com o pai. E, sem dúvida, a relação pai/filha é marcada por um cunho passional, ao mesmo tempo por fazer eco à Paixao materna primitiva, mas também, finalmente, por poder o amor confessar-se em seus cenários fantasísticos (donde o aspecto explosivo da paixão histérica pelo pai, à maneira de um "largar tudo"). Foi por isso, aliás, que o apego edipiano ao pai *mascarou* por muito tempo a "ligação pré-edipiana com a mãe".

O momento do olhar ou da boa utilização do pai real

De certo modo, portanto, é através do pai que a filha, saindo da "pré-história" materna, acede a sua *história* (e busca uma "história"[18] que seja *sua*...). Quando Freud sublinha, sem nenhuma complacência pelo mal-estar do enigma, o caráter de perplexidade de quem penetra na "*Vorzeit* pré-edipiana da menina"[19] e a obscuridade desses "turbilhões pulsionais", ele reconhece a fidelidade posterior do ser "miceniano" que é a mulher na sua origem. Mas, precisamente, é através do pai (entenda-se, do "uso" que é feito dele) que ela se retira dessa ligação e "aprende a nadar" nessas águas revoltas...

Desse pai, certamente é delicado definir a "boa utilização". Digamos que é preciso que a filha veja ser-lhe devolvida sua imagem — como promessa de mulher — pelo olhar do pai. Basta esse olhar ser insistente demais para que a histérica ateste, por sua perseguição de uma "hiperfeminilidade", os efeitos da sedução paterna (a qual também a fará, paradoxalmente, duvidar de seu sexo!). Basta faltar esse mesmo olhar para que a filha se abstraia perigosamente do "quadro" — como o provam o sentimento de dolorosa "invisibilidade" atestado na anoréxica, na bulímica ou na toxicômana, e os esforços da homossexual, para tornar a existir, de desafiar o olhar do pai, condição da encarnação de um "desejo" —, ao preço de uma manutenção do objeto na linhagem das mulheres...

Como podemos entrever, é a questão da (pré-)adolescência, em sua versão feminina, que se desenha aqui, pois é por reemergir sob o olhar do pai que a filha sai do amor "sem objetivo" e "desmedido" pela Mãe, para aceder às "razões" do desejo. No fim das contas, será amado *aquele que sobrar*: dizer que se trata do "último da série" (de "objetos") é identificá-lo como o "saldo de fim de estação"[20] designado como o resto mais precioso. Se o tornar-se-mulher implica a mudança, ela é tudo menos "volúvel": a questão é "encontrar razões" para permanecer fiel a *o* objeto.

Dessa relação específica da menina com o pai destaca-se a referência a um *pai real*. Com efeito, entendemos que, em contraste com o menino, que está sempre empenhado em inscrever, com maior ou menor sucesso, uma função simbólica no pai real, a menina estaria muito menos inclinada a se dar por satisfeita, por assim dizer, com a metáfora. Esse pai, de fato, ela precisa que esteja "vivo", uma vez que não tem que "matá-lo" para se identificar com ele: o pai é um suporte vivo da idealização. A menina tem que se fazer olhar por ele e considerá-lo em si mesmo, para o uso que tem que fazer dele: mesmo idealizado, e principalmente "idealizado", compete ao pai encarnar, em sua *realidade*, um ideal apto a sustentar seu desejo. Em suma, ele deve *estar presente*, no momento exato em que tem que gerir a evicção da mãe, num tornado de idealização. Basta haver uma "falha" nesse pai para que ocorra a desorientação anoréxica: nesse caso, nada mais se sustenta.

Isso nos diz alguma coisa, finalmente, sobre o amor pelo homem na mulher: é que se o homem, na esteira de sua equação edipiana, submete a mulher a um trabalho desenfreado e contrastante de "elevação" e "rebaixamento", o que é claramente indicado pelo vaivém entre o "amor à prostituta" e a chama cortês dirigida à Dama,[21] [10] [5] a mulher tende, em suma, a considerar seu parceiro em sua realidade, para nele escorar suas exigências de um ideal. Ela precisa, nesse sentido, "admirar" aquele a quem escolhe, mas justamente para conjugar a realidade daquele a quem se prende ("o último que sobra") com suas exigências ideais. Portanto, ela acaba fazendo "da realidade um ideal" (tal como se fala em "fazer da necessidade uma virtude"), assim encontrando e forjando *razões para amar*. É assim que a mulher, partindo do impossível, torna-se "racional"... Por mais dependente que seja de sua origem, ela sabe, nesse sentido, "levar a bom termo" sua busca, como se, no amor pelo homem presente, pudessem estabilizar-se todas essas turbulências, desde que, justamente, ele tenha consistência (sem o que impõe-se a tentação da "solidão", que é tanto reexperiência da separação quanto ensimesmamento narcísico...).

Um estranho comentário de Freud, ao introduzir a figura do narcisismo feminino, parece sugerir uma "falicização" do corpo da mulher, no exato momento em que o tornar-se-mulher inscreve-se como transformação corporal: "Com o desenvolvimento da puberdade, parece surgir, através da formação (*Ausbildung*) dos órgãos sexuais femininos até então latentes, um aumento do narcisismo originário, que é desfavorável à configuração (*Gestaltung*) de um amor objetal comum, dotado de uma supervalorização sexual".[22] Cabe pensarmos aí numa "auto-suficiência" (*Selbstgenügsamkeit*) da mulher, revelada no momento da "encarnação" de sua feminilidade, o que não equivale a dizer que a mulher esteja fadada ao "narcisismo" de quem só ama a si mesmo ou prefere fazer-se amar. Mas esse "surgimento" do corpo parece marcar a puberdade, na mulher, com essa "elevação" do auto-investimento, que sem dúvida deve ser ligado à busca "fálica" evocada.

Na verdade, é para o olhar do outro (paterno, e depois, masculino) que ela assim emerge. E, por conseguinte, parece que o amor pelo outro pode depender da imagem amorosa por ela despertada — como que "a partir de" seu narcisismo — nesse outro. Isso dá a impressão de que determinadas mulheres se apaixonam, tanto quanto pelo outro, pelo amor que despertam nesse outro. E é algo que só parece "superficial" ou "egoísta" quando deixamos de reconhecer o caráter de "cristalização" narcísica recíproca que tem o amor (o que nos reconduz à experiência passional [10]).

O "querer" como destino

Dessa busca do Graal em sua versão feminina, destaca-se uma impressão que contrasta ironicamente com a perplexidade freudiana: o que *ela* quer, ao contrário da psicanálise, a mulher parece saber muito bem. Ou melhor — o que justamente não dá na mesma —, na impossibilidade de saber o que quer, ela está fadada a querê-lo, custe o que custar. Aí está, na verdade, o que nos parece conferir um estilo à feminilidade inconsciente: a trajetória de um querer incansável, senão intratável, que se expressa em *decisões* sucessivas que não deixam de evocar uma certa imagem de "soberania". São decisões de *ruptura*, que vêm romper categoricamente uma ligação precedente: ser infinitamente apegada à mãe, *depois* ter que decidir "abandoná-la", ou melhor, *fazer-se abandonar* por ela; em seguida, decidir ligar-se ao pai, com um entusiasmo tal que, ocasionalmente, ela dá a impressão de "se excitar ao amá-lo" — e, de uma "postura" à outra, a poderosa vontade fálica, pela qual decidiu o primeiro olhar para o sexo do outro: "Ela conclui, num piscar de olhos, seu julgamento e sua decisão. Viu-o, sabe que não o tem e quer tê-lo"[23] — uma espécie de versão feminina do *Veni, vidi, vinci* cesariano! Depois, vem a decisão de romper com o desejo incestuoso para construir o desejo pelo homem, com uma determinação que, mais uma vez, pode despertar a impressão de que ela quer "fisgá-lo". É que ela precisa do amor pelo homem (e portanto, do homem em quem finalmente escore um amor que tenha encontrado seu destinatário — e, vez por outra, o canto de sereia de seu objeto encontra seu Ulisses [11])! Em suma, o querer, na mulher, é um destino — que tem, em resumo, uma tirania diferente da da "anatomia" [4], porquanto não lhe seria possível esquivar-se dele sem sacrificar seu próprio sentimento de existir —, o que torna a se expressar até mesmo nas modalidades da depressão feminina em que, ao voltar vazio, o "anzol" confronta a mulher deprimida com a carência do objeto, "reabsorvendo-a" na nostalgia totalitária do Objeto materno primitivo — o que colore de gozo, se o escutarmos bem, o engolfamento na depressão. É a tristeza infinita em que se perpetua, como um "não querer saber", o Pensar na Mãe...

É compreensível o desafio constituído pelo tornar-se-mulher, que Freud apresentou como uma das tarefas mais complexas que qualquer mortal jamais teve de executar. Para dar forma, nela mesma, à mulher, e depois, à mãe, a menina tem que inscrever em seu brasão, a cada prova, um novo lema a que deverá se ater: uma espécie de "máxima" que orientará sua "ação", um lema, ao mesmo tempo, de "manutenção" e "regeneração". Estranha "cavalaria", muito apropriada a essa "cavalgada" desgrenhada, mas lúcida, que reconduz incessantemente ao vínculo a ser alternadamente preservado e rompido. A mulher tem sempre um vínculo a ser cortado para salvar um outro. Isso a compromete, vez por outra, com um trabalho de "trapézio" em que lhe é preciso, depois de se haver fixado longamente num certo regime objetal, abandoná-lo, para se lançar num vazio vertiginoso em direção a outro objeto. A virada "de cento e oitenta graus" do investimento materno para a escolha do objeto paterno constitui a principal escansão desse devir, ao mesmo tempo que o paradigma de seu "ritmo". Estranho amor, seguro de seu objeto e incerto de seu verdadeiro destinatário.

De qualquer modo, estamos longe da suposta "passividade" da mulher: em seu devir essencial, ela está, antes, condenada a uma atividade intensa, ou mesmo a um "ativismo"! Fundamental estado febril de quem se expõe, do princípio ao fim — e como que cronicamente — a jogar seu ser em seu devir. Ela tem que se tornar mulher do mesmo modo que se passa ao ato — tanto que a teoria freudiana do feminino apresenta-se como o palco de uma *atuação*. Cercada, além disso, por determinismos sociais e restrições culturais esmagadoras, a mulher, longe de permanecer inerte, mostra-se uma pura atriz de sua "identidade" (o que, justamente, problematiza de maneira fundamental a própria noção de uma "identidade" feminina [2]).

Condenada ao "ato", a mulher também o é porque, para ela, tudo começou com o trauma da separação — o da separação da mãe, que Freud demarcou no bebê como a experiência da dor, anterior à da própria "angústia" e do "luto".[24] Momento de desaparecimento da mãe do campo visual, cuja duração ele não sabe avaliar e cujo fim não sabe antecipar. Dirão alguns que o menino não é poupado dessa dor. No entanto, é como se a "edipianização" do objeto, tão enérgica no menino, logo viesse alternar-se com esse medo indizível da separação, organizando uma outra "dosagem" libidinal. Na mulher, ao que nos parece, a angústia da perda continua "marcada" por essa experiência da separação, de modo que o "medo de perder" o objeto persiste como o pivô de todas as tribulações posteriores. Até na angústia passional de "perder de vista" o objeto amado, vemo-la expressar-se novamente — o que resulta no caráter "vital" da famosa "necessidade de amor" e no aspecto "tudo ou nada" de suas escolhas objetais, ou no caráter paroxístico de suas formas de ciúme (das quais Freud assinalou o caráter particularmente intenso e o pendor delirante).

É, pois, esse "mal-estar" que é preciso "atuar": daí os espetaculares efeitos de "des-simbolização" que marcam, na mulher, a vivência da perda do objeto. Nas formas patológicas de "vício" na mulher — do alcoolismo à bulimia, passando pela toxicomania —, talvez mais especificamente do que nos homens, é o caráter "viciante" originário do amor e da dependência objetal que se deve reconhecer.

Prometéia mulher: da "passividade" materna ao ativismo fálico

"Passiva" é o que a mulher não se pode permitir ser, mas isso de modo algum impede que, como "recompensa" por essa intensa atividade de conquista, ela aspire a poder sê-lo de alguma maneira. Tocamos, desta vez, numa das questões mais mal abordadas — onde as indicações da clínica psicanalítica parecem especialmente ameaçadas pelas distorções ideológicas —, em certos discursos, como que ancestrais, que a pretendem passiva para instrumentar sua sujeição, e em outros que lhe proíbem, como uma tentação e uma traição para com um Outro misterioso, imperativo de ideal, a fantasia de passividade, ainda assim identificada — com o caráter teimoso dos fatos clínicos — pela escuta analítica.

Nesse caso, mais uma vez, trata-se de tentar e de ousar dizer o que se pode ler do lado do sujeito e de seu texto.

Tomado fora do contexto, o discurso freudiano parece oscilar contraditoriamente entre a tese de uma passividade por princípio — simbolizada pelo "masoquismo feminino"[25] — e a afirmação de que não se pode falar de "pulsão passiva", uma vez que o alvo de qualquer pulsão é "ativo" por definição. E então?

Mais uma vez, a consideração da tarefa específica do tornar-se-mulher permite pôr as coisas em sua verdadeira perspectiva. A mulher se nos afigura, então, submetida a uma tarefa prometéica — que lhe proíbe a inércia —, mas, a cada prova, eis que ela rompe um elo para tentar... *se* encadear!

É o que acontece com sua posição perante *sua* mãe: olhando bem, o que a ameaça nesse amor é a perfeição do vínculo que a "ataria" a ela. E é de pés e mãos atados que ela acaba sacudindo para longe a tutela materna. Aqui, é a luminosa descrição da seção III do ensaio sobre a *Sexualidade feminina* que convém reler,[26] em sua precisão realista, que atesta a complexidade da relação com o "ativo" e o "passivo".

Se é verdade que toda vivência de passividade faz nascer uma tendência a uma "reação ativa", a "revolta contra a passividade" assume uma amplitude especial nessa relação mãe-filha. Se a filha, objeto "amamentado, alimentado, limpo, vestido e dirigido em todos os seus atos", fica "fixada nessas experiências e desfruta das satisfações que lhes estão ligadas", ela também busca — fator decisivo de sua "evolução" — "transformar essas experiências em atividade", como testemunha eminentemente a encenação da brincadeira de boneca, que, longe de valer como um simples "sinal de uma feminilidade cedo despertada", atesta o "lado ativo da feminilidade", que assim se irá exprimir e desenvolver numa intensa atividade sexual, verdadeiro foguetório de tendências orais, sádicas e até fálicas — cujo auge é o anseio da menina de fazer ou ter feito um filho na mãe! Longe de perder para o menino em atividade, a menina exibe um empenho de "sujeito ativo" (e não apenas de "menino falho"!) frente a uma mãe erigida como "objeto". É nesse exato momento que estamos mais longe da "mulher-objeto", justamente por haver, para a filha, uma "mãe-objeto" (mais cinicamente "dominada" do que pelo próprio menino, que já sente os rigores da interdição edipiana e os limites que ela impõe a sua pulsão de dominação).

Mas eis que chega a hora do "afastamento" da mãe (*Abwendung von der Mutter*), evento fundamental na vida da menina, pago com "uma intensa redução das moções sexuais ativas" e "um aumento das moções sexuais passivas": é justamente "com a ajuda das tendências passivas" que "escaparam à catástrofe (*Umsturz*)" que se faz "a passagem para o objeto-pai".

Aliás, o pai permite à filha, nesse momento decisivo de sua metamorfose pulsional, ceder a suas tendências passivas — o que abre caminho para o desenvolvimento da feminilidade. Além disso, o amor por um homem será facultado pela possibilidade de — finalmente — *fazer-se passiva* (por algum tempo... ou pela vida afora, sem que desapareça a reivindicação das tendências ativas). Esse é o momento em que a menina pode finalmente "arriar sua trouxa" — mesmo com o risco de confessar seu alívio por assim escapar a seu destino... de atividade, enquanto realiza, "superando-o", o "passivo materno"!

Relaxar, se preferirmos — salvo pelo fato de que ela investe o homem amado na função de ideal. Intima-o a encarnar suas razões para *se fazer* tão "passiva" a ponto de *fazer passar* para ele seu próprio ideal fálico. Por isso, ai dele se fracassar nessa tarefa: ela "pula fora" de um só golpe... Que a mulher pode experimentar seu destino de atividade, alternadamente, como um "dever" e como um "fardo", é o que atesta a clínica psicanalítica, deixando aos discursos ideológicos — tão pouco se presta a psicanálise a uma "utilização belicosa" [6] — a liberdade de julgarem em que isso "beneficia" alguma essência desejada da feminilidade...

Como podemos adivinhar, é justamente toda a "postura" da mulher diante da "castração" — e o estilo de seu "complexo de castração" — que se exprime nessa contradança de "atividade" (inerente a sua "condição") e "passividade" (uma espécie de "luxo" que ela só pode se permitir sob estritas condições!...).

Ex omnibus unum elige:[27] *da cláusula do incesto ao amor pelo homem*

O pai, portanto, possibilita o acesso à escolha do objeto e, exatamente por isso, coloca a filha diante de uma "intimação" da qual o menino é poupado. Este realmente se "inclina", de conformidade com a tendência edipiana, para seu objeto (materno) por uma espécie de fatalidade interna que a proibição paterna vem "marcar". É por ter que renunciar Àquela que (não) escolheu que a menina tem que fazer do "pai" sua "preferência" — vindo este indicar-lhe a "linhagem" do objeto masculino, ainda que produzindo uma renúncia cuja fórmula impecável encontramos em Ovídio, no momento em que ele descreve a posição de Mirra, a filha que, justamente, é incapaz de renunciar ao objeto paterno e se orienta para a realização do incesto real: "Dentre todos os homens, toma um por esposo, Mirra, desde que entre todos haja um que excetues."[28] Na verdade, são estes, em seu formalismo, os termos da escolha objetal feminina: *Ex omnibus unum elige* — o "um" que será seu "prometido", a quem ela se apegará. Ou seja, entre essa "multidão de homens" praticamente ilimitada, ela tem apenas o incômodo da escolha — exceto por uma única limitação ou restrição: "Desde que não seja o um entre todos" (*Dum ne sit in omnibus unus*), isto é, "o pai", o dela. O incesto da filha equivale, convém assinalar, ao curto-circuito entre os dois membros da frase anterior (onde *unum* = *unus*).

Dir-se-á que a "cláusula do incesto" parece simétrica no menino: também ele pode escolher qualquer mulher, exceto sua mãe. Mas parece-nos, justamente, que a própria forma de "posicionamento" da escolha é diferente: é que o menino dispõe de um "índice" simbólico que marca exatamente aquela que não deve ser "sua" mulher: o índice paterno, que designa a mãe como proibida. Mesmo que brinque com essa proibição, ele a identifica (ou, na falta disso, experimenta todas as devastações da des-simbolização). Já a filha encontra-se diante de uma "encruzilhada" que parece pôr em jogo, de certa maneira, toda a "arbitrariedade" de uma *escolha*.

Nada a obriga a isso, literalmente, senão ela mesma, na medida em que não está a seu dispor nenhum imperativo de "renúncia simbolizável" situado fora dela. A tragédia de Mirra e sua "falta" — a atuação incestuosa —, tradução mítica de uma realidade psíquica confirmada pela fantasia, é que, justamente, o "um" (*unus*) é o mesmo em ambos os casos: exatamente aquele que deve ser "excetuado" da "escolha" é que constitui o objeto único (e insubstituível) de sua escolha. Ele não pode ser "recuperado nem trocado" (e conhecemos a arte da histérica em jogar dessa maneira com o objeto, metáfora do objeto materno-paterno, aquele de quem ela precisa a qualquer preço e que nunca é "o bom").

A esse objeto paterno, entretanto, é preciso renunciar, de conformidade com a proibição do incesto — impedimento mais *real* do que simbólico —, mas é concebível que a escolha do "homem de sua vida" fique sujeita a essa mesma lógica: não será aquele que *não* deveria ser escolhido, mas, *apesar disso*... ele só será escolhido entre todos (*ex omnibus unum*) na medida em que trouxer a marca, misteriosamente materializada pela história singular e suas tramas fantasísticas, daquele "um" que já foi amado no lugar da "Uma" — no que o circuito se fecha e, felizmente, fecha-se mal, já que é justamente *em virtude* de o homem amado ser outro *que não* o pai (embora se "pareça" com ele) e diferente *da* mãe (embora faça lembrar sua promessa) que ele é desejado e amado, ousaríamos dizer, depois de avaliar o que isso representa, "por ele mesmo!"... É por ter proibido *a si mesma* o "um" que ela pode amar apenas *um único* outro, chegando até a "fazer-se raptar" por ele para escapar à cena familiar...

É compreensível que, enquanto o menino está fadado a amar, através de uma mulher, uma mãe (quaisquer que sejam os desvios dessa operação), a menina, por sua vez, reinvestindo as imagos parentais (a tal ponto nenhum mortal de ambos os sexos jamais renuncia a nada, como diz a sabedoria freudiana), tenha que *escolher realmente* esse outro que irá repor em marcha a filiação. A mais "patriarcal" das ordens sabe perfeitamente o obstáculo constituído pelo *querer de uma moça* que desafia, na hora do "casamento", a ordem das alianças (o que é um dos mais certeiros veios tragicômicos).

A temporalidade edipiana feminina: da decepção ao filho

Esse caráter específico da *temporalidade* surge quando Freud evoca o momento decisivo do "complexo de Édipo" e de seu "declínio" na menina: "A menina, que gosta de se tomar pela amada favorita (*die bevorzugte Geliebte*) do pai, tem um dia que suportar um duro castigo (*Züchtigung*) por parte do pai e ver-se expulsa de todos os paraísos."[29] É a imagem empregada por Freud que revela do que se trata: a menina se imagina, nesse momento, como a "bem-amada", a eleita do "reino do Pai", quando, sofrendo uma "exclusão", descobre-se literalmente "precipitada de todos os céus" (*aus allen Himmelns gestürtzt*) — verdadeira experiência da "queda" com que se colore a experiência das "dolorosas decepções" a que a imago paterna é então associada na menina. Mas, quando não há esse "castigo", é sob o efeito não mais de uma "catástrofe", porém de uma "lassidão", que se produz, como que por "esgotamento", a "renúncia": "A ausência da satisfação esperada e a contínua frustração do filho desejado levam o pequeno apaixonado a se afastar de sua inclinação sem esperança." À espera da realização do anseio, que não virá, é preciso deixar de "acreditar em Papai Noel" (nem que seja legando esse "anseio" a um outro...)

Existe aí, de certa maneira, uma "mudança de ramal", como nas "estações de triagem": "A menina desliza — ao longo de uma equação simbólica, poderíamos dizer — do pênis para o bebê; seu complexo de Édipo culmina no desejo, conservado por muito tempo, de receber um filho do pai como presente, de lhe gerar um filho. Tem-se a impressão de que o complexo de Édipo é então lentamente abandonado, porque esse desejo nunca se realiza."[30] Assim, ao contrário do menino, é o complexo de castração que abre caminho para o complexo de Édipo. *Fazer-se* abandonar pelo objeto para *querer* abandoná-lo: essa é a grande "escansão" do tempo do desejo em que se forma o "tornar-se-mulher".

O amor por outra mulher deve ser situado do lado de uma certa "vingança" contra o pai, ao mesmo tempo que de uma revanche contra a mãe. De fato, o que Freud nos descreve do homossexualismo feminino, é verdade que sob uma forma histérica característica,[31] atesta esse "escoamento" da sede do ideal para "a Dama", então amada com um "amor cortês" análogo ao do homem pela Mulher idealizada [10]. Nessa *Schwärmerei* — termo que designa uma "paixão" colorida de "entusiasmo", na qual a apaixonada é "toda fogo e chamas" por um objeto "venerado" —, lidamos com um amor particularmente "cego". É que a outra mulher torna-se o alvo dessa necessidade de amor, de modo que a totalidade das "decepções" de que foram objeto as imagos parentais vê-se, através dela, como que "magicamente" superada. É a última "oportunidade" de se fazer amar. O "narcisismo" parece então "escoar" para o objeto, e qualquer "crítica" contra este tem que ser silenciada.

Esse é também, é verdade, o meio de voltar, através do desafio, ao olhar do pai, de forçar o acesso a ele: a própria forma da tentativa de suicídio — atirar-se num "canal" — está literalmente relacionada com o fato de "parir" o bebê.[32] É como se nela se expressasse mais uma vez, em desespero de causa, o desejo incestuoso. A Dama seria, nesse caso, a mediadora última junto àquele "casal parental" essencialmente "desatento" a uma filha ávida de se fazer reconhecer a qualquer preço.

Do desejo do filho à experiência da Lei

Por fim, há um lugar em que todo esse trabalho subterrâneo surge como que na superfície, e onde essa rede de desafios é "testada", por assim dizer: é o "desejo do filho". É como se, nesse momento, a menina devesse de uma só vez retomar os "fios" de suas diversas relações objetais. Tornar-se mãe certamente não é realizar sua "natureza", mas sim confrontar-se, de um só golpe, com o "lote" de seus conflitos. Nossa análise do *Kindeswunsch*, ou "desejo do filho" [9], permitiu caracterizar a complexidade desse desafio de efetuar o rompimento com a mãe (passando de "*minha* mãe" para "*eu*-mãe"[33]), sustentar a presunção fálica e superar a fantasia incestuosa dirigida ao pai, o que converge no amor pelo homem: o desejo do homem e o desejo do filho conjugam-se, por reforço, por meio do "desejo fálico"[34] (verdadeiro "passar ou dobrar" de todo o jogo precedente de suas "cartas").

Na verdade, o desejo do filho é apenas o sinal maior e material de que o "nó" foi desatado. Aliás, sua emergência coincide com a dissolução do esplendor do objeto imaginário primitivo — o mesmo ao qual, como veremos, a experiência passional dá a oportunidade de voltar a brilhar. O amor pelo homem, no fundo, justifica fazer o luto desse objeto e aceder à ordem do desejo, realizando-o em caráter substitutivo (sendo o bebê masculino, para a mulher, uma oportunidade de ressarcimento e "revanche" fálicos, enquanto a filha pode remetê-la, como "dublê", a um *remake*[35] da velha história do amor materno...).

Compreende-se, a partir daí, que a "esterilidade" da mulher — tratada pelos discursos e práticas da modernidade social como uma deficiência a ser "tratada", em referência a um "Outro maquinal [9]" — possa ser, igualmente, a própria comprovação de uma questão que confronta a mulher com um desejo de ter filhos que seja realmente *seu*: assim, a esterilidade equivale, como nos pareceu destacar-se do exame dos textos bíblicos, a uma "experiência da Lei" e a um confronto do desejo (do filho) da mulher com a Lei do Outro [12].

A lei em jogo: feminilidade e perversão

Dessa rememoração do "estilo" imposto pela feminilidade ao inconsciente destaca-se uma parte nada desprezível de seu "segredo", ou seja, seu desafio ao simbólico. Se a mulher tem que "se fazer por si" — e caberia pensar aqui num verdadeiro estatuto da *self-made woman* que "imaginariza" sua trajetória —, renegociando a cada passo as condições de relacionamento e assentimento com *seu* Outro, é compreensível que ela dê a impressão, em contraste com o homem, cujos caminhos são balizados pela tragédia edipiana que assenta os trilhos de seu desejo, de ter que se reinventar continuamente — numa exigência infindável de "sinceridade" e transparência. Se o pai estabelece as condições da interdição estruturante, segundo uma fórmula lapidar que, mesmo abrandada,[36] restaura, em suma, todo o "código" do desejo masculino e seu apoio no simbólico (o que é exemplarmente testemunhado pelo neurótico obsessivo), a mulher acha-se na situação de conquistar um "lugar" no simbólico: de fazer uma lei para si, ou, melhor ainda, de se fazer "adotar" por ela. É o que nos parece confirmar-se pelas modalidades da culpa na mulher e pelo "serviço" que ela espera do pai, como vimos: um serviço simultaneamente "vital", já que ela joga ali o acesso a seu desejo, através de seu reconhecimento na ordem do desejo, e "condicional", uma vez que a esse pai ela só pode amar quando *legitimado* por sua própria escolha. É isso que faz da idealização da instância paterna uma ocorrência decisiva na saga da mulher: ela tem — trabalho estafante, em síntese — que constituir a *lei* como modo de acesso ao *amor*, para poder afiliar-se a ela. Sem dúvida, é seu "mais caro desejo" encontrar razões para amar o pai — e amar o pai é uma das vias reais da paixão numa mulher —, mas é justamente a seu querer (a ser entendido, de certo modo, como sua "boa vontade") que ela subordina sua "fidelidade".

Isso constitui, convenhamos, uma relação muito específica com a "lei". E foi justamente essa possibilidade crônica de ficar fora da lei que nos levou ao atalho entre a feminilidade e a perversão.[37] Nele, Don Juan funciona como "aquele que faz atravessar", uma vez que eleva à categoria de arte da sedução o jogo com a falta, no qual a mulher às vezes se encontra, ali onde um desejo mais decididamente genital — o dos "maridos eternos" — mais faria apagar a falta preciosa. O que vimos emergir, ao longo de um levantamento dos textos literários [5], foi este par paradoxal: entre o perverso e a mulher, é "isso", o objeto fálico que é tela da angústia de castração, que "cria laços". É justamente o estilizar a renegação da castração que faz do perverso um "revelador" da feminilidade. É justamente por se confrontar com a diferença sexual e tentar subvertê-la que ele se torna um "artista" em feminilidade.

Aliás, foi essa relação entre o feminino e a Lei [5] [10] que vimos emergir. O poder da Deusa Mãe — e os encantos das "Mães" no sentido goetheano [8] — bem poderia atestar um "culto" comum ao perverso e à mulher — aquilo que funda sua "cumplicidade" objetal. É isso que, da mulher, encontra acolhida no perverso — e foi isso que nos pareceu *escrever-se* incansavelmente.

É um gozo propriamente "sacrificial" [7], que permite a estranha comunicação *através* do objeto da falta cujo paradigma reconhecemos em *Le Bleu du ciel*, de Georges Bataille [10], onde sua Laura possibilita uma forma "pós-cortês" de paixão...

O feminino e a lei da paixão

Embora submetida aos rigores do chamado "complexo de castração" em sua condição de mulher, a menina, como não se tem assinalado suficientemente, parece abordar a questão da castração... sem complexo! De fato, não encontramos, no primeiro olhar lançado pela menina para a diferença anatômica, tal como Freud o descreveu numa espécie de "cena primária escópica" [4], o sentimento de dor e mutilação: esse "falo", em contraste com a renegação e a hesitação do menino diante do sexo da menina, é prontamente identificado como aquela coisa "*a ser* possuída". É verdade que toda a trajetória anterior, reconstituída, lhe dará tempo para avaliar a dificuldade da tarefa e assumirá, ocasionalmente, a forma de uma "via crucis", cumulada tanto de dores quanto de "extravagâncias".

Isso não impede que a menina, assim como a virgem, possa acabar realizando a pretensão fálica, de maneira ao menos tão eficaz quanto aquele que se distingue por "ter algo a perder".

Mas é justamente nesse ponto que deparamos com a experiência do "casal inconsciente".

É que nossa investigação [10] nos confirmou que, no "contrato passional", a mulher desempenha mais do que o papel da "uma" (dos dois do casal): ela tende a se identificar com o próprio "objeto" dessa "comunhão inconfessável". É ela, em suma, que vem a sustentar o "objeto fálico" que liga o casal apaixonado — o que chega inclusive à des-nomeação do Pai, consumada pela trajetória transgressora da paixão. Daí a impressão de que entre o homem e a mulher do casal circula o "Feminino".

Será que o que assim confere às Julietas a "vocação" [10] de encarnar a paixão — *com* o homem — não é sua "experiência" originária da Paixão — *pela* mãe —, substituída pela "máquina de idealizar" o pai-objeto? Compreende-se o que torna a mulher *sujeita à paixão*: é o re-atuar, por intermédio do amante, a Paixão materna.

Assim se esclarece também esse estrondoso "amor transferencial"[38] de que nos fala Freud. Se o "desejo do pênis" (*Peniswunsch*) é aquilo em que esbarraria a análise da mulher, às vezes tornando-a "interminável",[39] será que a "paixão transferencial" não assinala o momento de *remake* que, pela travessia da diferença sexual, encena na pessoa do analista toda a carga amorosa dirigida ao Objeto primário e reacendida pela idealização paterna? Compreenderíamos, assim, seu caráter "desmedido" e imperativo, ou mesmo sua avidez oral. Se, na transferência, o analisando "quer atuar suas paixões",[40] a analisanda, por sua vez, teria que reviver sua Paixão. Uma oportunidade, aliás, de elaborá-la, para reencontrar os caminhos e as metas do desejo.

Quando Freud compara o começo do amor transferencial a um incêndio durante uma representação teatral, não estará com isso designando a "função de *alerta*" relativa à cena analítica — justamente a que tem a vocação de despertar a "cena social"?

Do desafio ao simbólico para o sintoma social

Compreende-se, assim, a significação propriamente *social* desse "furo" que a mulher pode às vezes assinalar na ordem simbólica. A questão que se propõe o social — cujas "modalidades de idealização", na pós-história do "assassinato do pai", são masculinas[41] — é *fixar* a mulher: daí sua preocupação de lhe destinar um "lugar". Parece-nos que um modelo psicosociológico que distribua os sexos em "papéis" não pode avaliar a "anomia" radical que confronta os ideais sociais com a feminilidade. É o que teorizamos mais adiante sobre a não participação das mulheres no Assassinato do Pai[42] e sobre o destino que lhes é reservado, justamente *por causa* — e não apenas apesar — dessa inocência: o destino de encarnar a culpa na "poesia mentirosa das origens",[43] que nos parece tudo menos, justamente, "mítico". Aqui, é preciso assumir o paradoxo provocador da mulher como "sintoma da organização social" [2], exatamente na medida em que a feminilidade aponta para esse limite do social, efeito de uma espécie de "repressão crônica". Através da anorexia da mocinha, bem poderia ser esse "real" que retorna criticamente, desafiando — nem que seja com o efeito de um despertar do pesadelo — os ideais familiares, bem como as evidências da psicopatologia [2] [3].

Não há, portanto, razão para "hipostasiar" o Feminino, por assim dizer, para fazer dele um mais-além místico (no sentido duvidoso do termo[44]) da realidade social (maneira de determinar às mulheres que "retornem a seu enigma"!). É aqui e agora, no cerne do social, que as mulheres vêm questionar esses "ideais". Se uma "multidão de homens" instituída — aquilo que Freud denomina de "multidão artificial"[45] — estrutura-se implicitamente a partir de um certo "objeto" ideal, é possível que a feminilidade lembre a esse "objeto" seu engodo: ou seja, que a mulher reintroduza, ao mesmo tempo, uma *verdade* (*reprimida* em nome do ideal social) e uma dimensão de ausência — no seio do social.

De fato, o que impressiona na situação cultural da mulher, retomada por seu "avesso" sintomático, tal como a psicanálise o experimenta, é um estranho e violento contraste. De um lado, ninguém é mais destinado do que a mulher a seu papel — nem que seja, segundo a vigorosa formulação freudiana, como "portadora dos interesses sexuais da humanidade"[46] —, tanto que sua "margem de manobra", à parte a variação, por mais espetacular que seja, das configurações culturais através da história, parece essencialmente limitada. Mas, por outro lado, ninguém "se ouriça" mais vigorosamente diante desse "destino", vez por outra, do que *uma* mulher, quando ela se põe a *querer* ser, contra tudo e contra todos: mesmo que seja sob a forma trágica do impasse do sintoma, é isso que a histérica ou a anoréxica fazem *saltar aos olhos* da ordem instituída. São os momentos em que "uma mulher se ouriça contra o destino da Mulher".[47]

Por isso é que o "querer-feminino" tem valor, por se destacar contra um fundo de uma espécie de Anankê.[48] Talvez seja por não ter, tanto quanto o homem, o sentimento de possuir de imediato seu "lugar" numa certa ordem do mundo humano — aquela que remete à divisão dos "papéis", na verdade — que a mulher fica em condições de "se ouriçar" (Freud emprega essa expressão forte, *sich sträuben*, para designar a "oposição" do neurótico em geral diante de seu "destino") de maneira particularmente vigorosa, quando não consegue "arrumar" uma ordem própria, "doméstica", por exemplo (o que também é o caminho tentador da "normalidade"). Seja qual for a "escolha", no entanto, para viver seu destino num ou noutro momento, de maneira espalhafatosa ou discreta, ruidosa ou sussurrante, é realmente o "querer apesar de tudo" que insiste. Parece-nos que a escuta analítica está em boas condições de servir de "caixa de ressonância" ao murmúrio obstinado que confere um caráter essencialmente atraente a essa espécie de heroísmo cotidiano que agora podemos designar como "condição feminina"...

Por isso é que a crise dos ideais sócio-históricos e a vacilação da ordem simbólica em suas crenças voltam a se expressar, regularmente, no requestionamento da feminilidade. O que o sintoma das mulheres vem questionar da "crença" social — e de sua base simbólica — é, no fundo, "o mal-estar da civilização".[49] Por isso é que a última parte da presente investigação, ao apresentar a mulher como sintoma e prova da verdade da *Kultur*,[50] pretende ir além de uma descrição em termos de "gênero" e "papel". Cabe realmente pensar na feminilidade como o *avesso da Lei*. O que assim ressurge de des-simbolizado — desde a crise histérica, originária na experiência analítica, até a violência muda do grito anoréxico — é, ao que nos parece, a convocação do corpo do sintoma feminino endereçada à *Kultur*, ou até ao simbólico (o que lhe confere um aspecto "demoníaco").

Assim, seria compreensível que a perplexidade freudiana, da qual nosso próprio texto é um eco — "Que quer a mulher?" —, já fosse o eco de uma resposta, ainda que em forma de interrogação: "Que quer a mulher, portanto, da psicanálise?" Mas, além disso, existe o "certificado de recebimento" da psicanálise, por poder, justamente, ecoar essa interpelação do querer-feminino endereçada à *Kultur*: esta não tem possibilidade, sem reproduzir seu mal-estar íntimo, de se furtar ao que esse querer-feminino vem revelar do recalcado que a psicanálise tem por vocação revelar.

Para a psicanálise, portanto, não se trata de enunciar a verdade sobre a "feminilidade" em sua essência. Não foi por acaso que Freud remeteu quem quisesse saber mais sobre a *Weiblichkeit* a suas "próprias experiências de vida" ou aos "poetas".[51] Quem quisesse, ao contrário, tomar o caminho da "ciência", deveria contentar-se com esses preciosos "fragmentos", clarões insubstituíveis lançados sobre o "continente negro" da feminilidade, considerada do ponto de vista do saber do inconsciente, que fazem progredir a "ciência clínica"...

Mas é nisso, justamente, que o "freudismo"[52] dá lugar a essa "falta" eloqüente. Se a psicanálise é essa "ciência do homem" que se deve entender como "ciência do que falta no homem", ela poderia encontrar sua "prova da verdade" nesse *objeto da falta* mostrado pelo "querer-*feminino*".

Referências Bibliográficas

Aqui se encontram agrupadas as principais de nossas contribuições que constituem, de certa maneira, o "campo de pesquisa" da problemática Freud e a mulher, *e portanto, um punhado de "balizas" do trajeto que marcamos neste prefácio. O leitor poderá reportar-se a elas para julgar as "repercussões" desta pesquisa no tocante a determinado aspecto da feminilidade ou a determinado "objeto" que a ilustre, e a clínica psicanalítica trabalha, aqui, ora sobre o texto literário, ora sobre a situação social, ora sobre a questão psicopatológica em que a feminilidade está implicada.*

[1] P.-L. Assoun, "Le savoir de la mère", *in* "Sophrologie, haptonomie, parentalité", II Congresso Nacional de Sofro-relaxamento Obstétrico, novembro de 1984, Centro Hospitalar de Saint-Cloud, coletânea dos relatórios e comunicações, pp. 53-60.

[2] P.-L. Assoun, "La femme, symptôme de l'organisation sociale", *in Le Sexe du pouvoir. Femmes, hommes et pouvoirs dans les organisations*, colóquio da Universidade de Paris-Dauphine, março de 1984, Desclée de Brouwer, 1986, pp. 394-406.

[3] P.-L. Assoun, "Que veut une anorexique?", Universidade de Angers, grupo de pesquisa "Psicanálise, cultura e sociedade", Faculdade de Letras, Línguas e Ciências Humanas, Serviço Universitário de Psiquiatria, 1987, 28 p.

[4] P.-L. Assoun, "Mystère de l'être sexué et inconscient. La différence anthropologique saisie par la psychanalyse", *in Lumière et vie*, nº 194, "La différence des sexes", novembro de 1989, pp. 31-48.

[5] P.-L. Assoun, *Le Pervers et la femme*, Anthropos/Economica, 1989, 288 p.

[6] P.-L. Assoun, "Freudisme et féminisme", *in Le Freudisme, Que sais-je?* nº 2563, Presses Universitaires de France, 1990, pp. 109-112 [*in* P.-L. Assoun, *O freudismo*, Rio, Jorge Zahar, 1991].

[7] P.-L. Assoun, "La jouissance du sacrifice ou la passion inconsciente", *in Dialogue*, nº 116, "Le sacrifice dans la famille", pp. 5-15.

[8] P.-L. Assoun, "Voyage au pays des Mères. De Goethe à Freud: maternité et savoir", *in* "Les Mères", *Nouvelle revue de psychanalyse*, XLV, primavera de 1992, pp. 109-130.

[9] P.-L. Assoun, "Le désir machinal d'enfant", *in* "Le petit de l'homme, l'enfant de la machine", Instituto de Psicopatologia Clínica, Departamento de Formação Permanente, colóquio de 5 de abril de 1991, *Les Cahiers de l'IPPC*, nº 13, abril de 1992, pp. 55-78.

[10] P.-L. Assoun, *Le Couple inconscient. Amour freudien et passion postcourtoise*, Anthropos/Economica, 1992, 200 p.

[11] P.-L. Assoun, "Féminin et voix de l'Ailleurs: psychanalyse des Sirènes", *in* "Analyses et réflexions sur Homère, *L'Odyssée* (Chants V à XIII)", Ellipses/Marketing, 1992, pp. 84-90.

[12] P.-L. Assoun, "Les femmes stériles dans la Bible: la stérilité comme épreuve de la Loi", *in* "Actes de la journée d'études Femmes et judéité", École des hautes études du judaïsme, 1992.

NOTAS

1. À segunda edição (1993).
2. Sigmund Freud, "Algumas conseqüências psíquicas da diferença anatômica entre os sexos", edição das *Gesammelte Werke*, Fischer Verlag, vol. XIV, p. 20 (doravante citada como G.W., seguida do volume e página) [Edição Standard Brasileira (*E.S.B.*) das Obras Psicológicas Completas de Sigmund Freud, vol. 19, 1ª ed., Rio, Imago]. A propósito desse texto, ver *infra*, pp. XI e XII, e a bibliografia logo a seguir, p. XXIV [4]. Freud diz ter "reprimido a publicação" da *Interpretação dos sonhos* e do "Caso Dora", "senão por nove anos, conforme a recomendação de Horácio, pelo menos por quatro a cinco anos..."
3. Esse conselho, dado pelo autor das *Odes*, na verdade implica todo um ideal da perfeição do texto, consignado em suas *Epístolas*.
4. S. Freud, *Além do princípio do prazer*, seção VI, G.W. XIII [*E.S.B.*, vol. XVIII, 1ª ed.]. Quanto ao contexto dessa passagem, *cf.* nossas obras *L'Entendement freudien. Logos et Anankè*, Gallimard, 1984, pp. 89-94, e *Introduction à la métapsychologie freudienne*, P.U.F., "Quadrige", 1993.
5. Ver adiante, segunda parte, "Teoria do querer-feminino", p. 91.
6. No sentido definido na *Introduction à la métapsychologie freudienne*, *op.cit.*
7. Ver adiante, p. XXIV, as referências correspondentes a essas contribuições.
8. Quanto a esse ponto decisivo, *cf.* nossa explicação em "Le Freudisme", *Que sais-je?*, nº 2563, 1990, pp. 21-35.
9. Freud, como se sabe, emprega essa expressão a propósito da "pulsão de morte".
10. Carta de 1916 a Lou Andreas-Salomé, comentada em nossa *Introduction à la métapsychologie freudienne, op. cit.*
11. P.-L. Assoun, *Le Pervers et la Femme*, Anthropos/Economica, 1989.
12. *Le Couple inconscient. Amour freudien et passion postcourtoise*, Anthropos/Economica, 1992.
13. *Infra*, p. 181.
14. No sentido definido em nossa *Introduction à la métapsychologie freudienne, op. cit.*
15. Os números entre colchetes remetem, a partir de agora, às contribuições citadas adiante, p. XXIV.
16. No sentido enfocado em nossa obra *L'Entendement freudien. Logos et Anankê, op. cit.*
17. O autor faz aqui um trocadilho entre *brisé* (despedaçado) e *brisées*, substantivo que designa os galhos quebrados pelos caçadores para marcar sua *trilha*, mas que é também usado em expressões figuradas com o sentido de "a exemplo de"/"seguindo os passos de", e "em concorrência ou rivalidade com". (N.T.)
18. Aqui usada no sentido de "criação da imaginação", "invencionice". (N.T.)
19. *Sur la séxualité féminine*, cf. *infra*, p. 101 ["Sexualidade feminina", *E.S.B.*, vol. XXI, 1ª ed.].
20. A expressão francesa é "*fin de série*", que favorece o trocadilho com "*le dernier de la série*" (o último da série ou seqüência). (N.T.)

21. Cf. os ensaios de "psicologia amorosa" intitulados "Sobre um tipo especial de escolha de objeto no homem" e "Sobre o mais geral dos rebaixamentos na vida amorosa" [*E.S.B.*, vol. XI, 1ª ed.], bem como nosso comentário desses textos de Freud em nossas obras citadas.
22. *Pour introduire le narcissisme*, seção II, G.W., X, p. 155 [*Sobre o narcisismo: uma introdução, E.S.B.*, vol. XIV, 1ª ed.].
23. *Quelques conséquences psychiques de la différence sexuelle anatomique*, G.W., XIV, p. 24 ["Algumas conseqüências psíquicas da distinção anatômica entre os sexos", *E.S.B.*, vol. XIX, 1ª ed.].
24. *Inibição, sintoma e angústia*, apêndice C, G.W., XIV, pp. 202-203 [*E.S.B.*, vol. XX, 1ª ed.].
25. *O problema econômico do masoquismo* [*E.S.B.*, vol. XIX, 1ª ed.]. Aliás, ao nomear o "masoquismo feminino", Freud fornece como ilustração alguns casos de perversão masoquista... masculinos!
26. G.W., XIV, pp. 529-534 [*E.S.B.*, vol. XXI, 1ª ed.].
27. "Dentre todos elege um." (N.T.)
28. Ovídio, *Les Métamorphoses*, livro X, Société des Belles Lettres, Club français du livre, 1968, p. 315.
29. *A dissolução do complexo de Édipo*, 1925, G.W., XIII, p. 395 [*E.S.B.*, vol. XIX, 1ª ed.].
30. *Op.cit.*, p. 401.
31. Ver adiante, pp. 119-121.
32. G.W., XII, p. 290 ["Psicogênese de um caso de homossexualismo feminino", *E.S.B.*, vol. XVIII, 1ª ed.].
33. No francês, "*ma* mère" e "*moi*-mère". (N.T.)
34. S. Freud, "Das transformações da pulsão, particularmente do erotismo anal", 1917, G.W., X, p. 406 [*E.S.B.*, vol. XVII, 1ª ed.].
35. Uma remontagem, em inglês no original. (N.T.)
36. Cf. nossa síntese *in* "Fonctions freudiennes du père", in *Le Père*, Denöel, 1989, pp. 25-52.
37. *Le Pervers et la femme, op. cit.*
38. *Observações sobre o amor transferencial*, 1915 [*E.S.B.*, vol. XII, 1ª ed.].
39. *Análise terminável e interminável*, 1937, G.W., XVI, p. 99 [*E.S.B.*, vol. XXIII, 1ª ed.].
40. *A dinâmica da transferência*, 1915 [*E.S.B.*, vol XII, 1ª ed.].
41. Cf. nossa análise em nossa obra *Freud et les sciences sociales. Psychanalyse et théorie de la culture*, Armand Colin, 1993.
42. *Infra*, p. 169.
43. Cf. o apêndice da *Psicologia das massas e análise do eu*, comentado adiante, p. 170.
44. Quanto à atitude de Freud perante a "mística", remetemos a nosso estudo *L'Entendement freudien. Logos et Anankè, op. cit.*
45. Cf. *Psicologia das massas e análise do eu*, cap. VII, e nosso comentário em *Freud et les sciences sociales, op. cit.*
46. Quanto ao contexto dessa expressão, ver adiante, p. 158.
47. Expressão encontrada no artigo "Sobre a psicogênese de um caso de homossexualismo feminino", G.W., XII, p. 298 [*E.S.B.*, vol. XVIII, 1ª ed.].

48. No sentido forte do termo, verdadeira "categoria" em Freud, como estabelecemos em nosso texto *L'Entendement freudien, Logos et Anankè, op. cit.*, introdução.
49. Quanto a essa problemática, cf. a edição de *Psychologie clinique*, nº 6, "Malaise de l'idéal", Klincksieck, 1993. Ali se encontrará uma verificação dessa noção, no laboratório de pesquisa da universidade de Picardie / Centro Nacional de Pesquisa Científica, "Psychanalyse et pratiques sociales de la santé" (direção de P.-L. Assoun e M. Zafiropoulos).
50. Cf. adiante, pp. 147-171.
51. "A feminilidade", *in Novas conferências introdutórias à psicanálise*, G.W., XV, p. 145 [*E.S.B.*, vol. XXII, 1ª ed.].
52. No sentido definido em nosso texto *Le Freudisme, op. cit.*

APRESENTAÇÃO
À EDIÇÃO BRASILEIRA

BETTY BERNARDO FUKS
psicanalista e doutoranda da Escola de Comunicação (ECO)
da Universidade Federal do Rio de Janeiro

A MULHER, O FEMININO E A FEMINILIDADE

"O qual minha alma busca ainda
e eu ainda não descobri
Um homem um em mil eu o descobri
e uma mulher num milhar delas não descobri sequer"
(Eclesiastes — VII. 28)

A mulher e o feminino

A "alma feminina", quem melhor responde sobre ela é o poeta. Esta foi, sem dúvida, a maior constatação de Freud, quando se deparou com a impossibilidade de produzir uma resposta definitiva ao enigma que lhe colocava a mulher. Na arte poética, Freud encontra uma "*espécie de testemunho do Inconsciente*"[1] e ao remeter a problemática da sexualidade feminina ao campo da arte, não só problematiza suas próprias construções teóricas feitas até então a respeito do tema, como nos dá as indicações da inviabilidade de lhe fornecer uma resposta definitiva e categórica. Selou desta forma, já no final de sua vida, o que percebeu no início de sua obra: feminino, criação artística e psicanálise dizem respeito a Outra cena, àquilo que permanece excluído da objetividade e da materialidade dos fatos.

A mulher, que com suas palavras levou o Mestre de Viena a criar uma nova ciência, a psicanálise, paradoxalmente, se cala diante de sua própria sexualidade, suscitando uma questão: "*O que quer uma mulher?*" É exatamente desta questão, sobre o querer-feminino, que começa Paul-Laurent Assoun, de uma forma singular e absolutamente fiel ao texto freudiano, a demonstrar que a "verdade" da psicanálise é a "verdade" da mulher. O ponto de sustentação da existência da psicanálise estaria na diferença entre o que a mulher deseja (saber possível) e o que ela quer (saber impossível).

Entre o enigma que lhe trouxe o feminino e a questão sobre o que quer uma mulher, Freud irá se debater durante toda sua obra: Freud, escritor e por vezes poeta, aquele que fazia da mulher musa inspiradora de seu texto, e Freud, cientista, aquele que tentava produzir uma resposta, necessária ao discurso da ciência, sobre a sexualidade feminina, ousou escutar a mulher desde um outro lugar, boquiaberto, perplexo diante da impossibilidade de uma solução, mas desejoso de que ela lhe revelasse, através de sua fala, algo mais sobre si mesma.

Dessa forma, embora muitas vezes se considere erroneamente que a teoria freudiana peque por chauvinismo, seu criador debruçou-se incansavelmente sobre a sexualidade da mulher, procurando diferenciá-la e dar a ela um estatuto radicalmente diferente da do homem. Se, num primeiro momento de sua obra, compara a sexualidade feminina à masculina, localizando no corpo da mulher uma zona erógena homóloga à do homem, e em seguida efetua uma equiparação entre os dois sexos, ao introduzir em sua teoria o papel estruturante do falo na subjetivação de ambos, logo se deixa guiar pelo que as palavras femininas lhe apontavam, e reconhece, prontamente, ser o feminino o "continente negro" de sua descoberta. Negro, porque ausente no imaginário e no simbólico, ele terá de ser construído ininterruptamente e desmoronado imediatamente.

O feminino, trata-se de um Saber axiomaticamente inesgotável, pois na falta de um significante que o designe, ele permanece sempre em aberto à possibilidade de respostas e novas indagações. Situado para além do recalque, o feminino diz respeito não ao que se inscreve na cadeia simbólica, mas àquilo que, incessantemente, não pára de não se escrever, o que equivale dizer, pede para se inscrever. Se por um lado o recalque é a pedra angular da psicanálise, por outro, o feminino é a fonte inesgotável de questões que minam os alicerces do saber psicanalítico, obrigando o analista a se submeter à regra básica da atenção flutuante.

Infinito, fragmentado, portador de surpresas constantes, o universo feminino faz surgir na cena analítica com toda a virulência o amor, sua essência, como atesta o fenômeno da transferência. Endereçado aparentemente ao outro, o amor de transferência encenado pela histérica levou Freud a perceber que tanto nos homens quanto nas mulheres o mal-estar se localiza na tensão absoluta que traz o amor pelo Outro.[2]

E assim, numa manobra genial que o levou a fundar o método psicanalítico, utiliza-se do amor de transferência na condução da cura de seus analisandos. O amor transferencial, que aparece provocado pela própria situação analítica, por ser não-todo apresenta para além de sua vertente narcísica, de demanda de amor, sua vertente traumática: a do Outro amor. O espaço analítico idealizado por Freud conduziria o falante, através de um caminho muito singular, a falar deste amor ao Outro. "*Falar de amor, com efeito não se faz outra coisa no discurso analítico*",[3] é o que vai pontuar Lacan a respeito do dispositivo freudiano.

Na lógica da situação analítica, o que vai então se desenrolar é uma história de amor como não há outra igual,[4] pois neste universo de onde a fusão é excluída, o analista, por uma exigência ética, não se satura de buscar ouvir o feminino e assim possibilita ao analisando ser reconduzido ao campo do amor, onde a "*palavra em sua deriva, essencialidade mesma do feminino*",[5] advirá. O surgimento do amor ao Outro, antídoto contra a morte, no que ele próprio lhe faz suplência, é conseqüência do espaço de absoluta alteridade em que se coloca o analista na direção da cura, levando seu analisando a dirigir-se inexoravelmente ao inapreensível objeto do desejo. Ao mesmo tempo, o amor de transferência, escreve Assoun, é "*o que desperta a análise (o analista) de seu sono dogmático*",[6] já que ele, o amor transferencial, é o real da clínica analítica e conseqüentemente o que possibilita a cura e o progresso do saber psicanalítico. O paradoxo do amor transferencial é que ele é, ao mesmo tempo, motor e obstáculo à cura, o que obriga ao analista a posição de encarnar este mesmo paradoxo no processo analítico, onde o analisando passa da demanda de ser amado, que conduz o sujeito ao estado de clausura alienante, ao desejo de amar, de onde eclodem possibilidades infinitas de construções outras.

Na escuta analítica, Freud percebe que os dois campos da sexualidade humana — masculino e feminino — são freqüentados pelos indivíduos, qualquer que seja a natureza biológica de sua diferença sexual. Dois sexos, no falante, a eles adscritos dois gozos — gozo, fálico e gozo do Outro — acrescenta Lacan à teoria freudiana. E se não há um sexo sem o Outro sexo, não há também um gozo sem o Outro gozo, ainda que este não seja dizível e pertença a uma região invisível e indizível. Assim, para Lacan, o Outro será sempre o Outro sexo, resgatando a especificidade do Inconsciente freudiano: o sexual.

Mas enquanto a sexualidade masculina se garante no gozo fálico e o homem visa o poder para vencer o mal-estar que lhe provoca o feminino, negando-o e amordaçando-o, a sexualidade feminina pede apenas por uma realização, no discurso, deste amor pelo Outro, sempre por-vir. A mulher, que transita mais facilmente através dos dois campos da sexualidade humana, é aquela que nos dá testemunho deste Outro gozo quando, ao se excluir do gozo fálico, o excede, pois esta é sua forma de revelar sua alma desejosa do desejo do Outro. As mulheres..., como disse Lacan, "... *elas almam a alma*"[7]... elas amam o Outro. Enquanto os homens procuram desde os tempos bíblicos uma mulher, incansavelmente, ela, a mulher, apenas busca um dizer que dê conta de sua falta que jamais se esgota. Nesta desconcertante dinâmica de procuras vãs e buscas impossíveis, o desencontro interminável entre homens e mulheres é apenas o pano de fundo ao real da inexistência da relação sexual, à qual o amor faz suplência.

E se Freud manteve a pergunta "*o que quer uma mulher?*" é porque, fiel à lógica de infinitização do amor, sustentou assim a possibilidade de uma infinidade de respostas à questão que lhe colocou a mulher. Sem autorizar nenhum otimismo da liberação feminista, nem tampouco colocando-se na perspectiva messiânica de salvação da mulher oprimida pelo social, Freud talvez tenha sido o primeiro cientista a remeter o feminino ao que lhe é de direito: o discurso, que o faz ser. Nele, o sujeito se libera a novas invenções e a novas realidades, novas significações e à criação da vida.

Amante do amor, como ele mesmo dizia, "*não por motivos sentimentais ou em busca de ideais, mas por motivos desapaixonados...*",[8] Freud, ao propor a seus analisandos falar sobre o amor amordaçado que neles pulsava, é imediatamente compreendido pela mulher, aquela que batizou seu método de "*talking cure*". Posto que ela percebe que sua palavra feminina, porque não-toda, a resgata para o campo do amor possível. De pulsional, o amor passa à palavra, metáfora desta paixão pelo Outro que, por se dar no real, não pode ser dito como tal.

A mulher e a feminilidade

Desmistificando alguns mitos e lugares-comuns de modelos explicativos sobre a feminilidade, assim como não se deixando capturar pelo lirismo do indizível, também tornado mito na atualidade, este *Freud e a Mulher* nos oferece uma reflexão original e rigorosa da teoria freudiana da feminilidade fundamentada no querer-feminino.

Na cena analítica originária, ao se calar sobre o desejo da mulher, Freud se deixa guiar pela questão da identidade do querer-feminino rebelde à teoria da objetalidade libidinal que ele próprio havia construído. Querer que subverte a lógica libidinal desejante e conduz Freud a re-pensar, à luz da teoria do narcisismo, a feminilidade, signo de suspensão de qualquer escolha objetal e efeito de uma "*relação cruzada com a falta do objeto e com o desejo do Outro*".[9]

É que a mulher, atravessada pela castração simbólica, se inscreve na ordem desejante, e dessa forma submete-se à lógica objetal. Entretanto, seu querer-feminino, irredutível ao simbólico, busca através da feminilidade "*transformar a falta num tesouro de 'encantos'*",[10] numa riqueza infinita de invenções femininas que se desfazem ininterruptamente, levando o feminino, como tal, a existir ainda que inominável, pontual e evanescente.

Por isso a psicanálise, ao contrário do que alguns insistem em afirmar, teria muito a dizer sobre a feminilidade, pois esta não é um indizível que jamais se esgote, mas um dizível contínuo e ininterrupto sobre o inconsciente. Testemunha constante deste, a feminilidade adquire assim, no *corpus* da teoria psicanalítica, a mesma importância dos sintomas, atos falhos e sonhos. É nesse sentido que Assoun mostra como Freud soube "jogar" com a mulher, pois "*decifrou muito bem seu jogo*", embora "*no cômputo geral não tenha conseguido descobrir-lhe as cartas*".[11] Descoberta impossível, pelo lugar de absoluta alteridade no qual, ele próprio, colocou a mulher. A mulher, então, não é apenas a prova da "verdade" da psicanálise, mas também a prova da impossibilidade do discurso analítico.

O interesse de Freud pela mulher não se restringiu apenas à compreensão das vicissitudes de suas pulsões, de sua sexualidade feminina (*Weiblide Sexualitat*), como também se constituiu numa reflexão, a partir do que escutou na clínica, sobre as conseqüências da feminilidade (*Weiblichkeit*) na *Kultur*. Este é o tema que encontramos no último capítulo deste livro, onde o autor identifica o discurso freudiano sobre a feminilidade (*Weiblichkeit*) "*... como lugar de entrecruzamento do inconsciente com o processo cultural*".[12]

A histérica, exemplo *princeps* da mulher enquanto sintoma da *Kultur*, é aquela que denuncia através de seu sintoma uma das causas de sua infelicidade: uma civilização demasiadamente fálica que se opõe a seu querer-feminino, ou pelo excesso (supervalorização sexual) ou pela falta (depreciação amorosa). A recusa à feminilidade (*Weiblichkeit*) imposta pela civilização, seja por processos claros ou sutis de repressão, neurotiza a mulher, restando a esta apenas encarnar o "*negativo neurótico da perversão de seu duplo masculino*"[13] na *Kultur*.

Freud, avesso à possibilidade da mulher renegar a sua feminilidade (*Weiblichkeit*), que ele próprio considerava "*a coisa mais deliciosa que o mundo tem a nos oferecer*",[14] não se limitou apenas a denunciar os infortúnios do querer-feminino, pois à mulher ele reserva — e é neste sentido que Paul Assoun reconhece em Freud um amante da mulher — o lugar de "*representante de Eros na Kultur*",[15] portanto seu elemento fundante.

Foi na experiência analítica, como vimos, que a mulher levou Freud ao encontro do amor transferencial, signo do amor ao Outro, e deste fenômeno o Mestre de Viena constatou a diferença entre o amor e o desejo: o amor visa um nome, isto é, o sujeito, enquanto que o desejo visa um objeto sexual. É porque a mulher, em sua feminilidade, se traduz como falta a ser amada que o homem a deseja e a conseqüência imediata deste "jogo", sem dúvida, é a *Kultur*. Através de sua feminilidade (*Weiblichkeit*), de seu querer que se desfaz incessantemente, é que "*Eros/Mulher*" faz nascer o desejo nos homens, e, desta forma, torna-se não só antídoto contra a morte, no que promove a união no sentido da vida, como também converte-se em impedimento à homossexualidade das massas, pois é ela quem possui o dom necessário para instalar a diferença.

Assim como sem a mulher o homem seria desprovido da lógica do desejo e condenado a viver num mundo não-humano, sem a questão sobre o querer-feminino a psicanálise provavelmente já estaria morta. Coube a Freud lançar a questão, e cabe aos analistas mantê-la viva para que a ciência psicanalítica possa continuar seu destino: fazer falar sujeitos sobre uma verdade, ainda que não-toda, e assim abrir a possibilidade do Inconsciente acontecer.

NOTAS

1. Lacan, J., "Conférences et entrétiens dans les universités nord-americaines", *Scilicet 6/7*, Paris, Seuil, 1976, p. 21.
2. Kristeva, Júlia, *História de amor*, Paz e Terra, S. Paulo, 1988, p. 112.
3. Lacan, J., *O Seminário*, Livro 20: *Mais, ainda*, Jorge Zahar, Rio, 1982, p. 112.
4. Cf. Freud, para quem o processo analítico "deve seguir... um caminho para o qual não existe modelo na vida real". In "Observações sobre o Amor de Transferência", in *Obras Completas*, Imago, Rio, 1969, vol. 12, p. 216.
5. Coutinho Jorge M.-A., *Sexo e Discurso*, Jorge Zahar, Rio, 1988, p. 203.
6. Assoun, P.-L., *Freud e a Mulher*, Jorge Zahar, Rio, 1992, p.77
7. Lacan, J., *idem*, p. 114.
8. Freud, S., "Breves Escritos" in *Obras Completas*, Imago, Rio, 1976, vol. 20, p.232.
9. Assoun, P.-L., idem, p.93
10. Assoun, P.-L., ibidem, p.171
11. Assoun, P.-L., *ibidem*, p.23
12. Assoun, P.-L., *ibidem*, p.161
13. Assoun, P.-L., *ibidem*, p.157
14. Freud, S., citado in Assoun, P.-L., *ibidem*, p.150
15. Assoun, P.-L., *ibidem*, p.166

INTRODUÇÃO

Freud e a feminilidade: um estranho vínculo

Um estranho vínculo liga a psicanálise, sob a forma que lhe deu seu criador, Sigmund Freud, à *feminilidade*. É que, de um lado, a mulher assedia a psicanálise, desde a origem de seu trajeto até seus desafios mais atuais; e, de outro, algo da racionalidade analítica parece ter-se articulado através da manutenção da feminilidade às portas do templo. Faz muito tempo que se revelou essa ambigüidade da condição da mulher na análise: é nosso sentimento, no entanto, que as verdadeiras questões cruciais dessa relação mal foram evocadas. É como se ficássemos reduzidos a deplorar que, entre Freud e a mulher, um certo encontro tenha malogrado, remetendo-se a causa desse fiasco a alguma fatalidade social ou pessoal.

Assim, desse vínculo tantas vezes evocado, parece-nos necessário, ainda e mais do que nunca, produzir a história e a teoria. É que, afora o abundante discurso sobre essa relação da mulher com a psicanálise, parece-nos que resta um campo surpreendentemente virgem. É como se, na impossibilidade de abordá-la em seu *lugar apropriado*, estivéssemos condenados a repetir um certo número de *lugares-comuns* — ainda que refinados. É fato que essa questão da mulher parece ter a virtude particular de girar no círculo da repetição. De onde vem o fato de a conversa que ela suscita parecer ressoar, tal como num círculo imaginário, como um eco dela mesma?

Ou uma espécie de interdição obriga o Logos, ainda que seja o analítico, a depor as armas frente ao que seria o "mistério", o enigma, a singularidade absoluta da feminilidade, ou os modelos intensamente explicativos parecem se esgotar, vítimas de sua própria mecânica. Assim, o lirismo do indizível roça de perto o dogmatismo, como as duas faces de uma mesma lógica.

Ora, sobre a feminilidade, a psicanálise seguramente tem coisas claras a dizer, fundamentadas em sua própria experiência. A feminilidade, nesse sentido, não é um indizível tão infinito que desmantele todo e qualquer logos. Foi por não se ter apreendido o discurso freudiano sobre a mulher em sua consistência e sua pretensão próprias que ele foi reduzido a uma *doxa* hesitante e contraditória, ou então cristalizado num dogma.

Mais uma vez, o retorno orientado ao texto freudiano[1] deve ser lido segundo o princípio elementar da psicanálise, ou seja, como comentário de uma relação determinada, cujo teste determinante é a clínica. Parece-nos que, no que concerne à mulher, o recurso respectivo à teoria e à fenomenalidade clínica é especialmente clivado.

O princípio metodológico deste texto é restabelecer o movimento conjunto do que Freud *disse* da mulher a partir do que recebeu dela.

A teoria freudiana da feminilidade é um notável método de retomada, num discurso singular, do que Freud recebeu do sintoma. Isso, aliás, não impede que constatemos, nessa mesma intricação, uma articulação paradoxal que pode ser decifrada como "disfunção". Mas, precisamente para fazer do texto e da relação freudiana com a feminilidade uma leitura sintomal, é a lógica de sua articulação que convém restabelecer fielmente.

Além disso, vê-se porque tantas vezes se sacrificou a apreensão dessa lógica a um diagnóstico maciço, externo a essa prática, ou porque essa prática tem servido apenas para demonstrar a suposta contradição da teoria: é que a experiência analítica sofreu, nesse terreno complexo, uma *renegação* cuja obstinada animosidade é possível constatar. É como se, decididamente, Freud pudesse dizer a verdade, a rigor, sobre tudo, menos *isso*. Não pressuporemos, por nosso turno, que ele tenha dito a verdade *também* sobre isso, mas nos imporemos como lei formular a questão da mulher no terreno estritamente intrínseco à experiência inaugurada por Freud.

O desafio da feminilidade à psicanálise

É verdade que essa questão só tem feito tornar-se mais crítica: efetivamente, a dimensão da feminilidade parece ir ao encontro da experiência analítica numa trajetória que faz dela um *desafio*. Dir-se-ia que, precisamente aí, a tarefa crônica da psicanálise — dizer do inconsciente — se exacerba. É exatamente esse, de fato, o "destino" que Freud reivindica como sendo o seu: expressar o inconsciente quando ele bate a sua porta, deixar-se levar por ele — tal como Itzig, o cavaleiro amador — para onde ele bem entender.[2] Mas, que fazer quando o cavalo de Itzig o leva para um lugar vazio? Entenda-se: para um lugar não simplesmente impossível de alcançar, mas um lugar onde não se pode determinar se convém ou não desmontar para pôr os pés no chão.

Foi realmente uma aventura desse tipo que sucedeu a Freud ao acompanhar o que, nas mulheres, produzia sintoma. Não nos apressemos em falar de impossibilidade ou enigma, como se a feminilidade tivesse vocação para produzi-los, antes mesmo que o mais ínfimo Eros — lógico ou prático — venha cingi-la. O mais notável na atitude freudiana é, justamente, durante muito tempo, Freud ter procurado *não* considerar a feminilidade como um enigma — assim se destacando das vertigens de desconhecimento provocadas pelos discursos sobre a mulher. O mais notável é, justamente, a determinação com que ele partiu em busca do "segredo" da mulher. Foi ao cabo de dissabores de grande repercussão que veio a abandonar essa ambição. Mas não tem sido suficientemente assinalado que só tardiamente é que se instaurou o discurso do enigma e do "continente negro" com que se regalam as mitologias da feminilidade que foram buscar novas fontes na psicanálise.

O famoso *Que quer a mulher?* não é uma formulação de alguém que se "poste" diante do enigma da feminilidade, legando à posteridade sua perplexidade voluptuosa. Trata-se, na verdade, de um efeito fundamental do próprio *real* da feminilidade, invertendo-se numa indagação dirigida ao saber analítico. Uma indagação sobre seu "objeto", que não deve dissimular a pergunta a seu *saber*: de fato, o que deve ser o saber analítico, para ser aquele que deixa sem solução *essa* pergunta? Assim, é também — e talvez principalmente — nessa vertente que, a nosso ver, a questão deve ser lida e recolocada: que quer a mulher *da psicanálise*?

Com isso, estranhamente, a interrogação sobre a mulher mostra-se indissociável do questionamento de Freud sobre *seu* saber. O que Freud registra, com seu ponto de interrogação sobre o "querer da mulher", é o prodigioso efeito de retorno desse fragmento de *verdade* que não se reduz a dispositivos de saber. A mulher é, pois, não apenas aquilo que a psicanálise conhece mal — aquilo que seria apenas um diletantismo e uma renúncia a conhecer, o que não é nada típico do estilo freudiano —, mas aquilo que, por existir, coloca o saber analítico numa situação de suspense. Mais do que de um fracasso — pois, para sustar o movimento de conhecimento freudiano, certamente seria preciso mais do que isso —, convém falarmos de uma interrupção dessa mecânica explicativa irresistível, que esbarra em algo como sua alteridade.

A fórmula, portanto, deve ser lida no outro sentido: *é mulher* — ou querer-feminino, para respeitar a literalidade da formulação freudiana — justamente aquilo que a psicanálise não conheceu. Estamos cientes, ao formular a questão em sua crueza, de que nenhuma questão foi tão radicalmente *epistemológica* quanto essa. É que essa "verdade" que não quer se deixar saber é realmente a *prova da verdade* (no sentido mais literal) da psicanálise.

Convém compreender que, com isso, não pretendemos reduzir a questão da feminilidade, cujo efeito clínico é tão violento, a uma abstrata questão de princípios. Esse é, muito pelo contrário, o meio de nos instalarmos no cerne do choque entre o freudismo e a feminilidade, para compreender seu impacto. O cavalo de Tróia que a mulher veio instalar no coração do edifício tão bem armado da psicanálise, a ponto de se tornar uma máquina de guerra, só pode ser compreendido se estivermos cientes daquilo que interpelou o próprio Freud. O que ela pôs em risco foi a identidade do saber analítico consigo mesmo, ou seja, sua pretensão de verdade.

A Mulher é aquela que Freud suspeita, lucidamente, de ter permanecido como *uma verdade* impermeável ao saber que ele produziu a seu respeito. Foi sobre isso que ele se alertou — sem fuga nem desespero romântico —,[3] como se desconfiasse que, ao enigma do inconsciente, a mulher *dava corpo*. É compreensível, pois, que cada passo dado por Freud rumo a essa questão tenha sido, na verdade, uma explicação dotada do *status* de seu próprio saber. E, como o próprio saber analítico só adquire efetividade no processo da experiência que realiza, o *encontro* com a mulher se impôs como costura dessa experiência.

Formulada nesses termos, a questão das relações entre o freudismo e a feminilidade adquire sua agudeza característica: não basta dizer que Freud se ocupou com a mulher, e é ridículo sondar se a "tratou" bem ou mal. O fato é que ele atrelou à feminilidade todo o movimento de sua experiência. Era-lhe tão pouco possível desconhecer a importância da feminilidade quanto a da psicanálise, em sua identidade contraditória. Parece-nos chegado o momento, à parte os juízos de condenação ou reabilitação sobre qual teria sido a "atitude" freudiana para com a mulher, de descobrir o que se *revelou* aí: a saber, a história da mulher na análise, através da qual uma e outra se descobriram reciprocamente.

Que quer a mulher?

É nesse sentido que conviria compreender a famosa declaração a Marie Bonaparte: "A grande indagação que ficou sem resposta, e à qual eu mesmo nunca soube responder, apesar dos meus trinta anos de estudo da alma feminina, é a seguinte: que quer a mulher?"[4] Freud não está apenas confidenciando, com isso, uma de suas perplexidades, e sim, a tomarmos sua formulação ao pé da letra, *a* questão na qual se manifesta sua perplexidade. Isso já constitui uma razão para suspeitarmos de que a mulher assume *a* figura mediante a qual é restituída à psicanálise a imagem de sua perplexidade fundamental.

Seguramente, existe nisso qualquer coisa do efeito da Medusa.[5] Só que a Medusa paralisa seus inimigos imediatamente: Freud, ao contrário, contrasta a extensão de seu processo — "trinta anos de estudo da alma feminina", ou, como se poderia dizer, trinta anos a serviço de seu mistério! — com o vazio do saldo final. A longa duração e a perseverança obstinada de nada parecem ter servido nesse caso, a não ser para medir o tempo de que ele precisou para compreender... que continuava sendo preciso se interrogar — o que nada tem a ver com a paralisação muda e imediata da Medusa. Em outras palavras, trata-se de um enigma que se cristaliza.

Por fim, é realmente ao querer que se refere a perplexidade. De modo que esse périplo da investigação da "alma feminina" não é anulado — a despeito das interpretações correntes no sentido do ceticismo exagerado. Aliás, Freud lá era homem de anular uma vida de trabalho, fosse sobre o que fosse? Portanto, convém entender a fórmula ao pé da letra: "apesar de tudo o que aprendi sobre o *desejo* da mulher, isso não me fez avançar nem um pingo em minha investigação sobre a natureza do que ela *quer*".

É como se fosse preciso deduzir, do saber (incontestável, por outro lado) relativo ao desejo da mulher, um saber impossível, relativo ao querer do sujeito. O que seria incognoscível no mundo desejante que é próprio da mulher seria a própria mulher, tal como se relaciona com esse desejo. O que falta no desejo da mulher é seu querer: pelo menos, esse é o balanço que deve realmente extrair disso um olhar freudiano.

De nada serve repisarmos a fórmula do "continente negro": quando Freud o evocou, foi no texto sobre *A questão da análise leiga* (1926), ao cabo de um longo trabalho e no limiar de uma reformulação teórica decisiva:[6] "A vida sexual da mulher adulta, entretanto, ainda é um *dark continent* para a psicologia." O que passou à condição de adágio tinha, para Freud, em seu contexto próprio, o sentido de uma consolação. Se, "da vida sexual da menina sabemos menos que da do menino", ainda havia tempo para delinear os limites desse continente. Por isso, Freud só sublinhou o caráter relativamente inexplorado desse continente no momento em que pôde identificá-lo como um continente a *ser* explorado.

Esse continente, na verdade, só foi realmente obscuro enquanto ele não se permitiu tratá-lo como um continente específico: no momento em que pôde enunciar isso, estava dado esse passo decisivo. Ora, foi justamente nesse momento que a perplexidade sobre o querer-feminino se radicalizou: isso confirma claramente que não foi por falta de conhecimentos sobre o continente-mulher que ele se interrogou, mas pela necessidade de mudar de passaporte e de bússola para interrogar esse continente.

Assim, não houve nenhuma perturbação causada pelo desconhecimento ou pelo exotismo, mas, antes, uma conscientização da necessidade de atualização dos instrumentos de exploração.

É compreensível que Freud não optasse por se interessar muito de perto pela mulher: esta, depois de ter prometido à psicanálise revelar-lhe o segredo do inconsciente — do qual a histérica fora a transmissão viva —, havia ameaçado o saber analítico de não confiar mais em si mesmo, de desarticular seu desejo de verdade. Mas essa recrudescência do agnosticismo[7] exigida pela mulher não deve anular o movimento de investimento da feminilidade: justamente o movimento que, bem examinado, nos revela tudo o que Freud, *mesmo assim*, pôde dizer sobre essa verdade que se esquivava.

Destinos do querer e destinos do desejo

Em suma, a pergunta retorna: qual é, afinal, a situação do que ele conseguiu dizer, se isso não atingiu o próprio "querer da mulher"? Será que esse mundo de reformulações ficou invalidado pela perplexidade final? Isso é o que imporia a interpretação literal da declaração, ou a redução da frase a uma dessas tiradas sem significação clínica. Para resolver a aparente contradição, convém nos darmos conta de que Freud reservou sua perplexidade para o "querer" da mulher. É o *willen* que está em jogo, e não o *desejo*. Ora, Freud não tinha o hábito de falar em "querer" quando havia alguma conotação da experiência analítica, que se articula precisamente com o desejo.

Seria preciso compreender algo diferente de uma invalidação de todo e qualquer discurso sobre a mulher: no que tange ao desejo, parece lembrar Freud, podemos dizer muitas coisas. Mas é no momento de passar da teoria do desejo da mulher para o querer propriamente dito que a bússola psicanalítica enguiça. Seria esse, pois, o lugar onde se articula a perplexidade freudiana relativa à mulher: na aparente contingência de seu querer, que deve ser lida, nela, como uma incongruência entre o que ela *deseja* e o que ela *quer*.

Através da interpretação *da* questão freudiana sobre a mulher, podemos avaliar ao mesmo tempo sua limitação e sua fecundidade. Ao colocar tudo o que dizia e praticava sobre a feminilidade sob a égide de sua perplexidade final, Freud se distanciou, no estilo característico de sua ironia, de qualquer discurso que viesse a transformar a mulher em *dado(a)*, fosse para excluí-la ou reduzi-la, para renegá-la ou exaltá-la.

O *Was will das Weib?*, bem compreendido — e é à sua compreensão que se dedica o presente texto —, parece-nos, justamente por isso, desarticular o duplo efeito ideológico de certos discursos sobre a Mulher: o da naturalização, que trata a Mulher como Natureza, sujeito de potência e objeto de poder; e o do misticismo, que eleva à categoria de um gozo obscuro a impotência de enunciar. A interrogação freudiana não se refere, na verdade, à *natureza* da mulher — nem mesmo a sua natureza desejante —, mas sim a seu querer. Portanto, sua indagação se encontra suspensa entre duas recusas: a da afirmação, que conferiria uma essência à mulher, e a do enigma absoluto, que lhe atribuiria uma indizibilidade de tal ordem que deixaria qualquer Logos estupefato. Por isso é que devemos desconfiar do *tom* em que foi pronunciada a fórmula, aliás dirigida a uma mulher: sem o lirismo do enigma, e também sem exterioridade. Simplesmente como uma perplexidade. É verdade que essa perplexidade não é simples: é justamente dela que este livro pretende produzir a história e a teoria.

Ao menos, podemos desde já destacar seus efeitos. Através de sua pergunta, Freud lança uma pavorosa suspeita de escárnio sobre os que sabem bem demais o que quer a Mulher, ou por entronizá-la como gerenciadora da Natureza ou da Família, ou até por erigi-la como ideal de gozo. Não se deve confundir o *Que quer a mulher?* com alguma versão atualizada da ideologia do eterno feminino, eco do famoso "nunca entenderei nada sobre as mulheres", linguagem do poder decaído. Freud não se ajoelha diante do Eterno feminino, nem tampouco sustenta a linguagem do desprezo:[8] ele avalia a feminilidade a partir do saber analítico e confessa que, no cômputo geral, não consegue descobrir-lhe as cartas — embora, ocasionalmente, decifre muito bem seu jogo.

Essa posição freudiana, na cacofonia das discursividades das quais a mulher é o alvo ou o pivô, é sobretudo original. Sabemos que Freud só reconhecia, segundo suas afirmações, duas divindades: Logos e Anankê.[9] Que haja *também* um logos da mulher, portanto, é a aposta do Logos freudiano: e vamos segui-la até o fim no que ela pode e deve nos dizer da feminilidade no inconsciente. Mostraremos que, se isso não é tudo, também não é pouco, e vale muito mais do que o que os discursos sobre o indizível têm destilado desde Freud. A posição de Freud não é das que se possam desbaratar de uma só penada: ela sobrevive a suas próprias falhas.

Mas é verdade que esse Logos desenha seu limite no vazio, como se a feminilidade devolvesse ao Logos analítico uma imagem singularmente rebelde da *Anankê* inconsciente. Por isso, ficamos com a impressão contrastante de que a análise fala da mulher sem parar e, no entanto, a reinstaura incessantemente como uma alteridade. Donde a impressão — desconcertante, é verdade — de que Freud fala da mulher, ao mesmo tempo, como se ela existisse a tal ponto que sua existência não pudesse constituir problema algum, e *tão pouco*, aos olhos do inconsciente, que fosse absurdo acreditar dizer alguma coisa a seu respeito.

Nisso, como no restante, ele fala sob os ditames do inconsciente. E se por acaso, justamente por isso, ele nos desse os meios de produzir sobre a feminilidade um discurso que não seja conversa fiada? E se esse fosse justamente o meio de estabelecermos o limite, abarcando, ao mesmo tempo, algo da realidade inconsciente da mulher? A interrogação freudiana não despacha a mulher ("já que não posso saber o que queres, volta para teu enigma..."): ela negocia seu local de encontro, no limiar ou no limite extremo da experiência analítica.

Com isso, a feminilidade é, de certa maneira, a metáfora privilegiada da coisa analítica, do inconsciente, suspenso, segundo a forma singular do agnosticismo freudiano, entre a Coisa em si e o Nada em si.[10] Ela permite medir com precisão a distância e a proximidade entre o saber analítico e a verdade que ele explora e que a ele se recusa. É essa estrutura espiralar que convém conservar, se quisermos descobrir o traço significante da relação que o freudismo instaura com a feminilidade: não a fim de abrir um espacinho para a mulher na casa de Freud, como que para legalizar sua situação, mas para pensar o distanciamento (*Que quer...?*) até o ponto em que ele retorna (como *a mulher*) no desejo (de Freud), como chave de sua falta. Talvez, nesse sentido, devamos sustentar este paradoxo: é no ponto extremo em que Freud duvida de que a Mulher seja "verdadeira" que ele a constitui como verdade que garante o saber que ele gera. Nesse sentido, o *Que quer a mulher?* seria algo totalmente diverso de um fechamento: seria a abertura de um campo a ser retomado. De fato, talvez seja no momento em que Freud se apanha duvidando de ter produzido a teoria do querer da mulher que ele designa, por um ato de reatualização, seu lugar próprio.

Nisso consistiria a feminilidade como evento da análise. Desse evento, propomos reconstituir a história e demonstrar a lógica, com o olhar sempre novo que é permitido, meio milagrosamente, pelo movimento freudiano de descobrimento, à parte o amontoado de comentários que ele tem suscitado.

O lugar do dizer psicanalítico sobre a mulher

Na famosa conclusão da *Nova Conferência* dedicada à *feminilidade*, Freud talvez nos forneça um meio de situarmos a função da abordagem analítica da feminilidade. Trata-se, aparentemente, de uma desculpa por não ter esgotado o assunto. "Se quiser aprender mais", recomenda ele ao leitor, "interrogue sua própria experiência, dirija-se aos poetas, ou então, espere até que a ciência esteja em condições de lhe dar informações mais aprofundadas e mais coordenadas".[11] Mas Freud não diz, evasivamente, para procurarmos em outro lugar: indica com clareza outras três figuras do discurso sobre a feminilidade e, por isso mesmo, inscreve a psicanálise num quadrilátero imaginário.

Efetivamente, convém entender, tomando o conselho ao pé da letra — coisa a que o rigor irônico de Freud nos convida por si só —, que haveria três caminhos para aceder a uma parte do mistério da feminilidade, e que a análise seria o quarto: a experiência, a poesia e a ciência. Mas, e se o dizer analítico sobre a feminilidade pudesse, exatamente, deixar-se apreender ao mesmo tempo como superação e resíduo desses outros três?

A poesia, de fato, tem gerido o mistério, até o presente, enaltecendo-o: estendendo-se entre a verdade e a ficção, o discurso poético pôde justamente cingir esse momento de sentido suspenso que é a Mulher. Freud atribui a alguma ciência do futuro, simetricamente, a esperança de transformar essa fala em discurso: então seria possível dizer a verdade, tanto sobre a mulher quanto sobre o restante; sobre o restante, talvez, *por ser* sobre a mulher. O que a psicanálise tem a dizer talvez se estenda entre essas duas posições: não que ela seja uma semiciência — ela fez radicalmente seu juramento de cientificidade[12] —, mas seu objeto desejante-inconsciente a obriga a fazer poesia, nem que seja dando-lhe uma linguagem de ciência. Assim, Freud produziu esse discurso desnorteante, que passa reiteradamente de um re-dizer do engodo que define a mulher, em suas estratégias singulares, para um discurso da objetividade, externo a ponto de chegar ao cinismo. Não reconhecemos ali, é verdade, nem seus louvores nem seus preconceitos: mas foi isso o que Freud soube trazer de mais específico para o pensar sobre a feminilidade.

Resta sua relação como que vertical com o terceiro termo, com essa experiência que é a pedra de toque de todo saber, mas que não pode servir de base a nenhum. Cabe à experiência de cada um administrar a irredutibilidade que não pode entrar nem no dizer poético, nem no discurso da ciência, e que a análise procura delimitar: a saber, aquilo que se experimenta da mulher, por parte dela mesma e pelo homem. Essa experiência certamente "conhece" a feminilidade, já que a reproduz ininterruptamente — mas a psicanálise tende a objetivar, exatamente, o modo de produção desse saber que se experimenta no inconsciente.

Com isso, como se vê, Freud nos aponta, aparentando remeter-nos ao que está disponível, na eventualidade de uma decepção com a contribuição psicanalítica, justamente o que essa abordagem tem de insubstituível.

Para decifrar esse aspecto, podemos recolocar-nos na dialética proposta como constitutiva do querer e do desejo, a fim de nela situarmos as estratégias distinguidas por Freud.

A poesia falou do divórcio entre o querer e o desejo, mas o fixou, de certa maneira, como o lirismo do indizível, reduzindo esse distanciamento a uma tragédia da linguagem. Por sua vez, que quer a ciência da feminilidade, senão reintegrar o querer da mulher em seu desejo, sobre o qual seja possível justamente um saber? Quanto à experiência, ela se adapta à divisão: menos lírica do que os poetas e menos totalitária do que a ciência, deixa o enigma numa espécie de fogo brando a que se adaptam os usuários da "miséria real", vez por outra tirando dele algum proveito: mas, em resumo, o antagonismo constitutivo do querer e do desejo torna-se anódino.

Nem exaltação trágica do Enigma, *nem* homogeneização científica, *nem* reprodução reducionista: essa seria a intervenção freudiana na questão; nada há de surpreendente, portanto, em que ela origine esses três momentos: efetivamente, produz sua *experiência*, induz a um *saber* e traz à luz uma *poesia* singular. Isso nos fornecerá nossa trajetória, calcada na própria inspiração freudiana.

O ponto de partida incontornável será a experiência da relação freudiana com as mulheres, que culminou com o encontro daquela que lhe indicaria o sentido apropriado, ou seja, a histérica. Daí passaremos à elaboração de um modelo estrutural, deduzido dessa experiência, porém articulado de maneira a podermos ver desenhar-se o modelo de saber que Freud soube recortar, menos em resposta a sua perplexidade sobre a mulher do que dentro e através dela. Daí, finalmente, passaremos a essa espécie de poesia da mulher que é sua decifração na *Kultur*, como decorrência de uma experiência *sui generis* e de um saber nela fundamentado.[13]

NOTAS

1. Remetemos, a propósito do sentido desse recurso ao texto freudiano, a nossos trabalhos anteriores sobre *Freud, la philosophie et les philosophes* [Freud, a filosofia e os filósofos] (PUF, 1976), *Freud et Nietzsche* (PUF, 1980; 1982), e *Introduction à l'épistemologie freudienne* (Payot, 1981 [*Introdução à epistemologia freudiana*, Rio, Imago, 1983]), bem como a nosso comentário sobre *L'Intêret de la psychanalyse* (Retz, 1980) [Freud, "O interesse científico da psicanálise", Edição *Standard* Brasileira das Obras Psicológicas Completas de Sigmund Freud (*E.S.B.*), vol. XIII, Rio, Imago, 1ª ed. À tradução de todos os trechos extraídos da obra de Freud, aqui citados pelo autor, segue o texto do original francês deste livro. (N.T.)]. Remetemos ainda a nosso texto prestes a ser publicado, *L'Entendement freudien. Logos et Anankè* (Gallimard, col. "Connaissance de l'inconscient"). O presente trabalho, apesar de sua especificidade de objeto e de método, é parcialmente esclarecido pelo desafio de apreender a emergência do valor de verdade da experiência e do texto freudianos a partir do que realmente poderíamos denominar de seu limite constitutivo, ou seja, a feminilidade.
2. Cf. a carta a Wilhelm Fliess de 7 de julho de 1898: "Meu trabalho me foi inteiramente ditado pelo inconsciente, conforme a célebre frase de Itzig, o cavaleiro amador: 'Então, para onde vais, Itzig?' — 'E eu sei? Pergunte a meu cavalo!'" (in *La Naissance de la Psychanalyse*, PUF, p. 229 [Cf. J. M. Masson, *A correspondência completa de Sigmund Freud para Wilhelm Fliess — 1887-1894*, Rio, Imago, 1986]).
3. Cf. o *sapere aude* que se acha no cerne da ética freudiana do conhecimento (Cf. nosso texto citado sobre *L'Entendement freudien. Logos et Anankè*).
4. Ernest Jones, *La Vie et l'oeuvre de Sigmund Freud*, PUF, vol. II, p. 445 [*A vida e a obra de Sigmund Freud*, 3 vols., Rio, Imago, 1989].

5. Cf. o breve texto de Freud sobre a cabeça da Medusa (postumamente publicado nos *Gesammelte Werke*, XVII, pp. 47-48 ["A cabeça da Medusa", *E.S.B.*, vol. XX, 1ª. ed.]). Ver adiante, p. 139 ss., comentários sobre a importância desse texto.
6. *G.W.* XIV, p. 251 [*E.S.B.*, vol. XX, 1ª. ed.].
7. Cf. o agnosticismo — recusa da possibilidade de conhecimento da "coisa em si" e redução do conhecimento ao plano dos fenômenos — como pilar da teoria freudiana do conhecimento (Cf. *Introdução à epistemologia freudiana*, pp. 67 ss. [ed. franc.]).
8. Apesar, é verdade, de alguns momentos em que trata com rudeza seu objeto de estudo: ver *infra*.
9. Numa referência ao escritor holandês Multatuli. Ver, a esse respeito, nossa obra citada na nota n. 3.
10. *Introdução à epistemologia freudiana*, pp. 67 ss. [ed. franc.].
11. *G.W.*, XV, p. 145 [*E.S.B.*, vol. XXII, Rio, Imago, 1ª. ed., Conferência XXXIII].
12. Como *Naturwissenschaft* (ciência da natureza), Cf. *Introdução à epistemologia freudiana*, pp. 44-46 [ed. franc.].
13. Destacamos, a esse respeito, o que é característico de nosso método, que consistirá em não tratarmos num mesmo nível semântico todo e qualquer texto que fale da mulher na obra de Freud, coisa em que consiste a ilusão *textológica*, e que tem efeitos particularmente identificáveis nessa questão da feminilidade. A construção do *corpus*, através do que nele se organiza da experiência, permitirá restituirmos a cada enunciado sua esfera de validade própria — não misturando, em especial, o que decorre da ordem do desejo e da ordem da realidade, do sujeito e da *Kultur*, num curto-circuito do qual se alimentam as ideologias da feminilidade. Esse método é, nesse sentido, uma antecipação da inspiração freudiana que reproduziremos ao término desta investigação: Cf. conclusão, pp. 173-182.

PRIMEIRA PARTE

O QUERER-FEMININO NA EXPERIÊNCIA FREUDIANA

capítulo I

A FRAUENBILDUNG *FREUDIANA*

No limiar desta investigação sobre a relação freudiana com a feminilidade, convém levarmos em conta as figuras que, logo de início, iriam sobredeterminar a relação analítica com a feminilidade. Ocorre que, antes de Freud falar da mulher, seu inconsciente já falava dela. Não se tem dado atenção suficiente às linhas temáticas que, presentes desde a origem, conferiram à feminilidade um determinado destino quanto ao que Freud poderia dizer dela.

Isso nos remete, é verdade, à auto-análise pessoal de Freud: só ela pode nos revelar o advento das figuras femininas que escandiram a constituição de sua própria *Frauenbindung*.[1] Mas não faremos dela um preâmbulo pessoal do discurso de Freud sobre a feminilidade: desde logo, é no texto freudiano que buscaremos seu impacto e seu traço significante.

Assim poderemos desfiar, qual uma teia de aranha, essa primeira genealogia feminina que inaugurou a relação freudiana com a feminilidade e que, de certo modo, a constituiu, mais até do que foi condicionada por ele. Nessa teia, a Mãe tem a vocação de encarnar o nó primordial: ela é, no sentido mais radical, a primeira mulher.[2]

1. As três mulheres e a Morte

Pois bem, Freud associa estreitamente a figura da Mãe, no inconsciente, ela que é o pivô do desejo, à *Morte*. É através disso que se inaugura secretamente a relação freudiana com a feminilidade originária. Não é fortuito o fato de ser no texto em que Freud evidencia esse valor inconsciente que ele nos fornece uma espécie de tipologia fundamental da feminilidade; nessas condições, esse texto poderia servir de epígrafe da história dessa relação, e portanto, naturalmente, é por onde a abordaremos.

A profunda ligação da mulher-mãe com a morte, em parte alguma Freud a exprime melhor do que no extraordinário texto sobre "o motivo da escolha dos cofrinhos", curiosamente traduzido sob o título de "tema dos três cofrinhos".[3] Na verdade, a trilogia está estreitamente associada à *escolha* decisiva cuja exegese é ali feita por Freud.

Trata-se, com efeito, de um *leitmotiv* identificado em Shakespeare e, depois, numa série mitológica e literária.[4] Partindo de uma situação em que uma mulher é concedida com base numa prova imposta a um homem — escolher entre três cofrinhos, de ouro, de prata ou de chumbo —, Freud identifica uma situação imposta pela equivalência entre o cofrinho e a mulher. Se é verdade que, no inconsciente, "os cofrinhos também são mulheres, símbolos do essencial na mulher (*Symbole des* Wesentlichen *an der Frau*)", e portanto, da própria mulher,[5] há que compreender que a cena significa "a escolha que um homem faz entre três mulheres". E isso sempre acontece de tal maneira que a *terceira mulher* se revela como a que devemos escolher, ou deveríamos ter escolhido.

Acima de tudo, portanto, é uma encenação do desejo, que se supõe depender da escolha do homem. Freud procede então a uma daquelas notáveis inversões das quais detém o segredo, lendo, no avesso desse conteúdo (quase) manifesto, o verdadeiro pivô inconsciente, ao mesmo tempo dissimulado e límpido, desde que se destaquem as particularidades do cenário.

É por um traço singular da terceira mulher que ele inicia essa inversão: trata-se do "mutismo" que a caracteriza, e do qual Cordélia, a terceira filha do rei Lear, é a melhor ilustração. Ora, a experiência do inconsciente confirma que "o mutismo no sonho é uma representação habitual da morte".[6] Aí aparece o trio mitológico que, de certa maneira, irá exibir a verdade do cenário para o inconsciente: as três irmãs que simbolizam o Destino, as Parcas, a terceira das quais não é outra senão Átropos, a deusa da Morte, por isso chamada a Inexorável, a que corta o fio da vida. Freud nos encaminha, assim, de um modo igualmente inexorável, para a idéia de que a terceira mulher não é outra senão a morte em pessoa, a Morte feita mulher.

Assim, embora a escolha pareça ditada pelo desejo, é realmente a morte que ela tem por móbil; e, embora pareça livre, sentimos perfeitamente que é irresistível: também para o inconsciente, a deliberação é um engodo! Há, pois, a fatalidade de esbarrarmos, finalmente, na Morte; isso é o que narra a história dos três cofrinhos, em última instância: "Escolhemos onde, na realidade, estamos obedecendo à coerção, e aquela que escolhemos não é a Terrível, porém A-Mais-Bela e a mais desejável."[7] Aliás, esse é o "maior triunfo do desejo", cuja necessidade se realiza com toda a Anankê que ele comporta, a da própria Morte.

Portanto, de que essa cena seria exemplar, a não ser da tragédia edipiana a que fornece sua cenografia? Trata-se mais precisamente, porém, daquilo que, na experiência edipiana, ata, para o homem, a figura da mulher à da morte. Nas linhas finais desse texto extraordinário, Freud nos fornece uma pungente parábola disso: "Poderíamos dizer que aqui estão representadas as três relações inevitáveis do homem com a mulher (*unvermeidlichen Beziehungen zum Weibe*): a geradora (*die Gebärerin*), a companheira (*die Genossin*) e a destruidora (*die Verderberin*)."[8] Preciosa tipologia, que bem poderia ser a última *tipologia* freudiana das imagens da mulher.

Mas, como é apenas *na condição de mãe* que a mulher se decifra para o homem, passa a ser necessário, portanto, retranscrever essas três figuras no elemento da maternidade. Trata-se, então, das "três formas em que se apresenta, ao longo da vida, a imagem da mãe" (*das Bild der Mutter*): a própria mãe (*die Mutter selbst*), a amada (*die Geliebte*), que ele escolhe segundo a mesma imagem (*Ebenbild*), e por fim, a Mãe-Terra (*die Mutter Erde*), que novamente o toma.

Assim, o homem lidaria por três vezes consecutivas com a figura da Mãe: em pessoa — essa é a mãe do desejo edipiano —, como *Ersatz* [substituta], isto é, como *sua* mulher, e por fim, como morte. Aliás, essa é a escansão de sua tragédia, pois "o ancião busca inutilmente o amor da mulher (*nach der Liebe des Weibes*), tal como inicialmente o recebera da mãe; somente a terceira das filhas do destino (*Schicksalsfrauen*), a silenciosa deusa da morte (*Todesgöttin*) o tomará em seus braços".

2. *As imagens da Mãe em Freud*

Temos razões para ver nesse texto aquele em que culmina sua apreensão da feminilidade, pareada com a morte e a maternidade.

Examinaremos, primeiramente, como ele reativa a fantasia surgida no sonho de angústia: "a mãe" "querida" evoca bastante essa ligação entre a mãe edipiana e a *Todesgöttin*: não é esse o sentido do rito fúnebre que Freud visualizou quando menino (ver *infra*)? Os dois textos, aliás contemporâneos, sobre Diana dos efésios e o tema dos três cofrinhos, coligem esse encontro com a *Urmutter*,[9] o que dá ao final deste último texto a tocante coloração de uma experiência princeps do inconsciente, reinvestida com a força de realidade de uma fantasia singular.

Isso se verifica através de um sonho que mostra que a potência das três Parcas fora vivenciada por Freud, em seu próprio inconsciente, antes de ser tratada como tema de análise. Em 1898, Freud enfim conheceu as três mulheres: "Depois de uma viagem, tendo-me deitado cansado e com fome, as necessidades fundamentais da vida se anunciaram em meu sono, e eis o que sonhei: eu entrava numa cozinha para que me dessem um doce. Lá havia três mulheres de pé: uma delas era a hospedeira, e girava alguma coisa na mão, como se estivesse fazendo *Knödel* [almôndegas]."[10] Eis aí surgida a mãe anunciadora da morte, bem no coração de seu território, da cozinha onde põe para ferver as panelas promissoras para os estômagos famintos.[11]

"Mas aí ela respondeu que eu precisava esperar até que ela estivesse pronta (...) Fiquei impaciente e, ofendido, fui-me embora." Segue-se a isso um exercício de vestir roupas, marcado pelo encontro com um estranho barbudo.[12] Freud liga o sonho às duas funções da maternidade: "Meu sonho com as três Parcas foi claramente um sonho de fome, mas ligou a necessidade de alimento à nostalgia infantil pelo seio materno e utilizou um pendor inocente para encobrir outro maior, que, por sua vez, não podia se exteriorizar abertamente."[13] Observe-se que, dessa vez, apenas a terceira Parca se exprime: o mutismo fica por conta das outras duas. E o que ela diz é realmente da ordem do adiamento da satisfação.

No coração de sua auto-análise, no momento em que preparava o terreno inteiramente novo do mundo edipiano, foi justamente o enigma das três Parcas que lhe foi expresso: uma, que fornece o fio pelo qual o homem se prende à vida, a segunda, que determina sua extensão, e a terceira, que o rompe.

Assim, esse texto nos indica a *série feminina* originária: será preciso que a desenrolemos, exatamente na ordem que Freud indicou como sendo inerente ao destino de todo *filho*: em direção à genitora, à companheira e... à destruidora.

A genealogia da imagem da Mãe no inconsciente do próprio Freud deve levar em conta o célebre sonho que associou a Mãe a uma angústia profunda, uma angústia de morte no sentido exato, relatado no último capítulo da *Traumdeutung*. Ele se reduz, aliás, a uma *visão*, situada aos sete ou oito anos de idade: "Foi [um sonho] muito intenso e me mostrou minha mãe querida com uma expressão particularmente tranqüila no rosto, adormecida, sendo carregada para o quarto e estendida na cama por dois (ou três) personagens com bicos de pássaros."[14] Personagens diretamente saídos da Bíblia de Philippson, oferecida a Sigmund por seu pai, de cuja importância sabemos em seu imaginário.[15]

Freud relaciona essa angústia, não com a crença na morte da mãe, mas "com um desejo obscuro, manifestamente sexual, que encontrou sua expressão exata no conteúdo visual do sonho".[16] No entanto, é de fato uma imagem da mãe adormecida, num sono sereno, que, associada aos personagens mortuários, cria a angústia mortífera, numa atmosfera patente de cena originária. Entretanto, é como se a morte reforçasse, em certo sentido, o poder da Mãe. Freud talvez tenha razão em dizer que não temia *que* a mãe querida estivesse morta, mas a imagem da Morte exibida pela Mãe.

Duas angústias de morte, aliás, parecem intricadas: a de uma morte causada por esses personagens de caráter fálico — o que remete à *Urszene*[17] edipiana — e também a de uma Morte inerente a *a* Mãe: o artigo definido, aliás, é empregado por Freud, como que para distingui-la da instância de Mãe da mãe edipiana, que teria exigido o possessivo.

Parece-nos haver um elo secreto entre a imagem da Mãe do sonho de angústia infantil e a que se destaca de um breve texto intitulado "Grande é Diana dos efésios". A rigor, trata-se de uma simples nota de leitura que a obra de Félix Sartiaux dedicada às *Cidades mortas da Ásia Menor*, publicada em 1911, inspirou em Freud. Mas, justamente, temo-nos surpreendido muito pouco com esse procedimento, que é pouco habitual: essa maneira de reconstituir a mensagem expressa num texto, sem lhe acrescentar nenhum comentário, propriamente falando, faz lembrar uma meditação. É como se Freud colocasse diante de si algo que lhe fora expresso e que, por uma vez, ele não conseguia fazer mais do que repetir.

De que se trata, na verdade? Que foi que deu margem a essa meditação meio siderada? Sartiaux evocara o culto de Diana em Éfeso, na Ásia Menor. Tratava-se, resumiu Freud, do encontro ocorrido nessa cidade, por volta do século VIII, entre os emigrantes jônicos e o culto de "uma antiga divindade materna, que talvez tivesse o nome de Oupis, e que eles identificaram com sua divindade nacional, Artemis".[18] Assim, a cidade se cobriu de templos "em honra à divindade". Ainda por cima, uma legião de "sacerdotes, mágicos e peregrinos" comercializava seus amuletos, fazendo de Éfeso a Lourdes da Antigüidade!

Nesse ponto, dá-se o acontecimento que impressionou Freud: no ano de 54 d.C., o apóstolo Paulo chegou a Éfeso. Esse representante de Deus-Filho encontrou diante de si o culto materno. Aliás, Freud lembra que Paulo, convertido a Cristo, continuava a ser "um judeu muito rígido": logo, era realmente um confronto de Deus Pai com a deusa materna que se preparava. O confronto não tardou: o progresso do apostolado judaico-cristão provocou um verdadeiro tumulto. Os que não podemos designar de outra maneira senão como "filhos da mãe" irromperam pelas ruas de Éfeso, para inundar com sua torrente (ela própria uma imagem materna) a cidade que os "filhos do Pai" tentavam ocupar, tendo a sua frente Demétrio, cujo nome provém justamente de Deméter.[19] Desse modo, obtiveram a garantia de que "a majestade da grande deusa se manteria intacta (*antastbar*) e acima de qualquer agressão (*Angriff*)''.[20] Derrotado, Paulo teve que se curvar e deixar Éfeso entregue ao poder da Deusa mãe.

O cristianismo, entretanto, foi introduzido em Éfeso através de Maria: o apóstolo João, a quem Jesus, quando na cruz, teria confiado sua mãe, chegou a Éfeso em companhia dela. Assim, já no século IV, ergueu-se em Éfeso "uma basílica em homenagem à nova divindade materna dos cristãos". O que visivelmente impressionou Freud foi a perenidade do culto materno, além dos ciclos de seu reaparecimento e desaparecimento: "A cidade tinha novamente sua grande deusa, que apenas mudara de nome." Como se a Mãe, ali, decididamente tivesse a última palavra.

Aliás, Éfeso simbolizava uma Cidade das mulheres: como deusa da fecundidade, Diana imperava, e as mulheres "que sofriam com a falta de filhos" lá iam tentar obter uma parte de sua fecundidade. Era também o centro privilegiado do misticismo feminino: Freud termina sua evocação com o caso de Katharina Emmerich, que revira em sonho a viagem de Maria a Éfeso, o local onde ficava sua casa e até a forma de sua cama — uma adivinhação que parecia ter sido confirmada pela pesquisa arqueológica. Prova de que "a grande deusa de Éfeso ainda não renunciara a suas pretensões" (*Anspruch*). Como deusa mulher que fala com as mulheres, ela decididamente encarna o poderio destas.

Mas convém observar que esse poder assume a forma de uma espécie de eternização, que deixa o corpo materno suspenso entre a morte e a vida: ela não pára de não morrer. Suas próprias ressurreições só fazem atualizar essa "perduração".

Freud identifica aí um valor decisivo da Mãe no inconsciente, mas o faz, além disso, reativando o que se estabelecera para ele mesmo através do sonho com a "mãe querida". Podemos destacar a que ponto a imagem da majestade intacta lembra a expressão de serenidade do sonho infantil. Quanto a Demétrio e seus homens, eles parecem velar pela Mãe adormecida (morta-viva) tal como os personagens com bicos de pássaros — estes, é verdade, encarnando ao mesmo tempo a ameaça (*Angriff*)[21] e a preservação.

Ademais, o fato de a Mãe estar ligada à Morte é o que se confirma pelo relato através do qual Freud recebera de sua própria Mãe a prova da necessidade imperativa da morte: "Quando eu tinha seis anos e minha mãe me dava minhas primeiras lições, eu tinha de acreditar que éramos todos feitos de barro e que, por isso, ao barro deveríamos retornar. Mas isso não me agradava, e expressei dúvidas sobre essa teoria. Então, minha mãe esfregou as palmas das mãos (...) e me mostrou os pequenos fragmentos enegrecidos de epiderme que delas se desprenderam como prova de que éramos feitos de barro. Meu assombro ante essa demonstração *ad oculos* foi incomensurável, e me submeti ao que posteriormente ouvi ser expresso nestes termos: és devedor de uma morte à Natureza."[22]

Entre o filho e a mãe, portanto, há realmente transmissão: da vida (como realidade) e da morte (como mensagem), ao passo que ao Pai fica reservada a transmissão da Lei. As angústias de inanição relacionadas com as fobias às viagens nos parecem constituir o vestígio desse complexo materno de Freud,[23] tão custoso é para o inconsciente distanciar-se do corpo que alimenta.

Por outro lado, Freud sugere uma ligação entre o "grande homem" e a mãe. Não é simbólico que o quarto templo de Diana se tenha incendiado, segundo dizem, em 356, ano em que nasceu Alexandre? Acaso isso não destaca que "as pessoas que se sabem preferidas ou distinguidas pela mãe carregam pela vida afora uma confiança especial nelas mesmas e um otimismo inabalável, que amiúde assumem uma aparência heróica e conduzem ao sucesso real"? Daí a idéia de uma ligação entre o sucesso e o incesto.[24] Assim, o filho recebe do pai a missão, mas a *vocação*, recebe-a da mãe.

Só que, enquanto o Pai aciona a dialética a partir da qual o sujeito poderá se estruturar (como é indicado pelo texto edipiano), a Mãe só faz reinar. Por isso é que Freud só parece evocá-la, como nesse texto, para constatar sua potência, tal como sempre existiu, além da vida e da morte. Sua recusa a ocupar o lugar da Mãe na transferência analítica[25] e sua luta contra os Demétrios que contestavam a lei do Pai na análise, para reintroduzir nela o *apeiron* do gozo materno — e eles foram uma legião[26] — provieram dessa primazia da função paterna na teoria do desejo. Esse texto confirma, de fato, que, longe de subestimar o poder materno, ele lhe conferia o lugar da eternidade.

A lembrança infantil atesta isso *visualmente*: é do corpo da mãe que sai a prova da morte. Mas é também dela que provém o alimento, o que atesta o curioso detalhe de que, para apresentar a prova mortífera, ela se valeu do mesmo gesto com que preparava petiscos deliciosos ("exatamente como quando se faz *Knödel*, exceto pelo fato de que não havia massa alguma"). Eros e a Fome se apóiam, portanto, no corpo materno, o mesmo do qual tem que nascer o anúncio da perda irremissível devida à natureza. É que, se a dívida para com o Pai permite articular o desejo, a dívida para com a Mãe assinala sua caducidade.

É à *Mutterbindung* freudiana que convém atribuir a percepção de uma relação modelar do filho com a mãe. É o que acontece com este comentário das *Novas Conferências* (1932): "Somente as relações entre mãe e filho são capazes de dar à mãe uma plenitude de satisfação, pois, de todas as relações humanas, essas são as mais perfeitas e as mais desprovidas de ambivalência."[27] Uma suspensão miraculosa da ambivalência, que parece superar o destino de qualquer outra relação humana.

Esse é também o limite da plenitude fusional e da absorção mortífera, que coloca a Mãe no ponto de encontro entre a vida e a morte, a fecundidade e a esterilidade. Talvez seja isso que detém Freud no limiar de qualquer "enigma miceniano" (ver *infra*), como se ele temesse deparar com essa Origem muda, promissora de vida, mas que tem a face da morte.[28]

3. Freud e sua mulher

Da genitora, cabe passarmos à amada (*Geliebte*) e à companheira (*Genossin*). A relação de Freud com sua própria mulher, Martha, será, portanto, de nosso interesse, em termos totalmente diversos de uma curiosidade pela vivência sentimental do fundador da psicanálise. Aliás, é surpreendente que essa relação não tenha chamado a atenção para esclarecer a própria postura de Freud frente à feminilidade. Essa estranha relação, no entanto, não tem que ser submetida a uma abordagem psicanalítica: o que reterá nossa atenção é o avesso da relação clínica com a mulher, que ela constitui. O mais notável, de fato, é que, ao longo de toda a correspondência com Martha, Freud institui uma relação que se pretende pautada num código. Ou seja, à medida que a relação vai ocorrendo, ele a *teoriza*, para destacar o que lhe parece importante ante os olhos da própria Martha. É como se Freud, em meio à mais importante relação feminina de sua vida de homem, firmasse uma posição (o que é inteiramente diferente de assumir um "papel").[29] Ela talvez nos possa ensinar muito sobre a própria relação clínica, da qual constitui, de certa maneira, o eco antecipado e invertido.

Estranha, efetivamente, é a relação que se inaugura por uma negação: "Minha querida noivinha, se, por um momento, pude hesitar em te ligar a mim por toda a vida, nada me faria agora renunciar a ti, ainda que eu tivesse que arrastar-te pelo maior dos infortúnios."[30] Essa ligação consistiu, na verdade, em fazer a *imagem* da mulher eleita penetrar na rede dos signos de pertença, não sem conflito com uma outra dependência identificatória: "Eu gostaria muito de colocar essa imagem entre os deuses domésticos pendurados acima de minha escrivaninha, mas, embora possa expor os rostos graves dos homens que reverencio, tenho que esconder e trancar a chave o rosto delicado de uma jovem."[31] Havia uma tensão entre o princípio do pai e do trabalho e o da mulher amada. Aliás, a censura ocasionalmente se objetivava: "E assim, minha pequena Martha, estás me tornando preguiçoso."[32] Sabemos que, mesmo em sua autobiografia, em 1925, sua mulher seria *acusada* de tê-lo retardado em seu trabalho.[33] E se aí despontasse, justamente, um contraste entre a seriedade do trabalho e a futilidade de uma demanda?

Surge, aliás, o tema do *capricho*, que evoca de maneira humorística o autoritarismo que haveria de marcar a relação clínica: "Para dizer a verdade, o temperamento tirânico, que faz com que as meninas tenham medo de mim, não poderia ser sufocado."[34] Isso deve ter-se traduzido num mal-entendido, pois a "menina" iria fechar-se num certo mutismo, a acreditarmos na súplica/repreensão: "Se tenho que dirigir-te hoje uma nova súplica, é, eu te rogo, a de que não sejas nem avara demais com as palavras, nem reservada demais para comigo; faz de mim, antes, o confidente de todos os teus motivos de descontentamento, tanto os grandes quanto os pequenos, e os aplainaremos ou suportaremos juntos, como verdadeiros amigos e bons companheiros."[35] Curioso pedido, um tanto paternalista, e que se distingue claramente do romantismo anterior: eis aí a bem-amada, instada a falar como um "bom companheiro"! De qualquer modo, há um imperativo discernível nesse pedido: "Fala, fala comigo!" Um eco, na intimidade, do imperativo simetricamente dirigido à histérica. Essa aproximação é imposta, como veremos, pelo próprio Freud, ao integrar Martha na dança das identificações que regeu o sonho da injeção de Irma.[36]

Aí se instaura uma espécie de negociação em que transparece uma profissão de (boa) fé: "Eu mesmo agi dessa maneira, a despeito das atenções que tem o direito de exigir tua natureza delicada, e me disseste que estavas de acordo. Se, agindo assim, cheguei a te magoar, não te enganas, porém, quanto ao esforço que fiz para te tornar minha, tão intimamente quanto possível."[37] *Tu me disseste que estavas de acordo*: eis aí uma formulação que toma o assentimento do outro como argumento, muito embora o pleiteante indique que ele era frágil. Isso remete à intensa conotação pedagógica, ou até moralizadora, que marcou essa relação, como se Freud quisesse ensinar Martha a ser mulher, no sentido em que entendia isso. Daí uma reivindicação de sinceridade da parte dela — "Desejo mostrar-me muito franco e muito confiante a teu respeito" — que desembocava em verdadeiras ameaças: "Mas não quero que minhas cartas continuem sem resposta, e pararei imediatamente de te escrever se não responderes."[38] Com isso, Freud definiu as condições de um verdadeiro pacto: "A partir do momento em que firmamos nossa aliança, como sabes, todos dois tivemos que nos transformar um pouco, para sermos um para o outro aquilo que nos quiséssemos tornar, e talvez eu tenha o direito, quando me parecer que a ex-Marthinha cedeu lugar inteiramente a minha bem-amada, de te dizer e te explicar isso."[39]

Mas, a que obedecia essa vontade de transformação? Freud parece revelá-lo num contexto preciso, onde procede a uma verdadeira proibição das "más companhias" femininas. De fato, Martha se dava com uma certa Elise, de quem Freud parecia ter a pior das impressões: numa carta virulenta, ele censurou Martha por se comprometer em tal relação com uma mulher, não apenas sem se preocupar com as conveniências, mas, principalmente, em razão da "extrema fraqueza de caráter" e da falta de "compostura" dela. O corretivo foi muito firme: "Seja como for, que ela fique (ela, a mulher ruim), essa pobre moça que anda à procura de um homem em qualquer lugar, lá onde possa encontrá-lo, e que te alegres ao saber que encontrou algum, mas não te ponhas no mesmo plano dela, mantendo com ela relações amistosas."[40] A mensagem foi clara: proibi-la de se aproximar de um duplo ruim, com o qual ela corresse o risco de se confundir. Mas, para exorcizar a possível confusão com a "mulher perversa", faz-se necessário nada menos do que a intervenção do *senhor*. E, de repente, Freud a exprime sem maiores rodeios: "Espera um pouco; quando eu chegar, *tornarás a te acostumar a ter um amo*, e um amo severo, é verdade, mas não poderás encontrar outro que te ame tanto e que se preocupe mais com o que te diz respeito." O contrato de aliança anteriormente evocado revelava sua natureza, que era de *dominação*: conviria à mulher, pois, ter um Senhor para fazê-la aceder a sua própria verdade? Na época em que escreveu essa carta espantosa, Freud se preparava para conhecer Charcot: estaria ele adivinhando que iria testar sua dominação diante da figura de mulher que mais apaixonadamente a solicita e lhe opõe resistência, simultaneamente: a histérica?

Dentro dessa perspectiva, tal declaração a sua futura mulher soa de maneira muito premonitória: "Lembra (...) que muitas vezes me disseste que eu tinha a arte de provocar tua resistência a todo instante (...) Tua própria resistência me fez apegar-me cada vez mais a ti..." Teria Freud alguma idéia de que, através dessa estranha declaração de amor, era à feminilidade ativa do inconsciente que já se dirigia, àquela que a histérica passaria a encarnar: uma resistência que ele precisaria "amar"?...

Na verdade, a "companheira" se achava numa posição intermediária: tinha que assumir o papel de objeto de substituição do objeto primitivo-materno, colocando-se ao mesmo tempo a serviço da vida, através da aliança com o homem; mas também estava ameaçada de se identificar com seu duplo maléfico, aquela terceira mulher, fatal, pela qual se restabelecia a ameaça da Morte. Por isso, é essa mulher destrutiva (*Verderberin*)[41] que é preciso considerarmos para fechar a série.

4. Freud e a mulher fatal

Uma imagem insistente da mulher em Freud pode, de fato, ser assemelhada à mulher fatal: mas fatal no sentido muito particular de significar uma ameaça para o homem, em função da fatalidade que ela mesma sofre por efeito da *Kultur*. Efetivamente destinada ao pólo da libido, como veremos,[42] ela obriga o homem, para aceder aos frutos da sublimação, a retirar a libido que investe nela. Por isso é que ela pode ser um obstáculo temível para o processo criativo do homem.

Assim, não é por acaso que, na constelação psíquica de Freud, funciona um certo tipo de homem que é *vítima* das mulheres — oriundo da realidade ou da literatura. Convém reconstituirmos essa constelação, pois ela contribui para determinar a imagem da feminilidade em Freud.

Isso é confirmado por um sonho datado de 1898, ligado à palavra *Autodidasker* (autodidata), que, segundo sua própria interpretação, "decompõe-se facilmente em *Autor* (autor), *Autodidakt* [autodidata] e *Lasker*, à qual também associei o nome de *Lassalle*".[43] Ou seja: Edouard Lasker, líder do Partido Liberal Nacional na Alemanha,[44] e Ferdinand Lassalle, estreitamente associado à fundação do partido social-democrata.[45] Ora, "ambos morreram por causa de uma mulher: Lasker, de paralisia geral (...); Lassalle, num duelo", em condições dignas de Don Juan.[46]

Na constelação associativa intervém a referência, indireta, é verdade, ao romance de Zola, *L'Oeuvre*,[47] que narra a história do pintor Claude Lantier: Lantier vivencia o declínio de sua capacidade criadora, ao mesmo tempo que o de sua potência sexual, depois de seu casamento com Christine, uma de suas modelos. A imagem final de Lantier, enforcando-se diante da tela onde havia representado sua própria mulher, nua, não seria uma ilustração predestinada da ruína da *Obra*? — de fato, foi depois de um último abraço em sua mulher que o homem pôs fim à própria vida.[48]

Isso esclarece, por identificação com o gênio fracassado,[49] uma estranha declaração, freqüentemente destacada como cínica, e que aí encontra seu fundamento. Na *Selbstdarstellung*, em 1925, tendo alcançado a plena posse de sua própria obra, a psicanálise, Freud imputa seu primeiro encontro malogrado com o sucesso a sua "noiva", e o faz justamente no ponto em que evoca seu casamento com "a moça que há mais de quatro anos (o) esperava numa cidade distante": "Volto atrás para contar como foi culpa de minha noiva eu não ter-me tornado célebre já naqueles anos da juventude."[50] A versão desse "fiasco" se esclarece à luz do tema da mulher que desvirtua da tarefa do saber! De fato, Freud explica que, no momento em que estava "mergulhado nos trabalhos" sobre a cocaína, "foi(-lhe) oferecida a possibilidade de uma viagem que (lhe) permitiria rever (sua) noiva, de quem estava separado havia dois anos". Aí se deu o imperdoável: na pressa de reencontrar a bem-amada, ele atamancou sua tarefa ("Concluí às pressas minhas pesquisas sobre a cocaína...") e encarregou um terceiro (no caso, Königstein) de verificar sua hipótese de utilização terapêutica do alcalóide. O castigo não se fez esperar: "Quando voltei de férias, soube que não ele, mas um outro amigo, Carl Koller (...) fizera as experiências decisivas em olhos de animais..." Foi como se Freud, alquimista em condições de descobrir naquele momento sua pedra filosofal, tivesse escutado o canto fatal da sereia. O período de abandono da lei do trabalho, por menor que tivesse sido, bastara para que um outro viesse a colher os frutos de seu esforço! Não é como se assistíssemos a uma nova versão do mito literário evocado?

A partir daí, Freud pode enunciar a correção: "Entretanto, não guardei nenhum rancor da minha noiva pela oportunidade então perdida." Correção que tem apenas um valor de negação. Só faz ligar mais estreitamente a mulher à "oportunidade perdida". Acaso a *Verderberin* não é, no sentido pleno, aquela que estraga a oportunidade oferecida ao homem, de acesso ao saber absoluto? Freud se apresenta como um Fausto fracassado, por causa de *sua* Margarida!

É como se, parafraseando a frase tão cara a Freud, o homem não pudesse servir a dois senhores ao mesmo tempo: ao interesse que, através de sua libido, o ligava a sua mulher, e ao que o levava em direção à sublimação e a suas obras. Um *destino* duplo, antagônico e secretamente cúmplice. "Para cada um de nós", confiou Freud a Ferenczi, "o destino assume a forma de uma mulher (ou várias)."[51] Frase interessante, para quem afirmava ter "um destino a cumprir",[52] destino do qual a mulher ameaçava afastá-lo, mas que só podia ter um rosto de mulher...

Eis-nos, portanto, de volta à morte, por um ciclo que é em si de estilo materno! Mas uma última figura de mulher permitirá recapitularmos e unificarmos essas três funções femininas num buquê final.

Essa mulher, como Freud descobriu através de sua auto-análise, ele a havia conhecido, em carne e osso.

5. Freud e a Feiticeira

Na relação de Freud com a mulher, é realmente essencial levar em conta que foi de uma mulher que ele recebeu, segundo seu próprio depoimento, a revelação de sua vocação própria e de seu saber. No momento chave da auto-análise, revela-se de fato o papel de uma mulher idosa, a babá das crianças da família.[53] Essa revelação se encontra na célebre carta de 3 de outubro de 1897, onde Freud forneceu a Fliess resultados fundamentais de sua auto-análise em andamento: "Tenho que me contentar em indicar: 1º Que, no meu caso, o pai não desempenhou nenhum papel ativo (...); 2º Que minha primeira 'geradora' [de neurose] foi uma mulher idosa e feia, mas inteligente, que me falou muito de Deus e do inferno e me deu uma idéia elevada de minhas próprias faculdades."[54]

É notável que essa "geradora" ambígua, associada à neurose e ao ideal do eu freudiano, se introduza entre o pai — assim inocentado da sedução[55] — e a mãe real, evocada logo depois.[56] Foi a essa mãe, aliás, que Freud pediu esclarecimentos sobre a outra, a mãe diabólica: "Perguntei a minha mãe se ela ainda se lembrava da babá." "'É claro', disse-me ela, 'era uma pessoa idosa, muito preparada; levava você a todas as igrejas; quando voltava para casa, você ficava fazendo sermões e nos contando tudo o que Deus Todo-Poderoso fazia'."[57] Assim, essa mulher, descrita segundo o modelo da feiticeira, mescla de feiúra e inteligência, tornou-se a intermediária, junto ao pequeno Sigmund — que tinha então dois anos e meio[58] — das coisas sagradas. Muito mais precisamente, porém, ela foi a *sedutora primária*: Freud a chamou de sua "professora de sexualidade".[59]

Como se fosse preciso que aquele que tinha a vocação de revelar por completo o enigma da sexualidade tivesse extraído esse prodigioso querer-saber — *Erkenntnistrieb*[60] — do encontro com uma mulher, no alvorecer de sua vida. Aliás, ele evocou um curioso batismo: ela o "lavava numa água avermelhada onde se havia banhado antes": é como se assim se ligasse, nessa estranha lembrança, a menstruação ao saber. Não teria essa mulher idosa mergulhado seu pequeno protegido nessa água iniciática, colorida na posterioridade com as cores da menstruação?

Mas, eis o lance teatral: essa mulher tão instruída, que convertia o pequeno Sigmund ao cristianismo, não era de uma probidade irrepreensível: "Quando tive Anna", prosseguiu a mãe real, "percebemos que essa babá não passava de uma ladra, e encontramos nas coisas dela todas as moedinhas novas, todas as moedas de cinqüenta centavos[61] e todos os brinquedos que você tinha ganho. Seu irmão Philipp foi pessoalmente chamar a polícia e ela pegou seis meses de prisão."[62] Com o que, de resto, ligou-se permanentemente a religião à fraude, na mente de Freud!

Sua mãe lhe forneceu, com essa revelação, a chave de um elemento essencial: a de uma lembrança encobridora que ele comunicou na mesma ocasião. "Eu estava berrando como um desesperado, porque não conseguia encontrar minha mãe. Meu irmão Philipp (vinte anos mais velho do que eu) abriu um armário,[63] e eu, vendo que mamãe também não estava lá, berrei ainda mais, até o momento em que, esbelta e linda, ela apareceu no batente da porta."[64] Vemos que essa lembrança encobridora teve por tema o que chamaríamos de *mãe encaixotada*, nascida como que por uma condensação da representação da mãe real — que tememos que venha a faltar — com o destino sofrido pela "mãe diabólica": "Que significaria isso? Por que meu irmão tinha aberto o armário, onde sabia muito bem que mamãe não estava, se sabia que seu gesto não me tranqüilizaria? De repente, entendi. Eu tinha exigido que ele abrisse o móvel. Não conseguindo encontrar mamãe, tive medo de vê-la desaparecer como desaparecera a velha, pouco tempo antes. Ora, eu devia ter ouvido falar que esta fora trancafiada, e devo ter acreditado que minha mãe havia sofrido o mesmo destino, ou melhor, que fora 'encaixotada',[65] conforme uma das expressões jocosas que continuam a ser apreciadas por meu irmão, agora que ele tem sessenta e três anos."

Esse, portanto, é o conteúdo dessa fantasia: *aprisiona-se uma mãe*. Mas, quem perde uma mãe, "a velha", ganha outra: observe-se a *Gestalt* perceptiva da mãe real, ressurgindo, "esbelta e linda", em contraste com o devoramento em que o filho a havia suposto. Esse detalhe encontra sua explicação no fato de que a mãe real, nessa época, estivera ocupada com outra coisa, com a gestação de Anna, a irmãzinha de Sigmund: e justamente isso é que havia justificado, durante esse período, o contato isolado entre Freud e a babá. Por isso, foi emagrecida que a mãe finalmente ressurgiu, aliviada do fardo daquela criança-rival. Foi na *Psicopatologia da vida cotidiana* que Freud veio a conferir à gravidez materna toda a sua significação: "Se, na tradução da cena visual, a esbeltez de minha mãe foi acentuada, foi por ela me haver surgido como que depois de uma ressurreição."[66] Portanto, estabeleceu-se um vínculo entre a mãe grávida — "o armário ou a arca eram para ele o símbolo do ventre materno" —, a vida e a morte. Perdida para ele enquanto gerava outro filho, ela renasceu para Freud. Mas, por isso mesmo, foi como se a mãe real recuperasse seus poderes sobre a cena do desejo filial. A relação com o meio-irmão atesta a dimensão edipiana do cenário: implicado no "encaixotamento da velha", ele ficou sob suspeita de ter tido algo a ver com o desaparecimento, o engravidamento da outra mãe!

Esse entreato — possibilitado pela vacância do poder da mãe real — parece-nos essencial, no entanto, para a gênese gemelar da relação freudiana com o saber e com a mulher. Foi de uma senhora que, em seu próprio mito da fundação, ele teve a revelação de sua vocação para o saber da sexualidade. *Uma mulher que sabia* comunicou-lhe essa vocação originalmente: e foi a partir daí que ele pôde se apoiar em seu próprio saber. Se qualificamos essa instância de "diabólica", é por ela cumprir exatamente a função destinada ao diabo no inconsciente, segundo o próprio Freud, ou seja, autorizar a transgressão. O saber que supõe a transgressão da proibição, portanto, foi de uma mulher-feiticeira que Freud herdou o direito de transgredir. Certamente não foi por acaso que ele se conscientizou dos poderes primitivos da feiticeira no momento em que, relacionadas com o luto pelo pai, multiplicaram-se as metáforas diabólicas e infernais em seu discurso.[67] Registremos, de qualquer modo, que foi uma mulher que lhe deu o gosto e a coragem de abalar o Aqueronte...[68]

Essa identificação da Mãe-de-saber nos parece tão fortemente implantada em Freud que podemos discernir uma reativação dela até o fim de sua vida — como quando ele qualificou de "feiticeira" a "metapsicologia", que lhe servira para nomear a forma mais pessoal de seu saber: "Quando intervém um bloqueio na progressão do saber." "Devemos dizer-nos: 'Mas, então, a feiticeira tem que intervir, isto é, a feiticeira metapsicologia'",[69] por menos "claros" e "pormenorizados" que sejam seus oráculos! Se ele pôde, assim, convocar tão eficazmente sua feiticeira em seu socorro, não terá sido porque, tal como Macbeth, já a havia encontrado na origem, como augúrio de seu destino? Nela, como num "monograma",[70] estavam acumuladas a Mãe que ela fora, por substituição, a esposa iniciática e a sedutora fatal. Sendo três em uma, mostrava a unidade das três...

Essa Feiticeira anunciava outra: algo como uma mulher fatal, uma *Verderberin* que, tal como a primeira, o iniciaria no saber — analítico —, tentaria seduzi-lo e lhe devolveria a imagem da Morte, estranhamente pareada com a turbulência do desejo: a Histérica. Mas, com ela, entramos na relação propriamente analítica. Se, em certo sentido, ela é realmente a continuação da mesma história — tanto que a imagem da histérica estivera presente, como que numa premonição, nas configurações inconscientes já evocadas —, ela é também o começo de um novo mundo. Iremos agora explorá-lo, para compreender a participação inalienável que teve a mulher histérica na fundação da psicanálise, como genitora, amada e portadora da morte...

NOTAS

1. Cunhamos esse termo numa analogia ao uso freudiano, para designar a ligação com as mulheres. Sabemos, de fato, que o uso alemão dos termos compostos permite pensar um princípio, em vez de uma simples junção. O emprego freudiano desses compostos permite designar uma determinação estrutural coerente. Esse vínculo pessoal, ademais, é exemplar em termos de uma relação com a feminilidade; assim, não é a relação quase histórica de Freud com as mulheres de seu círculo que nos irá interessar, mas sim a maneira como se estabeleceu sua relação com a feminilidade: à parte o inventário das figuras femininas, portanto, é a lógica de uma vinculação multifacetada que veremos construir-se.
2. Quanto à justificação desse papel na própria teoria freudiana da feminilidade, ver *infra*, p. 101 ss.
3. Na *E.S.B.*, o texto recebeu o título de "O tema dos três escrínios", vol. XII, Rio, Imago, 1ª ed. (N.T.)
4. Cf. o papel de Cinderela no conto de Perrault e o de Psiquê na fábula de Apuleio.
5. *Gesammelte Werke*, X, 26. *Das Motiv der Kätschenwahl* (1913) [*E.S.B.*, XII, *op.cit.*].
6. *Op.cit.*, p. 29 [*E.S.B.*, XII, *op.cit*].
7. *Op.cit.*, p. 34 [*E.S.B.*, XII, *op.cit*].
8. *Op.cit.*, p. 37 [*E.S.B.*, XII, *op.cit*].
9. Mãe originária ou primeva. (N.T.).
10. *Traumdeutung, G.W.*, II-III, p. 210 [*A interpretação dos sonhos*, *E.S.B.*, vol. IV, Rio, Imago, 2ª ed. rev.]. Esse sonho foi estudado in *L'Auto-analyse de Freud*, PUF, 2ª ed., vol. II, pp. 473-484: a aproximação do tema dos três cofrinhos é indicada ali.
11. Cf. a fobia de viagens de Freud, como ligada ao pavor da inanição e a uma lembrança precoce de uma viagem de trem durante a qual sua libido se voltara *ad matrem*.
12. Cf. a continuação do sonho: "Ela respondeu que eu precisava esperar até que ela estivesse pronta (vago como discurso). Fiquei impaciente e, ofendido, fui-me embora. Vesti um sobretudo, mas o primeiro que experimentei era comprido demais para mim. Tirei-o meio surpreso por ele ser forrado de pele. No segundo que vesti, havia uma longa tira gravada com um desenho turco. Um estranho de rosto alongado e barbicha pontuda apareceu e me impediu de vesti-lo, dizendo que era dele. Mostrei-lhe, então, que ele era todo recoberto de bordados turcos. Ele perguntou: 'que têm esses (desenhos, galões...) turcos a ver com o senhor?' Mas depois nos tornamos muito bons amigos."

13. *Op.cit.*, pp. 238-239 [*E.S.B*, vol. IV, *op.cit.*]. Esse é o segundo comentário a respeito desse sonho na *Traumdeutung.*
14. Trata-se, respectivamente, na mitologia grega, de Clotó, Láquesis e Atropos.
15. *G.W.*, II-III, 589 [*E.S.B.*, vol. V, *op.cit.*]. Cf. a análise desse sonho in Anzieu, *op.cit.*, v. I, pp. 389-407.
16. Ver, a esse respeito, as informações decisivas fornecidas por Théo Pfrimmer em sua obra *Sigmund Freud, lecteur de la Bible* (PUF, 1982).
17. Cena primária. (N.T.)
18. "Gross ist die Diana der Epheser", in *G.W.*, VIII, p. 360 [*E.S.B.*, v. XII, Rio, Imago, 1ª ed.].
19. Filha de Cronos e Rea, é a divindade das terras cultivadas, e especialmente a deusa do trigo. (N.T.)
20. *Op.cit.*, p. 361 [*E.S.B.*, XII, *op.cit.*].
21. O autor parece fazer aqui uma aproximação entre as acepções de *Angriff* (ataque, agressão, assalto, ofensiva) e a idéia de ameaça.
22. *G.W..*, II-III, 211 [*E.S.B.*, vol. IV, 2ª ed. rev.]. Encontramos essa expressão na carta escrita a Fliess em 6 de fevereiro de 1899: "Shakespeare disse: 'És devedor de uma morte à Natureza.' Espero que, quando for chegada minha hora, haja alguém para me tratar com mais respeito e me dizer em que momento devo ficar pronto" (*La Naissance de la psychanalyse*, p. 245 [ver J. M. Masson, *A correspondência completa..., op.cit.*]). Podemos perceber a profundeza do eco da lembrança infantil ligada ao anúncio materno da Morte. Cf. também a relação particularíssima de Freud com o envelhecimento e a morte como uma contagem regressiva, medida durante muito tempo com a ajuda da teoria da periodicidade de Fliess.
23. Cf. Ernest Jones, *A vida e a obra de Sigmund Freud*, e as alusões da correspondência com Fliess à fobia ferroviária de Freud, melhorada através da auto-análise.
24. Cf. a *Traumdeutung* [*E.S.B.*, vol. V, 2ª ed. rev.]. Essa idéia é reafirmada no ensaio sobre *Un souvenir d'enfance de Goethe* ["Uma recordação de infância de *Dichtung und Wahreit*", *E.S.B.*, XVII, 1ª ed.]: "Quando se foi inequivocamente o filho predileto da mãe, conserva-se pela vida afora um sentimento triunfante e uma certeza de sucesso que, na realidade, raramente deixam de trazê-lo."
25. Ver, a esse respeito, *infra*, p. 86
26. Como não constatar que a maioria das alternativas ao freudismo, na análise e fora dela, têm-se valido de um retorno à fusão materna, em oposição à relação simbólica com o Pai?
27. *Novas conferências introdutórias sobre psicanálise, G.W.*, XV [*E.S.B.* vol. XXII, 1ª ed.].
28. O que convém relacionar com a relação com o arcaico; Cf. nosso artigo "L'Archaïque chez Freud", *Nouvelle Revue de psychanalyse*, outono de 1982, XXVI.
29. Quanto a esse termo, empregado por Freud a propósito de sua autocrítica a respeito de Dora, ver *infra*, p. 73
30. Carta de 19 de junho de 1881, ou seja, dois dias após o noivado (in Sigmund Freud, *Correspondance*, Gallimard, p. 17).

31. *Ibid., op.cit.*, p. 18.
32. Carta de 27 de junho de 1882, *op.cit.*, p. 21.
33. Ver *infra*, p. 41
34. Carta de 23 de julho de 1881, *op.cit.*, p.28.
35. Carta de 17 de agosto de 1881, *op.cit.*, p.35.
36. Ver *infra*, p. 62
37. *Op.cit., ibid.*
38. *Op.cit., ibid.*
39. *Op.cit., ibid.*, pp. 39-40.
40. Carta de 5 de julho de 1885, *op.cit.*, p. 172. Freud esclarece: "Não estou pensando apenas nas conveniências, nas quais a própria Elise realmente nunca parece ter pensado, mas também em sua extrema fraqueza de caráter e em sua falta de compostura." E conclui, como um pai enfurecido: "Fizeste-me passar um mau dia, minha Marthinha. Escreve-me dizendo que lamentas um pouco."
41. O verbo *verderben* tem, entre suas várias acepções, as de estragar, arruinar, corromper, viciar, deteriorar, perverter etc. (N.T.)
42. Quanto a esse aspecto essencial, ver *infra*, III Parte, pp. 145 ss.
43. *G.W.*, II-III, p.305, *Traumdeutung* [*E.S.B.*, vols. IV-V, 2ª ed. rev.].
44. Lasker, nascido em 1829, morrera alguns anos antes desse sonho, em 1884. Quanto ao "liberalismo" particular de Freud, que explicava a forma política de seu desejo, remetemos a nosso artigo "Freud et la politique", in *Pouvoirs*, n. 11, reed. 1981.
45. Lassalle, nascido em 1825, realmente morreu, em 1864, num duelo com o noivo da jovem que lhe fora recusada por seu pai, a ele que era um plebeu judeu. No tocante à relação de Freud com a social-democracia, remetemos a nosso artigo citado na nota anterior.
46. Isso conota, aliás, o componente perverso — de desafio ao Pai — que encontramos nessas situações, com as quais Freud se identificava. A respeito dessas aproximações, ver Anzieu, *op.cit.*, vol. II, pp. 512-520.
47. Fonte descoberta por A. Grinstein, *On Sigmund Freud's Dreams* (1968), e evocada por Anzieu, *op.cit.*, p. 517.
48. Ver *infra* a importância dessa anotação a propósito do tema da mulher fatal.
49. Sabemos das hesitações de Freud quanto a seu talento e a seu sucesso.
50. *G.W.*, XIV, p. 38 [*Um estudo autobiográfico, E.S.B.*, vol. XX, 1ª ed.].
51. Carta de 7 de julho de 1913 a Sandor Ferenczi.
52. No *Schlusswort* [epílogo] da discussão sobre o onanismo. Remetemos a nossa obra sobre *L'Entendement freudien. Logos et Anankè* (Gallimard), onde sistematizamos essa referência capital de Freud.
53. Sabemos, pelas pesquisas de R. Gicklhorn ("The Freiberg Period of the Freud Family"), in *Journal of the History of Medicine*, 24, pp. 37-43, 1968, trad. franc. in *Études freudiennes*, 11-12 de janeiro de 1976, e pelas de Josef Sajner, "Sigmund Freud Beziehungen zu seinem Geburstosort Freiberg (Pribor) und zu Mähren", *Clio Medica*, 3 (1968), que se tratava de uma certa Monica Zajic, celibatária desde os quarenta anos de idade. (Os Zajic eram vizinhos dos Freud em Freiberg.)
54. *La Naissance de la psychanalyse*, pp. 193-194 [Cf. *A Correspondência completa de Sigmund Freud..., op.cit.*].

55. Esse vínculo invertido com a *Vaterbindung* [ligação paterna] freudiana é interessante de destacar. Cf. sobre esse ponto a síntese de Marianne Krull, *Freud und sein Vater*, trad. franc. *Sigmund, fils de Jacob*, Gallimard, 1983.
56. "Também descobri que, mais tarde (entre dois anos e dois anos e meio), minha libido foi despertada e se voltou *ad matrem*, por ocasião de uma viagem que fiz com ela de Leipzig a Viena e durante a qual provavelmente pude, tendo dormido em seu quarto, vê-la inteiramente nua."
57. Carta de 15 de outubro de 1897, *op.cit.*, p. 196.
58. Isso se situou, de fato, em 1858.
59. Carta de 4 de outubro de 1897, *op.cit.*, p. 195.
60. "Pulsão de conhecimento", ou "de intelecção, intuição". É interessante, à luz de algumas formulações anteriores de P.-L. Assoun, notar que *Erkenntnis* tem também as acepções da palavra "sentença". (N.T.)
61. O texto de Freud especifica os *Kreuzers* e *Zehners*, designação então usada para as moedas de cinqüenta e dez centavos, respectivamente. (N.T.)
62. Carta de 15 de outubro de 1897, *op.cit.*, *ibid.*
63. Na carta de Freud, a palavra usada aqui é *Kasten* (caixa, arca), que na Áustria corresponde a *Schrank* e significa armário. Cf. Masson, *Correspondência Completa...*, *op.cit.* (N.T.)
64. *Op.cit.*, p. 197.
65. Cf. n. 63. No francês, o autor emprega "*coffrée*", que, na linguagem coloquial, corresponde a nosso uso também coloquial de termos como "engaiolada", "enjaulada", "encanada", substituindo "aprisionada, presa". (N.T.)
66. *Sobre a psicopatologia da vida cotidiana*, cap. IV, *G.W.*, IV [*E.S.B.*, vol. VI, 2ª ed. rev.].
67. Fato destacado por David Bakan, *Freud et la Mystique juive*, trad. franc. Payot, p. 179 ss. Cf. *La Naissance de la psychanalyse*.
68. Cf. a célebre epígrafe da *Traumdeutung*: "*Flectere si nequeo Superos, Acheronta movebo*."
69. *Análise terminável e interminável*, *G.W.*, XVI [*E.S.B.* XXIII, 1ª ed.], p. 69: "Sem uma especulação e uma teorização — por pouco eu não disse um fantasiar (*Phantasieren*) —, não se consegue avançar um passo aqui." Cf. a esse respeito nossa *Introdução à epistemologia freudiana*, Payot, 1981, p. 90 [Rio, Imago, 1983]. "Infelizmente", acrescentou ele, "as informações da fronteira não são claras nem pormenorizadas". Remetemos também a nosso artigo "Freud et l'oracle" (*Furor*, n. 7, 1982).
70. O monograma, na verdade, é uma letra constituída da articulação do traçado de diversas letras.

capítulo II

A CENA DA HISTERIA

1. A nomeação de uma mulher

Um pequeno acontecimento mencionado no último capítulo da *Psicopatologia da vida cotidiana* ilustra e simboliza a estranha e desagradável experiência vivida por Freud quando ele tentou *dar nome a uma mulher*. Não surpreende que esse ato falho estivesse ligado ao prenome que era, por excelência, o vetor da feminilidade para Freud: o de Dora. "Um dia, fazendo uma conferência em que tinha que falar do caso Dora, publicado desde longa data, lembrei-me de que uma de minhas duas ouvintes tinha o nome que voltava com tanta freqüência em minha exposição; assim, dirigi-me a ela, desculpando-me por não ter pensado nesse detalhe e me declarando pronto a substituir esse nome por outro."[1] Eis, portanto, a situação: na posição de falar de uma mulher diante de outra que o escuta, Freud vê-se tomado de um escrúpulo. Explicável pelas leis elementares da discrição, essa alternativa parece ter-se ligado, no entanto, ao fato de o nome em questão — o de Dora — ser sobredeterminado. Logo, é como se Freud ficasse na situação de falar de Dora, *a* Dora da psicanálise,[2] diante de *uma* Dora. Mas, afinal, de que tinha medo? Conscientemente, de aborrecer sua interlocutora; inconscientemente, podemos conjecturar, de se descobrir na situação-limite que o simples nome Dora comemorava: o encontro com a feminilidade. A ponto de a interlocutora poder pensar que era dela que se tratava, assim ameaçando tomar-se por Dora... Além disso, convém assinalar que ele não fez esse raciocínio espontaneamente e por si só, mas descobriu a homonímia e a comunicou a sua interlocutora — o que não pareceria ser a providência mais discreta.

Tomada a decisão de trocar o prenome para desfazer o perigoso equívoco, era preciso encontrar *outro*: "Assim, eu precisava escolher rapidamente, tomando o cuidado de não recair no nome da outra ouvinte, o que teria sido um mau exemplo para as duas, já bastante versadas na psicanálise. Por isso, fiquei muito contente quando o nome *Erna* veio substituir *Dora*. Servi-me desse novo nome na continuação de minha conferência." A substituição foi efetuada num clima de urgência, com um toque de culpa: Freud ficou não apenas aborrecido com a situação, mas temeu um ato falho. As duas interlocutoras pareciam transformadas em juízas que observavam como ele se sairia da dificuldade. Felizmente, o outro nome, mal foi procurado, veio substituir o nome tabu: *Erna* se impôs a Freud, que só precisou colocá-lo no lugar do outro que não devia ser pronunciado, para seu grande alívio.

Surge então o terceiro ato: "Terminada a conferência, perguntei-me como podia ter-me ocorrido o nome *Erna*, e não pude deixar de rir ao constatar que a eventualidade temida conseguira se realizar, pelo menos em parte. Minha outra ouvinte se chamava, de fato, por sobrenome de família, *Lucerna*, de onde retirei, portanto, as duas últimas sílabas." Assim, não querendo nomear uma (de suas ouvintes), Freud nomeou infalivelmente a outra — ao preço de uma ligeira distorção, deslocando a ênfase para o sobrenome em vez do prenome e retirando uma parte deste, como no processo metonímico.

É provável que Freud não tenha suspeitado de que esse ato falho divertido continha, sob forma contracta e como que de uma parábola, a relação freudiana com a mulher: precisamente porque, ali, alguma coisa de uma mulher não conseguiu ser corretamente nomeada. Nessas condições, o mecanismo do ato falho merece uma pequena análise estrutural, como se o real da *mulher como "ato falho"* de Freud é que pudéssemos surpreender, ali, em flagrante delito.

No tempo I, temos *um* nome para duas mulheres. O prenome *Dora* de fato designa, homonimamente, a histérica e a interlocutora (embora o prenome atribuído à primeira fosse fictício).

Daí um primeiro efeito: tentar corrigir o efeito da homonímia recorrendo a outro nome. Donde a introdução de um *procurador* (Erna): a partir daí, a questão seria Dora (sujeito 1) com o pseudônimo de Erna (tempo II).

É então que intervém o tempo II: o novo prenome, que supostamente seria apenas um procurador, revela ser o sobrenome verdadeiro de outra ouvinte. Com isso, observe-se, encontramo-nos com três pessoas (referentes) — Dora I, Dora II e a segunda ouvinte — e apenas dois nomes (Dora e Erna).

Em outras palavras, revela-se a ação conjugada de dois pares: de um lado, o par nominal formado por Dora I e Dora II, e de outro, o par real presente, formado pelas duas interlocutoras, Dora II e Erna. Freud só fez passar de um par para outro: querendo conjurar o par *unheimlich*,[3] formado por Dora I e Dora II, encontrou diante de si o par real de suas duas interlocutoras, nomeado sem que ele o soubesse.

A avaliação pode se exprimir de maneira diferente, e de modo mais simples: Freud nunca deixou de falar de Dora, o original feminino que quis exorcizar. Ao lhe retirar seu nome, ele nomeou uma mulher real. É como se Dora lhe dissesse: não querendo me nomear pessoalmente, você não pôde fazer outra coisa senão nomear *uma* mulher real *qualquer*.

Dir-se-ia que não era possível pronunciar inocentemente um nome de mulher. Bastava pronunciar *um* nome de mulher para que uma mulher real lhe respondesse.

Há nesse processo, como podemos adivinhar, um exemplo e um símbolo do que, no discurso de Freud, se atrapalhou, quando ele tentou separar o nome da mulher. De fato, bastou-lhe tentar negar o nome de uma para que ela retornasse sob a imagem da outra.

Foi disso que riu Freud, em última análise: do fato de a evocação de um nome encontrar sempre quem lhe responda, e de não ser possível trapacear com o nome. Se não fosse uma, seria a outra, portanto, a assumir em seu corpo a função de referente. Foi uma advertência no sentido de se ter que abordar a mulher de outra maneira que não como um universal: como a singularidade de uma nomeação. Aliás, é na seriedade de uma relação que o riso de Freud sobre sua própria confusão encontra sua explicação verdadeira. Justamente aquela em que seu estranho lapso nos introduzirá.

Nesse sentido, elucidar essa relação, ao mesmo tempo tão substancial e tão contraditória, equivale a compreender o que confere à mulher a condição de "ato falho" no inconsciente freudiano. Pelo menos, podemos fazer uma aproximação, provavelmente tão fundamental que passou despercebida: Freud se descobriu inscrito num trio de mulheres, pela própria cenografia revelada por seu ato falho. Havia uma (Dora) que não se queria nomear, uma segunda (Dora II) que não se queria confundir com sua "primeira edição", e uma terceira, finalmente, que se nomeou a despeito de si mesmo. Como na cena dos três cofrinhos,[4] supôs-se ter a liberdade de escolher, mas a necessidade levou à imagem que havia o propósito de evitar. Há nisso um efeito de *unheimlich*, ainda que divertido: como se o nome recalcado da mulher retornasse no discurso, com a defasagem ordeira que reconstituímos. Dora era, ao mesmo tempo, aquela que estava presente em cada uma das três figuras, e a que retornou no final da série, como num círculo. Freud se viu diante dela como diante da terceira mulher. Ora, sabemos que esta encarna propriamente a imagem da Morte.

Há nisso algo que é *constituinte*, nesse movimento que *iguala a figura da histérica à da Morte*: expulsa do jogo, ela retorna.

2. *Estudos sobre a histeria* e a relação com a histérica

Será que se percebeu com clareza a ironia inconsciente com que Freud batizou de *Estudos sobre a histeria* o balanço de uma relação de cerca de quinze anos com mulheres histéricas? É como se, na verdade, a histérica não fizesse mais do que ilustrar a histeria, quando foi rigorosamente o contrário que se deu. Ficaríamos até mesmo tentados a caracterizar nos seguintes termos a prodigiosa inversão efetuada por Freud: embora a entidade mórbida denominada de "histeria" estivesse identificada e elaborada fazia muito tempo,[5] Freud foi o primeiro a se permitir anunciar, através da histérica em pessoa, um novo saber. Isso não o impediu de pretender, como o título indica, aprofundar a compreensão da histeria como tal, mas o que o livro anunciou foi algo inteiramente diferente: ficamos condenados, a partir de então, a não procurar em nenhum outro lugar, a não ser na estratégia desejante da histérica, o "segredo" da histeria.

Esse é, seguramente, o benefício da abordagem freudiana. Mas tudo aconteceu como se ele ficasse rejeitado em segundo plano... aos olhos do próprio Freud, pela irredutibilidade veiculada por essa relação com a histérica. Esse distúrbio introduzido na relação pela histérica, Freud, através de um duplo movimento sincronizado, o assumiu sem fraquejar e o absorveu, remetendo-o ao plano do saber. Por isso é que foi reiteradamente clivado num sujeito que vivenciava essa relação e num outro que falava dela, transpondo-a para a conta do saber. É compreensível que o discurso sobre a histeria — mesmo vindo da mão de Freud — possa ter servido para fazer esquecer, ou até mesmo negar, o que se articulou nessa relação. Por isso, não convém corroborar nenhuma indizibilidade da própria relação que desarticule qualquer tentativa de compreender: o mais notável, justamente, é Freud ter-se saído tão bem numa relação cuja natureza não controlava.

Convém, portanto, identificarmos esse ponto cego, que coexiste tão estranhamente com a lucidez, no seio da relação freudiana com a histérica. Os *Estudos sobre a histeria* clamam, assim, por ser reapreendidos pelo que também são, antes de mais nada: o documento do encontro com a histérica, a letrada comemoração de um acontecimento. Aliás, Freud sempre insistiu no caráter romanceado dos relatos dos casos clínicos:[6] o que os *Estudos sobre a histeria* transformam em saber é precisamente a *história* que é a histeria.

Freud nos dá, aliás, todos os elementos para decifrá-la: só que ele fala do sintoma histérico. A relação está ali, mas não objetivada como tal. De modo que temos que decifrar o relato, ao mesmo tempo implícito e transparente, contido em seus *Estudos*: a história do encontro com a histérica, cena primária do encontro com a feminilidade. Há algo de *trágico* nisso, nesse destino que Freud desde então se atribui, de restabelecer a verdade daquela que se queixa: e é esse resíduo, mal digerido pelo discurso letrado que Freud lhe superpõe, que, bem identificado, permite restabelecer o efeito trágico desse texto.

O que este último anuncia, a título de enunciado básico de seu saber, é que "as histéricas sofrem essencialmente de reminiscências".[7] Mas essa é a nomeação da causa do sofrimento: o sintoma é simultaneamente afirmado como máscara dessa "causa". O *evento* que a intervenção determina é que irá permitir ao sujeito o acesso ao saber dessa relação entre o sintoma e sua causa. A causa identificada pelo saber é também a nomeação da causa do sintoma: *causa sive ratio*, tão convencido está Freud de que o saber possa efetivamente identificar a razão do processo.

O ponto cego dessa relação é um daqueles momentos estranhos em que a histérica persiste no sintoma, a despeito do efeito que o saber administrado deve determinar. Desponta então o *sujeito* por trás do processo. E Freud precisa realmente improvisar uma *postura*. O mais notável é que, nesse momento, Freud recupera uma atitude comprovada numa relação banal: sustenta voluntariamente o discurso da razão indignada, e trata a persistência do sintoma como "irracional". Que uma mulher adoeça por ignorância de sua verdade é algo que a relação tolera, e é até mesmo o que a fundamenta; mas, que ela persista no desconhecimento, muito embora *saiba*, ou pelo menos saiba o *bastante*, torna necessário sustentar a linguagem da razão autoritária.

É a propósito de um detalhe do tratamento de Emmy von N., o primeiro caso relatado por Freud nos *Estudos sobre a histeria*, que essa relação se revela: Emmy se recusa a comer e a beber, nem que seja água mineral, evocando dores gástricas, e, forçada a se alimentar, acaba rejeitando a hipnose. Nesse ponto, Freud se aborrece: "Desisti de hipnotizá-la, anunciei que lhe daria vinte e quatro horas para refletir e se convencer de que suas dores gástricas provinham apenas de seus temores, e que, passados oito dias, eu lhe perguntaria se ela continuava achando possível ficar doente do estômago durante uma semana por ter ingerido um copo de água mineral e uma refeição ligeira. Se essa crença persistisse, eu lhe pediria que fosse embora."[8] Vê-se como o dono do saber transforma a resistência em ameaça: primeiro, um ultimato, acompanhado de um prazo quase administrativo — como antes de uma penhora; depois, o encaminhamento do sujeito a sua própria razão, para julgar a racionalidade de sua crença; e, por fim, o momento da escolha: renunciar ao sintoma ou ao mestre!

E, de fato, a estratégia funciona: "Vinte e quatro horas depois, encontrei-a dócil e submissa." Aliás, Freud acrescenta, como que para se desculpar por essa brutalidade: "Essa pequena cena contrastou acentuadamente com nossas relações, em geral muito amistosas." Ora, como preço dessa curiosa vitória, estabelece-se uma nova relação por parte do próprio sujeito: a histérica cede, mas se defende com um humor que traduz a emergência de uma fala que só se deixa domar na aparência. Emmy realmente admite que ele tem razão, mas em que termos! "Acho que elas (as dores gástricas) provêm de minhas apreensões, mas só porque o senhor o diz." Essa curiosa formulação, anotada por Freud, como se ele adivinhasse ali um traço de verdade, diz com muita exatidão o que pretende dizer. Não equivale, com efeito, a declarar que "isso é verdadeiro" ou "é falso", mas a: "essa verdade tem seu dizer como causa." Trata-se de um assentimento que certamente merece uma decomposição lógica.[9] O sujeito percebe que esse assentimento à veracidade da interpretação deixa inalterado o estado do próprio sujeito da enunciação. Emmy diz "sim" à interpretação freudiana, confirmando, portanto, seu "valor de verdade" (no sentido quase lógico do termo), mas se distancia de seu próprio assentimento, como se estivesse colocada à margem de si mesma. Ela se recusa a produzi-lo pessoalmente, como se tivesse que se manter a distância: "Não sou eu que aprovo, embora esteja dizendo que sim; só faço ecoar a fala que você enuncia *em meu lugar*."

Pouco tempo depois, a ironia histérica se torna mais aguçada e lúcida, no momento da execução da ordem de beber e, desse modo, afogar o sintoma: "Tenho comido muito bem e ganhei bastante peso; já bebi quarenta garrafas d'água. O senhor acha que devo continuar?"[10] O inconsciente, aqui, pergunta com precisão: que dose de saber será preciso eu engolir? Até onde precisarei obedecer, para que finalmente você saiba... o que eu quero?

Não surpreende, portanto, que Emmy se convertesse na defensora da fala feminina, numa outra ocasião. Tendo-lhe Freud perguntado de quando datavam seus sintomas gástricos, "ela me respondeu que não sabia". Eis que ressurge a estratégia da intimidação: "Dei-lhe até o dia seguinte para se lembrar. Disse-me então, num tom muito ríspido, que eu não devia ficar sempre lhe perguntando de onde provinha isto ou aquilo, mas deixar que ela contasse o que tinha para dizer."[11] Essa réplica permitiu, muito simplesmente, enunciar o princípio das associações livres, no qual se baseou a relação analítica, que ainda estava por nascer. De momento, Freud optou por consentir: "Concordei, e ela prosseguiu sem nenhum preâmbulo..." É forçoso constatar, portanto, que foi para atender à *ordem histérica* que Freud instaurou a regra da análise. Pelo menos, a regra foi enunciada como um protesto e uma demanda, antes de ser convertida num imperativo. Como se este viesse substituir uma exigência, nascida no próprio âmago do conflito.

Enquanto esperava por essa conversão à análise, Freud organizou um impressionante relatório de investigação particular, raciocinando sobre o desejo que lhe era exibido na história histérica. Assim, no caso de Lucy R., pôs-se à procura da razão última da virada patológica: "Não me contentei com a explicação assim obtida.[12] Parecia tudo muito plausível, mas faltava alguma coisa: um motivo aceitável, capaz de levar a compreender por que razão essa série de emoções e esses afetos contraditórios tinham resultado justamente numa histeria."[13] Esse tipo de formulação é revelador da relação então estabelecida: uma vez que a questão é compreender o motivo determinante do sujeito, no plano do processo, o próprio sujeito recebe a ordem de aderir a *sua* razão. Tanto que Freud arranca respostas do gênero das que seriam obtidas por um Sócrates ao advertir o sujeito do exercício sobre sua própria relação com a verdade: "Sim, acho que é isso mesmo."[14] No entanto, através do caso de Lucy, descobrindo um sintoma atrás do outro, Freud começa a desconfiar da complexidade do processo em curso. É que, se uma "razão" pode esconder outra, todo o mecanismo pede para ser repensado. Mas Freud não tinha escolha, naquele momento: manteve seu modelo das relações entre o saber e a verdade.

Isso se traduziu numa pretensão, espantosa mas compreensível, exatamente dentro desse modelo, de extirpar a verdade de uma vez só, como na entrevista com Katharina... encontrada "a mais de 2.000 metros de altitude",[15] que fez as vezes de uma catarse-relâmpago. Aliás, através desse exemplo, Freud pretendeu mostrar a resposta imediata do saber, interpelado pelo sintoma ali onde este não era esperado. Além disso, Katharina se assemelhava a uma aparição, cuja infelicidade Freud tentou conjurar reativando a dolorosa cena da sedução. Mais uma vez, de um "talvez seja verdade..." até um "sim, é claro", ele obteve a confissão.

Esta era uma decorrência do postulado que Freud formulou, numa referência poética, através do caso de Elisabeth von R., o último a ser abordado por ele nos *Estudos*: "Aquela pequena máscara fazia augurar um sentido oculto."[16] Não surpreende que essa "máscara" se transformasse numa careta sarcástica que assinalava a resistência: "Quando ela me olhava, com um ar malicioso e sarcástico, embora eu reconhecesse que estava com a razão, ficava pensando em seu pai, o Sr. von R., que havia qualificado sua filha favorita de 'insolente' e 'má'."[17] Com esse comentário, Freud confessou claramente sua tentação de se colocar no lugar do pai e subjugar sua filha emprestada, por opor dessa maneira a força de seu capricho ao oferecimento da verdade!

Aliás, isso provocou a inevitável ironia histérica: depois de três pressões,[18] Freud ouviu, juntamente com uma confissão, esse comentário assombroso: "Eu poderia ter-lhe contado isso desde a primeira vez."[19] Diante da pergunta perfeitamente natural — "Mas, então, por que não falou logo de uma vez?" —, veio a resposta, de saborosa ambigüidade: "Pensei que não era o que estávamos procurando", acompanhada de outra: "Achei que poderia evitá-lo, mas voltei a pensar nisso vez após outra."

Mais uma vez, a ironia histérica acertou o alvo, ainda que reproduzisse o não-reconhecimento: por mais contraditórias que fossem, as duas respostas eram igualmente verdadeiras. Na impossibilidade da livre associação, o sujeito não podia aderir à dupla postulação de procurar *o* segredo ("o que estávamos procurando") e dizer *sua* verdade. Por conseguinte, a verdade, recalcada na louvável intenção de descobrir *o* segredo, insistiu em ser admitida, tanto *contra* o método de tratamento quanto através dele.

Assim se estabeleceu essa longa prática em que os dois parceiros, empenhados em suas respectivas tarefas, mantinham essa relação tão estranha, tão fecunda e tão cheia de mal-entendidos: Freud, compreendendo muito bem, mas vendo reemergir repetidamente a contravontade histérica; ela, produzindo sua verdade, e reconhecendo no saber um reflexo fiel, do qual, no entanto, estava de algum modo excluída.

A rigor, era o estatuto do *Widerwille* e do *Gegenwille*,[20] primeiros termos empregados para designar a resistência — já no primeiro texto psicológico de Freud, em 1892-93 —, que estava em questão.[21] Mas, "diante disso", despontava a questão da estratégia: essa resistência, conviria quebrá-la pela autoridade ou domá-la pela sedução?

Isso nos remeteria, aliás, a um elemento da *Frauenbindung* freudiana que, a rigor, é apenas uma ramificação dos investimentos de grande importância:[22] a relação de Freud com suas próprias filhas. Ela se exprime bem no sonho contado a Fliess,em maio de 1897: "Recentemente, sonhei com sentimentos hiperternos por Mathilde (sua filha), só que ela se chamava 'Hella', numa alusão a sua paixão pelos gregos." Mas, que deduziu Freud disso? "O sonho mostra, naturalmente, a realização de meu desejo de agarrar um pai como autor da neurose, e, desse modo, pôr fim a minhas dúvidas remanescentes."[23] Essa conclusão se baseou num raciocínio espantoso: Freud estava, na ocasião, em pleno debate sobre o papel do pai como sedutor na neurose; ao sonhar complacentemente com esses sentimentos ternos por sua própria filha, inocentou seu pai, mostrando que ele próprio, pai irrepreensível, nutria sentimentos dessa natureza pela filha... sem por isso ser um sedutor!

Sua relação "paternalista" com a histérica talvez possa ganhar sentido dentro desse contexto (ver *infra*). Mas essa filha revoltada e indócil, justamente, não lhe dava ouvidos!

3. O episódio Emma

Essa relação tinha que ter sua crise e sua hora da verdade. Chegamos ao ponto em que, no cerne da própria relação clínica, iria revelar-se a contradição fundamental entre a demanda de verdade que Freud dirigia à histérica e a relação do sujeito com sua própria verdade. Não surpreende que, em tal relação, o relacionamento com o mediador terceiro — papel que, no caso, coube a Wilhelm Fliess — passasse para o primeiro plano.

Referimo-nos ao "episódio Emma", situado em março de 1895, cuja importância foi revelada por Max Schur, que compilou seu dossiê.[24] No contexto da problemática que estamos elaborando, isso bem poderia ser algo como a cena primária do encontro entre Freud e a histérica. Cena bastante tardia, é verdade, já que foi o fecho de quinze anos de contato:

mas é que, justamente, essa relação mantivera afastado um prodigioso efeito de real de natureza clínica, que só depois parece ter saltado aos olhos de Freud, nessa primavera de 1895.

A seqüência de acontecimentos que levaria a essa *Urszene* pode ser reconstituída com o auxílio dos documentos reunidos, essencialmente as cartas a Fliess dessa época. Freud vinha tendo alguns desentendimentos com uma histérica cognominada de Emma, que sofria de dores abdominais; pediu a ajuda de Fliess, e este se deslocou de Berlim especialmente para efetuar a famosa operação dos cornetos e seios nasais que, segundo ele, deveria restabelecer o equilíbrio — ligando misteriosamente os distúrbios sexuais aos da zona rinofaríngea (fevereiro de 1895). Pois bem, acontece que a paciente *continuou* a se queixar: persistiu na linguagem de sua queixa e de seus sintomas — supuração nasal e sangramentos. Ali estava, mais uma vez, a resistência histérica localizada no próprio corpo, e no lugar onde o tratamento pretendia atacá-la: Freud diagnosticou, pura e simplesmente, uma estratégia histérica.

Mas, diante da *insistência* do sintoma, que parecia justificar e fundamentar a queixa, ele foi tomado de inquietação e pediu a intervenção de *um outro Outro* (que não Fliess): um simples otorrinolaringologista que — cúmulo do escândalo, assim revelado! — extraiu do nariz da reclamante uma tira de 50 centímetros de gaze iodoforme, impregnada de tintura de iodo, o que provocou uma hemorragia espetacular e o desmaio de Emma.

Foi preciso render-se à evidência — àquela que o corpo histérico apontou com violência, naquele exato momento: o Outro — suposto detentor do segredo de seu desejo e de suas artimanhas, Fliess em pessoa — tinha-se enganado cruelmente: fora ele, o salvador, que esquecera nos recônditos daquele corpo o próprio instrumento que deveria curar e que tinha agravado o sintoma. Por uma vez, foi o próprio Freud que fraquejou: a ponto — justa ironia das coisas — de se ver na posição da outra histérica a quem pretendera levar a engolir sua verdade, juntamente com uma garrafa de água mineral:[25] foi ele mesmo que, por esse meio, procurou se refazer do golpe.

É importante, nesse momento dramático, apreender o que se articulou na relação freudiana com a histeria. Que foi que levou Freud a fraquejar, naquela hora? Certamente, o espetáculo de desamparo proporcionado pelo corpo histérico, como que involuntariamente supliciado. Mas o que se revelou ali, brutalmente, foi a distância, não menos insuportável, entre o saber magistral, que supostamente explicava e investia esse corpo, e a verdade que o corpo do sintoma opunha a esse saber. Ele fraquejou, portanto, pelo fato de o sintoma desmentir tão tragicamente o saber.

Aliás, exprimiu isso claramente a Fliess. Algum tempo depois desse 8 de março de 1895 — o tempo de efetuar o primeiro trabalho de luto —, ele confidenciou àquele que supunha detentor do saber sobre a histérica: "Tudo ficou claro para mim (...) Nós a prejudicamos indevidamente, ela não tinha nada de anormal."[26] Nada mais doloroso do que esse procedimento: anunciar à instância de mestria que ela se havia enganado e que, por uma assustadora reviravolta do mundo, o Outro do saber — a mulher histérica — dizia a verdade. Ali estava a verdade, transferida do discurso que lhe dava corpo para o corpo da mulher que, até então, supostamente, mentia. Essa reformulação da relação de forças do conhecimento faz lembrar, pela extensão de suas conseqüências, a famosa reformulação que seria exigida pela cena originária, alguns meses depois.[27] Sem dúvida, ela fez mais do que prefigurá-la: viria a ser seu verdadeiro conteúdo.

Daí o terrível dilema: Freud teve a sensação de ter *prejudicado* uma mulher, com a cumplicidade de Fliess — o que não deixou de reativar o conteúdo vislumbrado em sua auto-análise sob a capa de uma lembrança encobridora.[28] O dilema era realmente assustador: escolher entre o Ideal do Eu e o discurso do Mestre, de um lado, e a palavra da histérica, de outro. Ela dissera a verdade, e o saber é que havia errado! Motivo suficiente para se fazer fraquejar: Freud se empenharia, a partir daí, num profundo trabalho de luto, mais uma vez antecipando o trabalho de luto que tenderia ao desenlace da *Vaterbindung*,[29] processo em que ele se projetou. Freud parece, aliás, ter expiado em si mesmo, através de seus próprios distúrbios de saúde, o mal que infligira a "essa pobre moça", sua "filha no sofrimento".

O mais notável é que Freud se empenhou num duplo processo simultâneo: recusar a imagem do Mestre-do-saber (Fliess), sob a acusação principal de ele haver infectado o corpo histérico com seu saber supostamente curativo — esse foi, em última análise, um dos elementos determinantes de seu rompimento com Fliess —, mas, por outro lado, em termos imediatos, tratava-se de salvar mais uma vez a imagem do saber. Foi por isso que, em textos que podem conseqüentemente parecer cínicos, Freud procurou transformar a situação.

Logo de saída, ele confirmou sua fidelidade a Fliess: "Para mim", escreveu em 20 de abril desse ano decisivo, "você continua a ser o médico, o tipo exato de homem em cujas mãos as pessoas colocam, com toda a confiança, a própria vida e a dos seus..."[30] Depois, iniciou-se uma espécie de teodicéia[31] pela qual o Saber, em sua encarnação fliesseana, viu-se reabilitado à custa da histérica, outra vez culpabilizada! Ao final de um ano de processo, ele anunciou a Fliess, em 16 de abril de 1896, "uma explicação totalmente surpreendente a propósito das hemorragias, que irá provocar sua alegria." Era o grito de vitória que anunciava que o Ideal do Eu podia restabelecer seu poder vacilante: Freud pareceu marcar uma data, como que para anunciar ao Mestre sua inocência recuperada. A explicação veio em 26 de abril: "No que concerne a Emma, eu poderia provar que você tinha razão, que as hemorragias dela eram histéricas, que eram a manifestação de uma *Sehnsucht*,[32] provavelmente nos períodos sexuais."[33] O sintoma hemorrágico seria, pois, a repetição nostálgica de uma outra cena, na qual Fliess, assim como Freud, não estava implicado. Quanto à natureza dessa cena, Freud ainda não forneceu detalhes: é forçoso constatar que ele se colocara na posição do Inquisidor que, a partir dali, tinha firmado sua convicção, mas ainda não havia obtido da feiticeira a confissão confirmadora! Efetivamente, declarou que esta, a quem designou pelo termo pouco enaltecedor de *Frauenzimmer*,[34] "ainda não forneceu as datas, por simples resistência".

Em 5 de maio de 1896, ele finalmente completou o dossiê que autorizava a incriminação: Emma teria, no dia 8 de março do ano anterior, repetido a hemorragia de seus quinze anos, através da qual havia exprimido seu desejo frustrado de ser tratada por um jovem médico por quem estava secretamente apaixonada.[35] Por isso é que a histérica havia sangrado! A eficácia do desejo serviu, nesse caso, para desculpar a falta do Mestre. Fora por sua própria efusão interna, e não por causa do corpo estranho esquecido no corpo adoecido, que ela padecera. A questão não é sabermos se Freud identificou nisso um substituto efetivo da associação de idéias motivada pelo desejo em Emma: na verdade, é bem possível que tivesse acertado na mosca, como era tão freqüente. Mas, em seu discurso, a identificação do sintoma funcionou realmente como causa material para desculpar a violência que o próprio saber impusera ao corpo histérico, nem que fosse por ter dado um pretexto sangrento para a reativação da *Sehnsucht* histérica.

Isso não impede que, naquele momento, tenha-se aberto uma brecha entre a fala de uma mulher que supostamente não queria a verdade que lhe era oferecida e a de um mestre sob suspeita de ter deixado de produzir a verdade: essa confusão entre a *queixa* e o *erro* havia escangalhado o modelo de uma vez por todas. A partir dali, dissesse o que dissesse, Freud sabia perfeitamente disso.

4. O sonho da injeção de Irma

O caso Emma teve um efeito decisivo: encostar Freud na parede em sua relação com a histérica. Malgrado o veredicto final, foi ela quem realmente conquistou a vitória: mas foi preciso um sonho para que Freud contasse (a si mesmo) a verdade dessa relação. Trata-se do famoso sonho "da injeção de Irma", da noite de 24 para 25 de julho de 1895, que figura como que no frontal da *Traumdeutung*.[36] Ali, a mulher realmente falou com

Freud em sonho e lhe disse sua verdade: o texto onírico, portanto, forneceu o texto dessa cena primitiva — o encontro de Freud com a mulher —, ao mesmo tempo tão presente e tão denegada na relação real que se havia instaurado. Freqüentemente solicitado, esse texto terá importância para nós de um ponto de vista novo: como documento onde é possível ler, literalmente, a relação freudiana com a feminilidade, tal como foi reconstituída. Ali se diz algo de essencial, como uma relação que, na impossibilidade de seu desenlace, ata sua contradição e lhe dá efetividade.

O texto do próprio sonho se organiza, de fato, através de uma dramaturgia do encontro, a primeira palavra do qual é a censura, enquanto a segunda é a queixa: "Um grande salão — muitos convidados a quem estamos recebendo. Entre os convidados, Irma, a quem chamo imediatamente à parte, para censurá-la, em resposta a sua carta, por não ter aceitado minha 'solução'. Digo-lhe: 'Se você ainda sente dores, é realmente culpa sua.' Ela responde: 'Ah! se você soubesse como sinto dores na garganta, no estômago e na barriga, isso está me sufocando.' Fico alarmado e olho para ela. Está com um ar pálido e inchado; digo a mim mesmo: 'Não terei deixado escapar algum sintoma orgânico?'"[37] A história anterior encontra seu texto nesse relato, curto e transparente como uma épura. Freud nunca pareceu tão lúcido quanto nesse momento, a respeito da outra cena que lhe preparara o sonho e na qual, como sonhador, ele narrou o que se passara entre ele e *ela*: uma relação escandida pelo momento da interpelação — por que, do meu saber, você nada quis saber? —, ao qual respondeu a repetição da queixa: não uma queixa agressiva contra a autoridade, mas uma mensagem para que ele compreendesse sua queixa. O que se pedia era um outro saber — "ah! se você soubesse como sinto dores..." —, tendo, para confirmar essa demanda escancarada, uma enumeração de órgãos. O corpo histérico se trocava por órgãos adoecidos, que o saber deixava entregues a seu desbaratamento queixoso. Então, o saber se alarmou — reconhecemos aí a seqüência do episódio de Emma, diante do espetáculo daquele desamparo insistente: mas foi para a vertente orgânica do sintoma que ele se transpôs, curiosamente: a angústia de ter desconhecido o corpo do sintoma pareceu deslocar-se para o medo de ter "deixado passar" um sintoma do corpo.

Estranha seqüência. O saber se queixa *da* histérica: eu lhe "expliquei", e você persistiu em *sua* dor, a despeito do *meu* saber, e se recusou a fazê-lo *seu*. Depois, o sujeito do sintoma, o da "má-fé", insiste: queixa-se *ao* saber e a sua instância. Então, o mestre duvida de si e recorre ao corpo: terei confundido algo? Sufocamento bizarro, também: se for "psíquico", você deve ligá-lo a minha "solução"; se me enganei, seu corpo é que é responsável. A verdade e a "mentira" pulam do discurso do saber para o corpo em sofrimento, numa contradança sutil.

Os restos diurnos atestam claramente que Freud estava revivendo uma situação exemplar: desde o verão de 1895, em pleno trabalho de luto por seu erro para com Emma, ele tinha em tratamento "uma jovem dama", Irma, ligada a sua própria família, tratamento esse que fora interrompido em virtude de uma discordância acerca de sua interpretação. Na véspera, Freud tinha encontrado Oscar Rie, que evocara a paciente incompletamente curada, lembrando-lhe seu fracasso, como que numa censura inconsciente. Aliás, teria sido por acaso que, ao redigir para seu amigo Breuer a observação do caso Irma, revelou-se nele uma dor reumática? — foi como se o locutor escrevesse com uma das mãos e transpusesse para seu próprio corpo (para o ombro esquerdo) o lembrete do sintoma que seu saber reduzira tão pouco. Ora, pois não é que essa Irma fazia parte dos convidados para uma recepção próxima na casa dos Freud? Assim, Freud via retornar em sua direção, com uma insistência fatal, a imagem de seu fracasso. Foi por isso, provavelmente, que foi ele quem deu o primeiro passo no sonho: uma censura que permitisse evitar outra.

É compreensível, afinal, o sentido dessa iniciativa: tratava-se da indignação do saber diante do fato de que o desejo, supostamente revelado por ele, não "assentisse", não se reconhecesse nele. O tom autoritário mal chega a dissimular o do apaixonado desiludido: "Por que me deixaste?" Um amor dirigido, aliás, a seu dom: "Por que não amaste a verdade que te concedi?"

O mais surpreendente ainda estava por descobrir: uma vez enlouquecido o saber, ele viu abrir-se uma hiância que o interpelava de modo ainda mais imperativo do que a queixa verbalizada — a de uma garganta inflamada: "Levei-a para perto da janela e examinei sua garganta. Ela manifestou uma certa resistência, como as mulheres que usam dentadura postiça. (...) Então, ela abriu a boca e constatei, do lado direito, uma grande mancha branca e, em outro ponto, percebi umas extraordinárias formações recurvadas, que tinham a aparência dos cornetos nasais, e sobre elas, extensas crostas branco-acinzentadas." Não surpreende que, no interior escancarado do corpo, Freud descobrisse o corpo do sintoma anteriormente identificado em Emma. Mas, apesar da luz do dia que supostamente se introduzia nesse abismo, foi apenas a hiância oral de uma demanda, mesclada de reticência, que se mostrou.

Ocorreu então um fenômeno assustador: o sonhador se viu empurrado para o segundo plano da cena. Entre ele e o corpo histérico veio se interpor um pequeno exército de "especialistas médicos", convocados por ele mesmo, é verdade, como que para suprir sua falha: o Dr. M. (Breuer), o amigo Otto (Rie) e o amigo Leopoldo (Fliess). Impôs-se o diagnóstico de infecção, e a questão passou a ser uma injeção de trimetilamina, substância cuja fórmula Freud viu inscrita "diante (dos olhos)" em grossos caracteres. Reconhecemos as diversas figuras de homens implicadas na relação com Irma, diretamente ou por deslocamento. Foi como se Freud, nessa ocasião, soasse o toque de chamada de seus intermediários ao longo de toda a sua relação com a histeria: mas, já então, eles mais pareciam estar-se intrometendo.

A última imagem é a de um corpo adoecido, sobrecarregado de terapêuticas, o que culminou com a injeção final. Aliás, não era isso o que limitava cronicamente a relação, ou seja, querer *injetar* de fora, no sujeito, o saber salutar? Não fora, por um cruel paradoxo, uma *infecção* que se seguira a isso? — que o saber pudesse infectar o paciente, eis o texto do pesadelo que Freud viveu a propósito de Emma. Aliás, ele falou, no sonho, de uma operação feita "sem cuidado", com uma "seringa" que "não estava limpa". Assim, na impossibilidade de reduzir a mancha do sintoma, o próprio instrumento se afigurava sujo e emporcalhador.

Freud nos indica, além disso, que a substância da própria injeção assinalava a importância da sexualidade, por uma aproximação com o trabalho sobre a química das glândulas sexuais. Era esse, pois, o conteúdo do saber que se tentava injetar, tanto quanto seu objeto: era da sexualidade que sofria a histérica. Mas, justamente, o saber que nomeava a causa podia infectar, na falta de uma mediação. Era preciso, pelo menos, fazer uma nova teoria da injeção — da relação da seringa com o corpo do sintoma, que não foi outra coisa senão a teoria da transferência.

Resta a imagem da mulher de que Irma é o emblema. O que impressiona, segundo os elementos fornecidos por Freud, é a composição em mosaico, isto é, a multiplicidade dos traços (*Züge*) tomados de empréstimo para determinar a fisionomia do personagem central. Assim, a resistência a se deixar examinar remeteu à analogia com uma governanta que se recusava a se deixar examinar muito de perto por causa de sua dentadura; a posição de Irma junto à janela foi retirada da posição de uma de suas amigas, vista por Freud ao ser examinada pelo Dr. M. (Breuer); a palidez e o ar inchado, assim como as dores no abdômen, foram uma alusão a Martha, grávida na época, que ficava acanhada em se deixar abordar. Vimos, finalmente, tudo o que a analogia da situação implicou em termos da identificação de Irma com Emma.

Essa eclosão pontilhista extremada dos sintomas é reveladora da estrutura galáctica que Freud estava procurando integrar na concretude de um corpo histérico, pacientemente recomposto. Irma tornou-se o lugar geométrico dos sintomas de uma série de singularidades: elevou à categoria de *tipo* a pluralidade que não podia constituir um universal (incluindo as diferenças numa generalidade), mas sim um corpo composto de unidades trançadas de sintomas. Plurivalência integrada: história(s) de uma (algumas) que Freud pareceu ver em seu sonho, como numa recapitulação de *um* corpo sintomal.

Alguma coisa nesse sonho evoca despedidas: adeus à relação direta com o corpo histérico, cujo meio era a hipnose, adeus ao mundo dos intercessores, que deveria garantir o acesso ao corpo. Foi nesse balanço que a primeira relação encontrou seu limite e sua verdade: seria preciso, a partir dali, voltar-se para uma nova instituição, que tentaria ser bem-sucedida no encontro: a análise propriamente dita.

Como não evocar, a título de emblema desse acontecimento, o que se seguiu de perto ao sonho da injeção? — Alguns meses depois, nasceu efetivamente Anna, indiretamente implicada na alusão à gravidez de Martha. Sexto filho de Freud, *uma filha*, que viria a ser a única a retomar a tocha analítica. O inconsciente pressente uma ligação secreta entre esse sonho decisivo, no qual houve o desenlace de algo de essencial na relação de Freud com a feminilidade, e o nascimento daquela que seria habilitada pelo pai a retomar a mensagem de seu saber. Não deveria ele, de fato, uma vez liberto de um certo mal-entendido do saber analítico em relação à verdade exibida pela histérica, eleger uma mulher como portadora de seu saber, como prova de que a análise podia sobreviver à queixa irredutível de Irma-Emma?

Aquela garganta escancarada foi como que a vitória histérica nesse primeiro combate: hiância de um querer que se esquivara tão bem do lugar em que seu desejo o colocava. Restava a Freud compreender como ele pudera *ter* tanta *razão*, sem *vencer a resistência*[38] desse querer.

Justamente por isso, foi de fato a questão da feiticeira, que evocamos no final do capítulo anterior,[39] que retornou. Dois anos depois do sonho da injeção de Irma, Freud, no exato momento da promulgação da psicanálise,[40] teve outro sonho com uma injeção que poderia estar secretamente ligado, pela reativação do pacto primitivo, com a feiticeira, sua primeira "professora de sexualidade".

5. *A injeção malograda: a histérica e a feiticeira*

Um estranho episódio confirma, de fato, o estreito vínculo entre o saber freudiano e o oráculo constituído pela *anciã*. Freud o registrou como um ato falho, cujo efeito real não foi desprezível e faz lembrar os equívocos médicos com que foi balizado esse percurso. Ainda por cima, esse episódio está ligado a nada menos do que *à* descoberta analítica, a do complexo de Édipo: foi no exato momento em que, segundo sua própria confissão, ele estava "a ponto de conceber o caráter genericamente humano (*den allgemein mens Charakter*) da lenda de Édipo" que ocorreu esse erro intrigante.

A "vítima" reveladora foi, de certo modo, o avesso do tipo da jovem histérica que fora Irma-Emma: tratava-se de uma paciente nonagenária, de quem Freud estava tratando, como médico, no final do ano de 1897. Mas, aqui como então, foi uma injeção falha que esteve em jogo: "Eu estava impressionado com um sonho que me fora contado na véspera por um rapaz, e que eu acreditara poder interpretar como estando relacionado com as relações sexuais desse rapaz com sua própria mãe. Absorto nessas idéias, cheguei à casa de minha paciente nonagenária, e devia estar a ponto de conceber o caráter genericamente humano da lenda de Édipo, como estando correlacionada com a fatalidade que se exprime nos oráculos, uma vez que, logo em seguida, cometi um equívoco de que a 'velha' foi vítima."[41]

A questão, realmente, era administrar à anciã, por um lado, uma solução de colírio nos olhos e, por outro, uma injeção de morfina. Sob o efeito misteriosamente perturbador das idéias anteriores, ele inverteu parcialmente a seqüência e instilou a morfina nos olhos, erro que retificou imediatamente, mas não sem que lhe ocorresse a expressão "profanar a velha". Uma expressão ambígua — *sich vergreifen* quer dizer, ao mesmo tempo, "profanar" e "se equivocar"[42] — que constituiu a realização simbólica do projeto que ele vira perfilar-se no inconsciente do filho obsessivo.

Podemos pressentir, portanto, que entre a revelação específica do Édipo, no mencionado sonho do obsessivo, e sua proclamação analítica como verdade universal — válida para qualquer filho das mulheres — intercalou-se esse erro de injeção, do qual uma mulher, uma velha, foi vítima. Mulher no limiar da morte, como que a encarnar a identificação imposta pelo inconsciente entre a Morte e a Mãe.[43] Esse ato simbólico de "profanação" foi uma espécie de confirmação, pela própria mão de Freud, da fatalidade prestes a lhe ser revelada. Não terá sido preciso esse ato para que ele se convencesse do poder da fatalidade?

Foi com esse ato profanador, praticado sobre o corpo deitado da Mãe, que Freud inaugurou solenemente, por um *equívoco*, o ofício do saber analítico, em seu texto fundador, edipiano. Mas uma "velha" faz lembrar outra: esse era justamente o nome que ele dava a Nanie, a Feiticeira de quem obtivera o direito de saber, infringindo a proibição de pensar. Foi por um fiasco que se inaugurou essa entrada no saber; mas foi ao conferir um estatuto a esse fiasco que se estabeleceu o saber do inconsciente. Freud se submeteu, com isso, à Anankê de seu "objeto",[44] recompensou-a por seus serviços: o oráculo só podia se exercer através dessa submissão à fatalidade. Resta o fato de que a anciã forneceu a Freud a imagem da Moira, da Fatalidade que ela simultaneamente expia e encarna. Essa é, a rigor, a posição que o texto edipiano confere à mãe: vítima onipotente. De uma mulher-feiticeira ele obteve a revelação de sua vocação; de outra mulher-feiticeira, a histérica, obteve o nascimento desta. A cada revelação, fez-se necessário o equívoco — o *mesmo* — de onde o saber pudesse novamente alçar seu vôo.

NOTAS

1. *G.W.*, IV [*E.S.B.*, VI, 2ª ed. rev.].
2. Ver *infra*, p. 70 ss., o sentido da importância de Dora.
3. Insólito, estranhamente inquietante. (N.T.)
4. Note-se que Jones, ao abordar a exposição do caso Dora, concluiu citando esse episódio (*op.cit.*, vol. II, p. 275).
5. Cf., por exemplo, *A história da histeria*, de Ilza Beth. Designada desde Hipócrates, foi a Suydenham, no século XVII, que coube elaborar uma teoria psicogenética da histeria, antes que o século XIX a redescobrisse.
6. Cf. o comentário encontrado in *Cinq psychanalyses*.
7. Essa é a famosa formulação do fim do primeiro parágrafo do primeiro capítulo dos *Estudos sobre a histeria* (trad. franc. PUF, p. 5), "Os mecanismos psíquicos dos fenômenos histéricos" [*E.S.B.*, vol. II, 2ª ed. rev.].
8. *Études sur l'hystérie, op. cit.*, pp. 62-63 [*E.S.B.*, vol. II, 2ª ed. rev.].
9. Apreende-se nesse nível, além disso, a que ponto a questão da feminilidade interpela a psicanálise, na medida em que requer uma teoria do assentimento; ver, a esse respeito, os problemas revelados por Wittgenstein (em nosso artigo "Freud saisi par Wittgenstein, Wittgenstein séduit par Freud", in *Le Temps de la réflexion*, n. 2, 1981).
10. *Op.cit.*, p. 64 [*E.S.B.*, vol. II. *op.cit.*].
11. *Op.cit.*, p. 48 [*E.S.B.*, vol. II, *op.cit.*]. Dessa vez, na verdade, foi Freud quem consentiu: "Concordei, e ela prosseguiu sem nenhum preâmbulo..." Vê-se que ele sabia ceder quando pressentia a demanda legítima em benefício do tratamento.
12. Lucy alegara seu reumatismo, nesse momento, para explicar sua alucinação olfativa!
13. *Op.cit.*, p. 90 [*E.S.B.*, II, *op.cit.*].
14. Nesses breves assentimentos, registra-se, a rigor, o desejo de adesão à verdade do senhor.
15. *Op.cit.*, p. 98 [*E.S.B.*, II, *op.cit.*].
16. *Op.cit.*, p. 109 [*E.S.B.*, II, *op.cit.*]. Aliás, numa nota, ele mencionou que, nesse caso, tinha-se enganado, o que parece traduzir simbolicamente um primeiro passo em direção à relativização de uma lógica do "segredo" histérico.
17. *Op.cit.*, p. 114 [*E.S.B.*, II, *op.cit.*].
18. Freud efetivamente utilizou o método da pressão na testa, seguida de associações, como uma transição entre o método hipnótico e o método da associação livre. Foi num contexto assim que essa forma de resistência pôde se revelar.
19. *Op.cit.*, p. 122 [*E.S.B.*, II, *op.cit.*].
20. Os dois termos poderiam traduzir-se, respectivamente, por "má vontade, relutância, antipatia" e por "oposicionismo, vontade contrária". (N.T.)
21. "Um caso de cura pelo hipnotismo. Com alguns comentários sobre a origem dos sintomas histéricos através da 'contravontade'", publicado no *Zeitschrift für Hypnotismus* (dezembro de 1892 e janeiro de 1893) [*E.S.B.*, vol. I, 1ª ed. rev.].
22. Ver *supra*, capítulo 1.

23. *La Naissance de la psychanalyse*, pp. 182-183 (carta a Fliess de 31 de maio de 1897) [*A correspondência completa de Sigmund Freud..., op. cit.*].
24. Ver *La mort dans la vie de Freud*, trad. franc. Gallimard, p. 107 ss. [*Freud: vida e agonia*, 3 vols., Rio, Imago, 1981] e "L'Affaire Emma. Lettres inédites de Freud à Fliess", in *Études freudiennes*, 15-16, 1979, pp. 141-182 [ver J.M. Masson, *A correspondência completa..., op. cit.*, pp. 107-154].
25. Cf. *supra*, a propósito do caso Emmy, pp. 53-54
26. *Op.cit.*, "L'Affaire Emma...", p. 164 [J.M. Masson, *Correspondência completa..., op.cit.*].
27. Foi em setembro de 1897 que se fez a reformulação decisiva mediante a qual Freud identificou a ordem do desejo por trás do relato da cena primária (cf. nossa explicação in *Histoire de la psychanalyse*, Hachette, 1982, vol. I, "Les grandes découvertes de la psychanalyse").
28. Referimo-nos à lembrança encobridora evocada na passagem dos anos de 1898-1899. Trata-se do gramado onde Freud se viu, quando menino de dois ou três anos: "Estávamos colhendo flores amarelas e segurávamos na mão [com seu primo e sua prima] um certo número de flores já colhidas. A menina é quem tinha o ramo mais bonito; mas nós, meninos, caímos em cima dela, como que de comum acordo, e lhe arrancamos suas flores. Em prantos, ela voltou correndo para a campina..." (*G.W.*, vol. I, p. 541 [cf. "Lembranças encobridoras", *E.S.B.*, vol. III, 2ª ed. rev.]; cf. também Anzieu, *op.cit.*, vol. II, pp. 525-533). Não reconheceríamos nisso o cenário de Emma: dois garotinhos maltratando uma menina inocente?... Podemos ao menos imaginar a repercussão da cena em Freud.
29. Cf. observação *supra*, p. 42 e n. 55 [cap. I].
30. Schur, *op.cit.*, p. 167 [da ed. franc.; ver *Freud: vida e agonia, op. cit.*].
31. Sendo a teodicéia a metafísica destinada a inocentar Deus da presença do Mal no mundo criado por Ele (cf. Leibniz, criador do termo e da disciplina), há qualquer coisa de teodicéia nesse discurso reparador: é verdade que Freud fracassou em sua tentativa.
32. Saudade, nostalgia, ânsia. (N.T.)
33. *Op.cit.*, p. 179 [ed. franc.; cf. n. 29].
34. Termo pejorativo [com o sentido de mulherzinha, mulher insignificante].
35. Vemos nitidamente perfilar-se aqui a idéia de transferência.
36. O sonho aparece na seção 2 do capítulo II da *Traumdeutung*, que é como que inaugurada por ele.
37. *G.W.*, II-III, p. 111 [*E.S.B.*, vol. IV, 2ª ed. rev.].
38. A expresão aqui empregada pelo autor é "*obtenir raison de*", equivalente a "*avoir raison de*" (vencer, subjugar), num jogo expressivo com "*avoir raison*" (ter razão). (N.T.)
39. Ver *supra*, p. 42 ss.
40. Tratou-se, na verdade, do momento decisivo da descoberta do Édipo.
41. *Sobre a psicopatologia da vida cotidiana, G.W.*, IV, pp. 196-198 [*E.S.B.*, vol. VI, 2ª ed. rev.]. O relato aparece no capítulo VIII (g). Cf. também Anzieu, *op.cit.*, vol. I, pp. 326ss.

42. Além de "enganar-se, violar, atentar contra, maltratar", conforme o sentido literal ou figurado e conforme as declinações, as funções sintáticas e a regência. (N.T.)
43. Ver *supra*, pp. 34 ss.
44. Cf. nosso ensaio sobre *L'Entendement freudien. Logos et Anankè* (Gallimard), onde evidenciamos o sentido desse sentimento para a própria racionalidade freudiana. O próprio Freud extraiu sua referência à Anankê e ao Logos do escritor holandês Multatuli.

capítulo III

A REVELAÇÃO DO QUERER-FEMININO

1. O móbil da transferência

Convém apreender com clareza, no tocante à relação com a mulher, o que implicaria a passagem para a análise. Passagem imposta, acima de tudo, pela histérica, como uma alternativa ou uma fuga inconsciente. Cansado de "ficar olhando oito horas por dia para os olhos" das histéricas, Freud instaurou um outro cenário, o do tratamento pela linguagem, onde o sujeito, a partir de então, poderia advir na condição de sujeito (dividido) de seu desejo, mais do que de objeto de um processo.

Mas, eis o mais notável: é que, a partir desse momento, o tratamento iria acolher homens obsessivos, que funcionariam nele em seu elemento próprio,[1] enquanto as histéricas se iriam fazer representar como a reintromissão dos demônios muito bem evocados da época da hipnose. Coube ao caso Dora o papel de revelar a estimulante e amarga verdade de que, se tudo mudara na relação assim instaurada, nada havia mudado, no fundo, quanto ao litígio entre Freud e a feminilidade.

É verdade que esse novo desafio, aliviado do fardo do corpo a corpo em que Freud se sentia pouco à vontade, traria um benefício considerável: a *transferência*, essa pedra angular do tratamento analítico. Dora seria a nova emanação da feiticeira, legando a Freud, juntamente com o gosto amargo do semifracasso, essa viga mestra do saber que é a transferência, que não é outra coisa senão o nome próprio da relação analítica.

Mais uma vez, porém, abordada pelo lado da relação com a feminilidade, a questão teve de ser reformulada e redescoberta: é estranho que se tenha apresentado a transferência como descoberta apesar de Dora, *contra* ela, quando, a rigor, isso se deu graças a ela. Ora, aqui, mais uma vez, a relação com a mulher não foi uma simples oportunidade de aquisição de saber analítico: foi sua própria condição. Isso pressupõe, para que seja bem avaliado, re-situarmos esse novo "momento" na continuidade de uma história que não pára de se escrever, associando o destino da coisa analítica à feminilidade.

2. Freud e a sedução

Com isso se revelou uma coisa igualmente importante: a passagem da hipnose e do primeiro modelo relacional para o segundo, marcada pelo dispositivo analítico, teve o efeito de um revelador no tocante à relação de Freud com a *sedução*. Frente a essa questão, o termo "contratransferência" parece muito formal: ele foi apenas a transposição "técnica" do que não parava de funcionar na relação de Freud com as mulheres. Mas, se é necessário falar dele precisamente neste momento, é porque a sedução fora retirada do discurso de Freud sobre essa relação, de maneira tão resoluta quanto se estivesse em ação uma renegação quase perceptiva — tanto que seduzir era justamente o que Freud queria, nem que fosse em nome de sua verdade.

Assim, foi nesse momento — e precisamente no momento do encontro com Dora — que Freud formulou a si mesmo, verdadeiramente, a questão da sedução. Com a estranha lucidez com que elaborava *a posteriori* uma contradição patente, reivindicando ao mesmo tempo sua importância, Freud iria enfrentar essa nova imagem da *Anankê*: seria possível eu me relacionar de maneira diferente com a demanda de sedução da mulher? Não é *seduzida* que ela queria e continua querendo ser no tratamento? O advento da análise só teve como efeito tornar essa questão incontornável, no tocante à feminilidade. Assim, Freud foi mais uma vez remetido à imagem de sua própria relação com o saber e com o desejo, isto é, à realidade de sua própria relação, ao mesmo tempo tão embaraçosa e tão insistente, com a sedução.

Como não evocar, nessa perspectiva, o famoso sonho da escada, relatado em maio de 1897, no momento chave do "nascimento da psicanálise"? "Sumariamente vestido", conta Freud, "subia eu muito lepidamente uma escada (...), de repente, notei que uma senhora me seguia e, então, como freqüentemente acontece nos sonhos, fiquei grudado no lugar, como que paralisado. A sensação então experimentada não foi de angústia, mas de uma excitação erótica."[2] Isso "freqüentemente acontece", é claro, mas, no caso, foi realmente Freud que, perseguido por "uma senhora", viu-se tomado por essa paralisia, na qual identificou, aliás, "um desejo de exibição".

Isso se assemelha muito a uma fuga, mas é como se ele fosse paralisado por trás:[3] essa fuga foi acompanhada por uma visível conotação erótica. Nesse momento decisivo em que renunciou ao "corpo a corpo" com a histérica, foi como se ele lhe sentisse o olhar fixado nele, o que teve como efeito paralisar bruscamente sua corrida. Freud não olhava mais para o corpo do sintoma, mas não estaria caindo, por isso mesmo, sob o olhar do outro, numa espécie de *exibição* intolerável? Isso confirma o sentimento de ficar à mercê de uma investida sexual, também indicado pelo sonho da mesa do hotel (ver *infra*).

Assim, por não mais olhar a histérica nos olhos, fica-se exposto a ser convertido no próprio objeto de seu olhar. Cena primária invertida: "uma mulher me olha, sou olhado por uma mulher." Sanção, igualmente:

se te recusares a me olhar — se não reconheceres a imagem-sintoma que atiro em teus olhos —, sofrerás a fatalidade mortífera de *meu* olhar. *Meu sintoma te olha*, portanto.

O *sapere aude* freudiano, que exigia encarar o perigo *de frente*, decididamente encontrou aí um assustador efeito especular. Não terá sido da morte que ele fugiu então, daquela que queria "tomá-lo em seus braços"[4] amorosamente?

O fato é que Freud, no relato oficial que forneceu a esse respeito em sua *Selbsdarstellung*,[5] associou a renúncia à hipnose a uma cena de enlaçamento: "Tive, um dia, uma experiência que me mostrou sob a mais crua luz o que eu vinha suspeitando desde longa data. Tendo, nesse dia, acabado de livrar de suas dores uma de minhas pacientes mais dóceis, em quem a hipnose havia permitido os mais bem-sucedidos esforços, relacionando suas crises dolorosas com suas causas passadas, minha paciente, ao despertar, lançou-me os braços ao redor do pescoço. A entrada inesperada de uma criada nos poupou de uma explicação penosa, mas renunciamos, nesse dia, e de comum acordo, à continuação do tratamento hipnótico."

Cena incongruente e reveladora sob todos os pontos de vista: Freud havia adquirido o poder e o prestígio de sua técnica — hipnótica. Desperta, a doente, qual uma Bela Adormecida no bosque, abraçou seu salvador. Mas ali estava uma que, ao contrário de muitas outras, era dócil *demais*. Em vez de uma "explicação" (mas, de que natureza teria sido ela?), a coisa se encerrou com a intervenção de um terceiro — decididamente, sempre presente entre Freud e a histérica. E, dessa vez, as duas partes entraram em acordo — e por que uma delas precisaria disso, no caso? — para que o pacto fosse rompido, para que o rompimento se consumasse.

Ademais, Freud nos diz, com uma ingenuidade fingida, que precisara dessa "experiência" para que seus... temores fossem confirmados. Então, foi preciso isso para que renunciasse à hipnose? Nesse caso, porém, o "amor transferencial" o aguardava no tratamento, onde ele se poderia supor protegido...

3. Dora como sintoma de Freud

Podemos compreender, dentro dessa perspectiva, o móbil considerável do caso Dora. Mais uma vez, esse episódio, tão freqüentemente solicitado, interessará a nosso propósito do ponto de vista do que ensina sobre a própria relação. Aliás, o erro sobre o "conteúdo" da interpretação — a subestimação da fixação na outra mulher, a Sra. K. — também se deixa compreender a partir da confissão fundamental de Freud: o não reconhecimento da transferência. Mas, se é verdade que foi com Dora que Freud se deu conta do papel determinante da transferência na análise, resta ainda compreender como essa "conscientização" se ligou ao anúncio que lhe foi feito pela própria histérica.

Dora foi, efetivamente, a *Frauenzimmer* que, como a metáfora indica,[6] *é* uma chave. O fato de uma mulher ter-lhe entregado a chave transferencial da análise é, seguramente, o essencial. Mas somente a maneira como Freud vivenciou isso permite determinar o que esteve em jogo nessa circunstância, sob a condição, justamente, de reinserirmos esse acontecimento na história precedente.

As últimas linhas do *caso Dora* merecem ser relidas dentro dessa perspectiva. Em que consiste a autocrítica de Freud? Ela se sustenta em poucas palavras: "Não consegui me assenhorear da transferência."[7] O que podemos ler literalmente, para preservar toda a peremptoriedade dos termos escolhidos por Freud: "Ela não encontrou em mim o senhor da transferência." Ou então: "Falhei em ocupar o lugar do senhor da transferência." Não se trata de uma simples carência "técnica", mas de uma falha simbólica.

Concretamente, isso se teria manifestado por um erro tático a respeito dos sinais transferenciais e do prazo disponível para responder a eles: apesar dos primeiros sinais tangíveis da identificação feita por Dora entre Freud e a instância paterna, Freud confessa: "Mas desprezei essa primeira advertência, dizendo a mim mesmo que ainda tinha muito tempo, já que não surgiam outros sinais de transferência e o material da análise ainda não se havia esgotado."[8] Notável raciocínio: o erro teria provindo de uma negligência quanto à urgência do bloqueio transferencial. Freud continuou a trabalhar o material, ou seja, trabalhava com o material sintomático de Dora, ao passo que ela, enquanto isso, ia ocupando o terreno. Dora *pensava nele*, enquanto ele se ocupava de seus sintomas! Essa situação temporal remete à dialética cruzada do desejo e da morte: não se deve deixar passar o momento decisivo, o do *Hic Rhodus, hic saltus*.[9] Mas, se a urgência se revela especialmente nesse caso, é porque a histérica ataca continuamente o tempo analítico. É como se Freud nos dissesse: eu trabalhava na eternidade — no tempo obsessivo, portanto,[10] enquanto ela histericizava o tempo do tratamento, reduzindo-o à instantaneidade: a da *demanda de sedução*, que não suporta adiamentos.

Foi um tempo de que se tirou proveito, portanto: "Assim, fui surpreendido pela transferência, e foi em virtude do fator desconhecido pelo qual eu lhe lembrava o Sr. K. que ela se vingou de mim, tal como queria vingar-se dele; e me abandonou como julgava ter sido abandonada por ele. Assim, ela *pôs em ação* uma parcela importante de suas lembranças e fantasias, em vez de reproduzi-la no tratamento." Em outras palavras, a histérica surpreendeu o adversário, precipitando-o no tempo da ação, escapando ao tempo da representação e da elaboração. Donde, aliás, sua queixa relativa ao tempo: "O tratamento estava demorando demais, dizia ela, ao passo que, nas primeiras semanas, fora tão razoável que não tinha protestado quando eu lhe disse que o tempo necessário para seu restabelecimento seria de aproximadamente um ano."

Mas aí surge a questão da qual o tempo é apenas o pivô: se Dora tinha passado a se entediar no tratamento, era também na companhia de Freud que se entediava. Se recusava a exigência da duração, era por ter deixado de aderir à Lei que ele encarnava pessoalmente. Freud tinha deixado passar sua oportunidade, tinha deixado que ela escapasse de sua temporalidade, a da elaboração e do saber. A partir daí, ela estava *em outro lugar*. Por conseguinte, já não compreendemos muito bem do que é que ele se queixava, ou a que se referia seu pesar.

De fato, ora ele se queixa de ter sido abandonado; ora desconfia de não tê-la seduzido suficientemente! Ao se consolar por nunca ter sabido desempenhar um "papel", Freud exprime, na verdade, sua ambivalência: porque era precisamente em seu papel que se apoiava sua decisão. Como se ele declarasse não querer aderir ao donjuanismo, qualquer que fosse sua forma, mesmo lastimando que ela não tivesse sido seduzida... sem que ele fosse obrigado a desempenhar o papel do sedutor! A reflexão final — "Desconheço que tipo de ajuda ela quisera me pedir"[11] — mostra perfeitamente sua perplexidade. Mas, não será uma nostalgia da sedução malograda o que transparece na última declaração de Freud a Dora? — "Prometi perdoá-la por ter-me privado da satisfação de livrá-la mais radicalmente de seu sofrimento."

É como se ouvíssemos, em surdina, a censura a Irma — "Por que você não aceitou minha solução?" —, só que adaptada à nova situação: Freud se coloca do lado do erro para se colocar, *in extremis*, na posição do senhor: daquele que pode perdoar quem lhe tirou o prestígio de uma vitória e sugerir ao outro um último despeito: "Pois então, conserva tua dor, já que não queres amar meu saber!" Mas, na época de Irma, Freud ainda sonhava com "a paciente ideal". Dora o reconduziu à *realidade* do sintoma. Talvez tenha sido, finalmente, a mulher *real*, aquela de quem ele tinha que experimentar o real do sintoma.

A verdade da relação de Freud com Dora eclodiu em sua conversa final, aquela em que ela veio anunciar-lhe sua partida. Cena de rompimento, acima de tudo, onde aparece a estratégia de Freud, encostado na parede. Não foi por acaso que Freud retranscreveu em estilo direto, como uma citação, a essência dessa troca verbal. A *conversa com a histérica* é um verdadeiro generozinho literário inventado por Freud desde os *Estudos.*[12] Tampouco era por acaso que, nos momentos dramáticos da relação com a histérica, ele passava para o estilo direto. Se o discurso obsessivo pode, a rigor, se adaptar a um resumo em estilo indireto, como se o conteúdo fosse substancial na enunciação, é um efeito característico da histeria dar à própria enunciação proferida um valor de afeto próprio, que Freud não podia fazer menos do que reproduzir.

Mas, dessa vez, dir-se-ia que temos o auge do gênero. Aliás, é ela quem toma a iniciativa, lançando inocentemente sua bomba. Começa a terceira sessão com as seguintes palavras: "O senhor sabe, doutor, que hoje é a última vez que venho aqui?"[13] Donde uma resposta à altura do anúncio: "Não posso saber, já que você ainda não me disse nada." Uma resposta sob a forma de um falso truísmo, pois Freud devolve à locutora o peso de seu próprio discurso: isso não é evidente, já que você mo está dizendo; portanto, assuma seu dito.

A razão dada pela paciente foi justamente sua impaciência: "É, eu tinha dito a mim mesma que esperaria pacientemente até o ano novo, mas não posso esperar mais tempo pela cura." Reconhecemos o desafio, até mesmo em sua forma lingüística: "já que você não conseguiu saber a tempo, estou rompendo o pacto, não posso esperar até as calendas gregas." O que também se escreve: "Já que você não conseguiu me seduzir com sua verdade, já que não pôde apresentá-la como sendo a minha, vou-me embora."

Então surpreendemos Freud em pleno esforço: primeiro, ele tenta impressioná-la, atribuindo-lhe a razão do rompimento: "Quando foi que você tomou essa decisão? — Há quinze dias, creio. — Esses quinze dias fazem lembrar o aviso prévio dado por uma criada ou uma governanta." Ora, isso suscitava uma associação imediata com uma certa governanta que pedira demissão depois de ser seduzida pelo Sr. K., justamente aquele que havia tentado a sedução do lago com Dora. Assim, Freud tomou o anúncio da "despedida" como sintoma.

Por conseguinte, impôs a Dora uma sessão extra, a partir de um imperativo: "Você sabe que sempre foi livre para interromper o tratamento. Mas, hoje, *ainda vamos trabalhar*." Portanto, ele iria assentar-lhe uma dose considerável de saber — como se estivéssemos de volta a uma lógica da "injeção" —, revelando-lhe, em especial, a natureza de seu desejo pelo sedutor infame. Quando muito, conseguiu impressioná-la: "Ela escutou sem me contradizer, pareceu emocionada, despediu-se de mim da maneira mais amável do mundo, oferecendo-me seus votos mais calorosos pelo dia de Ano-Novo e... não apareceu mais."[14] Podemos sentir que Freud reviveu esse momento em que estivera à espreita do mais ínfimo efeito de seu discurso, para avaliar seu poder.

Foi também o momento do pesar: "Teria eu conseguido reter a jovem, se eu mesmo tivesse desempenhado um papel diante dela, se houvesse exagerado o valor que sua presença tinha para mim, e se lhe tivesse demonstrado um interesse maior, o que, apesar da atenuação trazida por minha qualidade de médico, teria substituído um pouco a ternura tão desejada por ela? Não sei." Uma confissão de não-saber que foi um fardo pesado naquele instante exato. Freud, que enquadrara tão bem o desejo de Dora, em tempo recorde, que soubera tão bem o que ela desejava, eis o que *não tinha* sabido: porque ela não queria sua verdade.

Convém prestar atenção ao fato de que a subestimação desse fato — o apego à Sra. K. —, por mais decisivo que fosse,[15] não deve mascarar o que constituiu o problema maior para Freud: foi menos o ter-se esquecido de algo que houvesse por saber do que o não "ter sabido ser hábil". Ele descobriu não estar longe do sedutor fracassado, o próprio Sr. K., cujo destino evocou logo depois. Mas, finalmente, Freud aceitou sofrer a vingança merecida pelo homem que desperta os demônios e não se esquiva deles: grandeza e limitações da tarefa analítica.

Pelo menos, ele sabia o que os pais dela não podiam saber: que ela não voltaria mais, uma vez passado aquele momento: "Seu pai me assegurou que ela voltaria (...) Eu sabia que a moça não retornaria."[16] Esse saber era uma parcela importante da lucidez que Freud não podia evitar: enquanto os outros acabavam sendo vencidos e "histericizados" por Dora,[17] Freud fez jus, pelo menos, a sua estima secreta: ela sabia que ele sabia o que ela desejava, mas Dora serviu-se desse saber para histericizar seu meio. O fato de essa deturpação do saber analítico ter sido possível, de a encenação da hipnose ter-se reproduzido no espaço analítico, como que numa espécie de compulsão imposta pelo poder histérico, foi isso que deu ensejo à perplexidade de Freud e que não parou de alimentá-la, à medida que se sucederam as anotações desse texto que comemorou uma crise fundamental do encontro com a feminilidade.[18]

O que o caso Dora revelou, quanto a sua significação na relação freudiana com a feminilidade, é que esta se articulava no sentido de uma cena primária de *sedução* da qual o próprio Freud era o ator impossível! O remoer de Freud sobre o "papel" que ele poderia ou deveria ter desempenhado para reter Dora, que se estampa até mesmo nas notas posteriores de seu relato do caso, não foi apenas um remorso, como se pensou durante muito tempo. Já na época do tratamento de Dora, um sonho confirmou que a questão fora comunicada ao inconsciente de Freud. Mais uma vez, foi na cena do sonho que Freud encontrou a mulher.

Trata-se do sonho da "mesa do hotel", datado desse mês de outubro de 1900, no qual ele iniciou o tratamento de Dora. Uma mulher, aliás, foi sua heroína: "Um grupo de pessoas à mesa, ou '*table d'hôte*'...[19] Comia-se espinafre... A Sra. E.L. estava sentada a meu lado, voltava-se familiarmente para mim e pôs a mão com intimidade sobre meu joelho. Retirei-lhe a mão, afastando-a. Então, ela disse: 'Mas o senhor sempre teve olhos tão bonitos.' Vi então, indistintamente, algo como dois olhos desenhados, ou como o contorno de um par de óculos."[20] Aí temos a mulher sedutora, atirando-se (no sentido literal) para Freud, reduzido a uma posição que, por sua passividade, não deixa de evocar a posição da histérica! O gesto, acompanhado pela declaração de amor, realmente parece dirigir-se a uma mulher, que lhe responde com uma resistência. Essa mulher que "se voltava para ele" e o solicitava suportou, efetivamente, uma recusa por parte de Freud.

Em sua interpretação, Freud viu nisso uma realização de desejo por inversão, ou seja, o rancor pelo amor gratuito que lhe fora recusado.[21] Pelo contexto das associações, o sonho remeteria, a rigor, ao pesar por um dispêndio, por uma expressão inútil de generosidade. Assim, ele se colocaria numa posição de *seduzido* pelo desejo de que o seduzissem: aí vemos expressa a forma paradoxal do donjuanismo de Freud! Ser amado por seus belos olhos, esse seria o conteúdo latente da sedução manifesta.

Em matéria de mulheres, o próprio Freud fez sua mulher desempenhar um papel determinante, evocando um episódio da época em que se conheceram e uma rusga recente. Evocou sua cunhada Minna apenas no segundo plano das associações, e sem nenhum conteúdo explicativo.[22] Mas a heroína presumível, Dora, não foi mencionada de modo algum. Ligada à relação com Dora, essa bem poderia ser a primeira menção feita por Freud, em seu inconsciente, ao "amor transferencial" que ele estudaria depois (ver *infra*).

Mas é como se Dora invertesse o sonho da injeção de Irma: não se tratava mais, com efeito, de lhe injetar a verdade: ela é que retrucara com uma transferência atirada no rosto do operador do saber.

Podemos compreender, por esse caminho, a ligação assustadora que a histérica introduz entre a *sedução* e a morte. Basta que se evite pronunciar até mesmo seu nome para que ela retorne à cena. Ela é, nesse sentido estrito, *irresistível*. Não teria sido isso o que vinculou, no inconsciente de Freud, paradoxal e antiteticamente, a fatalidade ligada à Mãe[23] e a fatalidade ligada à histérica?

4. O amor da mulher como transferência

Dentre os chamados escritos "técnicos" de Freud, um é especialmente dedicado à mulher: trata-se das *Observações sobre o amor transferencial*[24] (1915). Curioso texto, mescla de indicações determinantes e de humor: parece-nos que, reinserido na gênese exata da relação freudiana com a feminilidade, ele pode dizer muito mais a esse respeito do que se poderia supor. Foi até mesmo o momento em que Freud adaptou seu discurso — o comentário de uma certa imagem da *tekné* analítica — à realidade de sua *relação*.

A situação examinada concerne, de fato, a uma mulher apaixonada por seu analista: "caso em que uma paciente, seja por alusões indiretas, seja abertamente, deixa claro ao médico que, exatamente como qualquer mortal, está apaixonada por seu analista".[25] É ao analista que Freud se dirige: na verdade, é sua postura frente a essa demanda que ele quer codificar, por também tê-la vivenciado pessoalmente ao longo de uma experiência já de um quarto de século, primeiro hipnótica e, depois, analítica. Esse, no entanto, é um texto em que ele trata da maneira mais eloqüente a mulher como pessoa, no que sua demanda de amor é comunicada no próprio contexto que lhe deveria garantir o acesso à "verdade" (o tratamento analítico). É o real da demanda da mulher que se aborda ali, tanto indiretamente — sem que Freud queira ver nisso mais do que uma peripécia técnica, por mais importante que seja — quanto lucidamente, a tal ponto ele faz questão de não deixar de reconhecer a natureza da demanda abordada ali, para retrucar a ela como convém. É o analista, substituído por Freud em pessoa, que deve captar o que lhe é pedido nessa situação. De fato, é ali, *in loco*, no cerne da experiência analítica, que se radicaliza a questão *do que a mulher quer... do analista (da análise)*. De modo que o "Que fazer?" exige compreender, seriamente, o que ela (a analisanda) quer.

A tese desse texto pode ser expressa em poucas palavras: Freud diagnostica no "amor transferencial" (*Übertragungsliebe*) um modo de resistência ao progresso da análise. O essencial é saber como lidar com essa resistência. Mas o mais precioso é a espécie de fenomenologia do amor transferencial feita por Freud nessa ocasião, de modo a que o destinatário dessa chama não se deixe enganar e possa adequar-lhe sua própria resposta. Esta começa por uma imagem destinada a expor o efeito de real comportado pelo amor de transferência: "Qualquer que tenha sido até então a docilidade (da paciente), eis que ela pára de demonstrar o menor interesse, a menor compreensão por seu tratamento. Não quer ouvir falar e nem falar, ela própria, senão de seu amor, para o qual pede reciprocidade; renuncia a seus sintomas ou os despreza, e chega até a se declarar curada."[26] Em suma: "A cena se modifica inteiramente, e é como se uma comédia fosse repentinamente interrompida por um evento real: por exemplo, como quando irrompe um incêndio durante uma representação teatral."

Eis aí uma metáfora reveladora, que enfatiza a violência e a subitaneidade do evento, seu caráter revolucionário, no sentido literal de ele virar de cabeça para baixo a cena da análise. Mais reveladora ainda na medida em que assemelha a análise a um palco, seu texto e sua ação a uma ficção e, ainda por cima, cômica — ao passo que o amor de transferência é assimilado a um "evento real".

Freud mostraria reiteradamente que esse amor é uma estratégia inconsciente de resistência: por conseguinte, ela passa a amar para entravar o processo de advento da verdade analítica. Convém depreender, entretanto, que esse amor é algo inteiramente diverso de uma "mentira", no sentido comum do termo: nada, a rigor, é mais real do que um incêndio... ou um amor transferencial. Ele é inclusive o que permite sair de chofre da ficção, sem transição, para tornar a mergulhar no real. Em suma, é o momento do *despertar*. O amor transferencial é, parafraseando uma célebre metáfora filosófica, o que desperta a análise (o analista) de seu sono dogmático.

Nisso reside a mais patente incongruência da situação assim criada: é o analista que permanece no pacto analítico — o que une um homem (o analista) a uma mulher (a analisanda) para buscarem juntos a verdade —, enquanto a mulher, por sua vez, *reintroduz o real* na arena analítica. Esse amor é, propriamente falando, um pedaço de real caído no espaço analítico — como um paralelepípedo no pântano...[27] Vemos que constitui, ao mesmo tempo, uma contravenção do "contrato" analítico e a prova de que esse contrato nunca exorcisa totalmente o real.

Essa é a forma singular de resistência da mulher: menos um relaxamento simbólico do contrato, que assinalaria mais especificamente a resistência obsessiva, do que a irrupção do real no simbólico: essa seria a paixão de que a "enamorada transferencial" se toma pelo analista, adiando no ato e *sine die* — caso ele a deixe livre para isso — sua suposta busca da verdade da análise. Donde o perigo que ameaça o analista: o de cair, ele mesmo, através do abismo assim aberto pela demanda passional, no real de que se mantém afastado para assumir a responsabilidade simbólica de sua função. É aí que intervém o humor de Freud, fazendo uma advertência no sentido do não nos deixarmos tapear: "Ele deve considerar que o amor da paciente é determinado pela situação analítica, e não pelos atrativos pessoais de que possa se gabar, e portanto, que ele não tem nenhuma razão para se vangloriar dessa 'conquista', tal como seria chamada fora da análise."[28]

A pergunta repercute ainda mais vivamente: como tratar, no interior da situação analítica, que deve ser mantida em qualquer circunstância, esse real embaraçoso, constituído por essa paixão dirigida de fato, senão de direito, à pessoa do analista, como *homem*?

Este, aliás, fica diretamente exposto a esse "canto de sereia". Basta que ceda à "paciente ávida de amor", que esse canto encontre nele um eco, para que isso constitua um desastre total para o tratamento.[29] Mas, basta que recuse para que a análise corra o risco de soçobrar, juntamente com essa recusa do mínimo de amor em que se apóia a própria relação. O analista fica na incrível posição de encarnar a verdade analítica e, simultaneamente, criar-lhe um obstáculo. Tanto pode ser a causa real do não-querer-curar-se quanto a causa circunstancial do querer-curar-se. Convém, portanto, que retribua essa paixão, em prol da causa da análise.

Freud teoriza sua estratégia com a paciência de um casuísta que escrevesse um tratado de contra-sedução: "O caminho por que deve enveredar o analista é inteiramente diferente, e a vida real não comporta nenhum que lhe seja análogo. Ele deve resguardar-se de ignorar a transferência amorosa, de afugentá-la e assim causar um dissabor à doente, mas do mesmo modo, e com igual firmeza, de corresponder a ela. Convém manter essa transferência, porém tratando-a como algo irreal."[30] Freud inverte sua metáfora: esse real que interrompe a "representação" analítica, convém neutralizá-lo, conferindo-lhe um modo de existência muito particular: na verdade, como aceitá-lo sem aderir a ele, e como mantê-lo a distância sem recusá-lo? O melhor é tratá-lo como uma coisa evidente, para não jogar lenha nessa fogueira incendiária e não ceder à provocação: isso equivale, paradoxalmente, a tratá-lo como algo que só pode se *irrealizar*, com prazo marcado, como uma situação que é forçosamente atravessada no curso do tratamento e que devemos fazer remontar a suas origens inconscientes... "Com isso, cria-se o espaço de liberdade que permite ao sujeito encontrar, por intermédio desse amor 'artificial', 'um caminho para os fundamentos infantis de seu amor'."

Nesse ponto, a estratégia, por mais "racional" que seja, esbarra num limite absoluto: Freud expressa claramente que há um "amor transferencial" que é incontrolável e irreparável pela causa da verdade: "Com uma certa categoria de mulheres, no entanto, essa tentativa de utilizar a transferência amorosa sem satisfazê-la, no decorrer do trabalho analítico, está fadada ao fracasso. Refiro-me às mulheres de paixões elementares, que não se satisfazem com compensações, a frutos da natureza que se recusam a trocar o material pelo psíquico. Segundo as palavras do poeta, essas mulheres só são acessíveis à lógica da sopa e aos argumentos-torrada."[31] Heine, o poeta da ironia realista, serviu aqui para dar nome a uma das imagens mais pejorativas da mulher no discurso freudiano: as que são incapazes de sublimar — segundo o esquema que encontra sua razão de ser no lugar da mulher na *Kultur*[32] — e que, pior ainda, não conseguem *idealizar*. Incapazes de entrar nessa dialética, elas não oferecem ao analista outra solução senão fugir delas, na impossibilidade de satisfazê-las. O amor transferencial, nesse caso, há de ter ao menos a função de revelar, por sua própria intransigência, que esse tipo de mulheres não foi feito para a análise, ou a análise para elas: ele seria o revelador da ineducabilidade (*Erziehbarkeit*) sem a qual a relação analítica não é possível, conforme as estipulações elementares indicadas por Freud em outro texto.[33]

Resta nesse texto um aspecto que, além do "tecnicismo", provavelmente é o mais rico de sentido para a consideração do desejo característico da mulher, tomada na situação analítica. É o momento em que Freud, com seu talento para retomar bruscamente uma questão fundamental que possa ter passado despercebida, a tal ponto é elementar, aborda a questão do critério de distinção entre um amor que seja "autêntico" (*echt*) e, por contraste, um amor "artificial". Essa questão é inevitável, na medida em que esse chamado amor "transferencial", apesar de ser um supremo artifício da resistência, se assemelha intensamente ao amor propriamente dito. É como se Freud deparasse, como um vazio, no avesso dessa turbulência incômoda que entrava a relação analítica, com a questão elementar do que vem a ser uma paixão de mulher...

Como de hábito, Freud se recusa a minimizar as dificuldades, mesmo que isso pareça prejudicar a tese que pretende defender. Assim, ao mesmo tempo que sublinha o caráter artificial do chamado amor de transferência, ele acaba por lhe conferir a autenticidade que, por outro lado, contesta. É verdade, de fato, que se trata de um amor indócil, incitado pela resistência, e é também verdade que "nada, na situação presente, o justifica", de modo que ele é uma reedição estereotipada de "reações infantis". Todavia, o amor mais faz explorar do que criar a resistência e, por outro lado, o amor "reputado normal" comporta igualmente esse componente compulsivo. "Assim, por quais indícios podemos reconhecer a autenticidade de um amor?" Nem por sua eficiência, nem pelo resto. No máximo, o amor transferencial é um pouco mais rígido do que o chamado amor autêntico. "Em resumo, nada nos permite negar ao estado amoroso que aparece no decorrer da análise o caráter de um amor 'verdadeiro'."[34] Ligado à análise e intensificado pela resistência, particularmente "irracio nal" e cego, ele é, em última instância, "verdadeiro". Essa confissão honesta de Freud pede para ser bem avaliada.

Ela indica, primeiramente, que é a *verdade* que estimula a resistência: nesse "amor desvairado", nessa demanda decuplicada, Freud depara com algo totalmente diferente de um obstáculo técnico, ou seja, com a face de uma paixão cujo teor, por outro lado, já conhecemos: é à Mãe que essa demanda se dirige, em última instância, como na *prim*eira.[35]

Uma idéia latente no discurso freudiano sobre a mulher é sua adesão à *realidade*. Isso se manifesta através do fato de que a abordagem da feminilidade constitui um obstáculo, pelo real que opõe a uma abordagem através da psique. Grande parte dos enunciados de aparência cínica e brutal que encontramos na boca ou na pena de Freud se explicaria pela idéia de que não se deve subestimar o peso dessa realidade, ou seja, a dependência particular da mulher perante os dados da natureza e da cultura. Mas essa idéia tem um correlato psicanalítico preciso: é a supremacia da realidade sobre a atividade fantasística, na vivência inconsciente da própria mulher.

Foi numa carta de 1907 a Jung que Freud exprimiu isso mais diretamente, com o caráter lapidar facultado por uma correspondência privada: "Em consonância com seu modo costumeiro de vivenciar as experiências, a realidade é próxima demais das mulheres para que elas creiam na fantasia."[36] O contexto dessa formulação é esclarecedor, por sua própria crueza: foram as "peculiaridades sexuais" da "classe" das "arrumadeiras" que ele evocou: "Pessoas informadas me asseguram que é mais fácil essas moças se deixarem submeter ao coito do que, por exemplo, ser vistas despidas." Com essa observação, ele pretendeu demonstrar que tais sujeitos não reconhecem a realidade sexual de suas fantasias, embora pratiquem a sexualidade. Chegou inclusive a extrair disso a surpreendente conclusão de que o relato de sua vida fantasística era impossível de fazer, e que era preciso informar a esses sujeitos sua história, estereotipada e dedutível de casos similares: "A sorte da terapia consiste em termos inicialmente aprendido tantas coisas, nos outros casos, que podemos, nós mesmos, contar a essas pessoas sua história, sem esperar por suas contribuições." Estranho acesso, pelo real, ao que não podia ser elaborado na fantasia: aí está, mais uma vez, "a lógica da sopa"!

A sutil combinação do tema da mulher como "fruto da natureza" com o da mulher fatal levou a declarações muito violentas. É o caso de uma carta a Jung de 1909: "O mais grandioso espetáculo da natureza é a capacidade dessas mulheres de se aprimorarem com os encantos de todas as perfeições psíquicas imagináveis, até terem atingido seu objetivo."[37] Vê-se que o objetivo material — a sedução — é apresentado como o irredutível do qual a "idealização psíquica" é apenas o meio, ou até o disfarce: aliás, Freud apresenta esse fenômeno como uma espécie de fenômeno natural, análogo a uma erupção que obriga à admiração! Contra esse cismo, além disso, ele opõe, como no texto sobre o amor transferencial, o enrijecimento: adquirindo uma espécie de "carapaça", assenhoreamo-nos da "contratransferência" em que somos repetidamente colocados, e aprendemos a deslocar nossos próprios afetos e a situá-los corretamente. Trata-se de uma *blessing in disguise*:[38] dir-se-ia, decididamente, que a mulher desempenha o papel da Anankê que enrijece o sábio e lhe permite equiparar o poder de sua vontade ao padrão da potência inimiga!

5. A análise como mulher

Ao cabo desse processo, produziu-se para Freud uma estranha identificação da mulher com a própria verdade analítica. É na conclusão de seu texto *Delírios e Sonhos na* 'Gradiva' *de Jensen* que essa idéia aparece com mais clareza, sob a capa de uma aproximação aparentemente fantasiosa. Sabemos, de fato, que a resolução do delírio de Norbert Hanold se efetuou mediante a intervenção de Zoé Bertgang, a mulher real que lhe permitiu escapar, de certa maneira, a sua alienação na mulher imaginária, Gradiva, encarnando-a em carne e osso! Uma aproximação, portanto, impôs-se a Freud, sempre preocupado, é claro, em proceder a aperfeiçoamentos didáticos a respeito do processo analítico: Zoé-Gradiva realizara, por sua intervenção, o que a análise, por sua vez, procurava produzir.

"O processo que o romancista fez com que sua Zoé empregasse, para curar o delírio de seu amigo de infância, é infinitamente similar, eu diria até que decididamente se superpõe" ao método psicanalítico. Trata-se, tanto num caso quanto no outro, de "restituir à consciência, como que à força, o inconsciente cujo recalcamento provoca a doença". Mas a isso se acrescenta, imediatamente, que "essa tarefa é mais fácil para Gradiva do que para o médico, pois ela se encontra, sob muitos aspectos, numa posição ideal". Se tomarmos isso ao pé da letra, teremos que presumir que a mulher amada — cujo amor constitui o próprio objeto do recalcamento do sujeito (no caso, Hanold) — se encontra na posição ideal de onde seria possível realizar a suspensão do recalcamento, e que a psicanálise vem a ocupar na realidade. A técnica analítica é apresentada como a "compensação" pela desvantagem de não poder ocupar *o lugar da mulher amada*.

De fato, enquanto a mulher amada recebe imediatamente o dom de saber, em seu inconsciente, o analista tem que "aprender", "concluir", "adivinhar" — em suma, *elaborar* o complexo. A análise busca produzir uma "recaída amorosa" semelhante à que Zoé consegue, mas com seus recursos próprios. Freud chega até a ir mais longe: toma como "prova" dessa recaída a própria *transferência*: "Apreenderemos ainda melhor a completa conformidade com os processos de cura descritos pelo romancista em sua *Gradiva* acrescentando que, no decorrer da psicoterapia analítica, a paixão despertada, seja ela o amor ou o ódio, também toma por objeto, sistematicamente, a pessoa do médico."[39] Entendamos claramente o que Freud nos expressa aqui: o analista se acha na via de passagem da *passio rediviva*. No paralelo com Gradiva, isso implica que ele fica no lugar da mulher a quem a paixão se dirige. Acaso o analista não é, ao mesmo tempo, causa e objeto do amor liberado? Simplesmente, aquilo que a mulher amada como que imputa a sua própria influência, o analista tem que creditar na conta... da verdade.

Nesse ponto, seus caminhos se separam e se interrompe a analogia: "Gradiva pode corresponder ao amor que brota do inconsciente em direção à consciência; o médico, não. Gradiva foi, ela mesma, o objeto desse amor outrora recalcado, e sua pessoa oferece imediatamente à aspiração amorosa libertada um objetivo muito desejável. O médico foi um estranho e deve almejar a voltar a sê-lo, uma vez obtida a cura." Acaso não diríamos que aí transparece uma espécie de ciúme de Freud, o analista, em relação à posição ideal ocupada pela mulher amada, como se indicasse que o poder dela levaria vantagem sobre seu próprio poder? O amor da amada é, de certa maneira, a solução viva que a análise só pode parodiar e "inventar".

Ao mesmo tempo, não nos deixemos enganar, a distância do analista — na qualidade de "estranho" — é a chave de seu poder de emancipação, aí evocado por Freud como uma desvantagem: ele possibilita a mediação que Gradiva só pode encarnar em seu ser imediato. Dir-se-ia que o objeto do recalcamento ligaria diretamente ao sujeito o discurso de sua paixão e o informaria dela. Não é isso que permite imaginar "idealmente" a reconciliação do sujeito com o objeto de seu próprio desejo, de modo que este possa *informar-lhe*: "sou realmente o objeto de teu amor recalcado?"

Finalmente, vemos como isso pode servir de emblema para a identificação secreta e contraditória da verdade analítica com a própria mulher: ela é o lugar de sedução e de morte a que o desejo está destinado, se quiser aceder a sua verdade. Tanto a mulher quanto a análise entregam ao sujeito a ordem, o *imperativo* de se ligar ao objeto de seu desejo, uma encarnando-o, outra apontando-o. Eis aí a mulher, portanto, esse objeto contraditório da análise, colocada, por um estranho deslocamento, no próprio lugar onde se promulga a verdade analítica, a ponto de poder *dar-lhe corpo*, idealmente...

A ponto de a própria análise ser apresentada "como uma mulher que deseja ser conquistada, mas sabe que será pouco valorizada se não opuser nenhuma resistência".[40]

6. O epílogo de uma estranha relação

Temos uma oportunidade de observar a relação de Freud com as mulheres no outro extremo de sua trajetória. Ela nos foi fornecida pela poetisa norte-americana Hilda Doolittle, que fez duas séries de sessões de análise com Freud entre o verão de 1933 e o outono de 1934. Esses *Écrits sur le mur* e *L'Avent* são documentos preciosos para quem acompanhou passo a passo a maneira como se teceu a relação freudiana com a feminilidade. São mais interessantes ainda por se situarem na época decisiva em que Freud efetuou sua grande autocrítica sobre a "sexualidade feminina".[41] A ironia do destino o colocou numa posição de teste: agora que havia compreendido melhor a natureza da contradição entre o querer e o desejo e os artifícios da transferência, iria ele modificar sua abordagem do sintoma-mulher à luz de seu novo saber? Em suma, que faria Freud diante dessa nova emanação de Dora, trinta anos depois?

É verdade que Freud tinha setenta e sete anos, e sua paciente, quarenta e sete. O número, aliás, não é inocente. Um dia, ele o jogou na cara de sua analisanda: "O chato é que sou um homem idoso. Você não acha que valha a pena me amar."[42] Na verdade, foi no início de uma sessão que ele a acolheu com estas palavras: "Eu estava pensando no que você me disse; que não vale a pena amar um velho de setenta e sete anos."[43] Alusão a uma frase que exprimia um medo. Aliás, Hilda o corrigiu: "Eu não disse que valia a pena, disse que eu tinha *medo*."

Derradeiro mal-entendido exemplar: Freud traduziu o conteúdo inconsciente do medo, mostrando cinicamente o desejo que despontava sob esse medo, o que ela mesma confessou: "Apenas tenho a obsessão constante de que a morte venha interromper a análise." Mas, simultaneamente, Freud exprimiu algo de seu próprio desejo, ou seja, aquilo que, por sua própria idade, pudesse criar obstáculos à transferência.

Daí o espantoso consolo que ofereceu a sua paciente: "Na análise, a pessoa morre quando a análise termina. Não faria nenhuma diferença eu ter setenta e sete ou quarenta e sete anos."[44] Logo: você pode me amar, apesar de minha idade. Ou então: não tome minha idade como causa de resistência: ao temer minha morte, é a sua que você teme, ou seja, a extinção da forma neurótica de seu desejo, que seria assinalada pelo fim da análise.

Daí o jogo com as idades: você pode supor que não tenho setenta e sete, mas quarenta e sete anos, ou seja, *sua* própria idade — a idade em que poderíamos legitimamente amar-nos. Freud não se apercebeu de que, ao se reatribuir ficticiamente essa idade, estava-se transportando para uma idade muito próxima da que tinha na ocasião do encontro com Dora! Assim, houve uma (Dora) que poderia ter-me amado, quando eu tinha a idade da outra (Hilda) atualmente, muito embora ela me recusasse seu amor. Decididamente, é impossível ter a idade *certa*, aquela em que se estaria à altura do "papel".[45] Assim, Freud pediu a Hilda que "fechasse os olhos", ou pelo menos *um* olho[46] para sua realidade de ancião, a fim de deixar a transferência surtir seu efeito.

Sob o pretexto da ironia, foi ao inconsciente de Hilda que ele se dirigiu, para solicitá-la a advir no lugar onde o encontro imaginário pudesse se realizar. Mas, para selar o contrato analítico com uma mulher, decididamente era necessária uma declaração. A meio caminho, é verdade, entre a declaração de amor e a instrução técnica: "Peço-lhe que me ame." Ou melhor: "Recomendo-lhe, em prol do bom andamento do tratamento, que não se esqueça de me amar, de considerar que isso vale a pena, apesar dos pesares..." Nessa ocasião derradeira, repetiu-se a constatação de não poder estar no lugar do sedutor, e o derradeiro lamento de que não pudesse ser diferente!

Com todos os recursos de sua cultura e de suas fantasias, Hilda Doolittle forneceu, além disso, uma parábola notável da relação que se instituíra entre Freud e a mulher: "Seu cãozinho chow-chow, Yofi, ficava sentado a seus pés. Formávamos um ciclo ou um círculo da Antigüidade: o sábio, a mulher e a leoa (era assim que ele chamava seu cão)."[47] Havia, de fato, esse termo terceiro, pelo qual a mulher ansiava em suas preces, para servir de intermediário entre sua verdade e o saber do analista, numa função obscura. Por isso, aliás, ela ficou escandalizada com o fato de "o Professor" lhe proibir qualquer familiaridade com aquele intermediário de sua sabedoria!

Naturalmente, é através do olhar de Hilda que vemos desenhar-se aqui a relação de Freud com uma mulher, num processo analítico. Mas algo de real se deixa perceber na encenação dessa relação. É o caso da mediação simbólica que Freud conferia às estatuetas que compunham a decoração de sua casa. Seria por acaso que ele interrompia uma dada sessão para levá-la a visitar seu "museu", a ponto de Hilda compará-lo a um guarda de museu, como se a aliança tivesse que se reforçar dessa maneira? Daí a importância destas anotações: "Ele apanhava de sua escrivaninha uma das estatuetas. Segurava-a na mão e ficava olhando para mim."[48]

Por isso, ela teve razão em se interrogar: "Eu continuava sem saber se as incursões em que acompanhava o Professor ao outro aposento eram feitas a título de distração, quando surgia a oportunidade de um verdadeiro contato social, ou se faziam parte de seu plano."[49] Hilda hesitou entre a solução estratégica — "Estaria ele querendo descobrir minhas reações a algumas das idéias encarnadas naquelas estatuetas..." — e a solução oblativa — "ou quereria, talvez, simplesmente, me dar a entender que desejava partilhar seus tesouros comigo, aquelas formas tangíveis ante nossos olhos, que sugeriam, quem sabe, a existência dos tesouros intangíveis e muito mais fascinantes de sua própria mente?" A verdade é que, nessas pequenas viagens ao *outro aposento*, Freud pretendia revelar a uma mulher algo que se desenrolava *numa outra cena*. O "tesouro" que ele mostrava realmente parecia ser também um dejeto que não pudera ser produzido no aposento do analista, no divã.

É como se Freud quisesse mostrar algo, fora da intermediação do próprio processo analítico. Esse estranho intercâmbio encontrou seu momento de verdade, a nosso ver, na exibição de uma estatueta de Palas Atena, apresentada como seu tesouro mais precioso: "Esta é minha favorita", disse. "Ele me estendeu o objeto. Tomei-o nas mãos. Era uma pequena estátua de bronze, provida de um capacete, coberta até os pés por um manto cinzelado e com o busto envolto num quíton ou num peplo gravado. Uma de suas mãos estava estendida, como se segurasse um bastão ou uma vara."[50] Então interveio o comentário que acompanhou essa exibição: "Ela é perfeita", disse Freud; "*infelizmente, perdeu sua lança.*"

Essa frase deu lugar, em sua destinatária, a uma reação de mutismo admirativo. Depois, deu margem a um comentário lingüístico *a posteriori*, interessante por insistir no fato de que o último fragmento da frase estava desligado do resto, como um compasso musical autônomo. O que Hilda não pareceu pressentir em seu comentário lírico, e que o próprio Freud talvez não tenha levado ao plano de sua própria consciência, é o que salta aos olhos: a saber, a designação, no próprio corpo feminino da estatueta, da falta fálica, expressa de maneira incrivelmente violenta e ingênua, ao mesmo tempo, em contraste com a perfeição do corpo. "Veja como é perfeita; mas isso não impede que lhe falte algo." Sua perfeição ressaltava precisamente por ser faltosa. O "infelizmente" de fato expressava bem um infortúnio, mas Freud o dirigiu ao inconsciente da mulher, sob a forma de uma imagem, de uma falha visível.

De volta ao espaço da análise, a mulher deveria preservar-lhe a imagem, para se aperceber do que marcava o limite de seu acesso ao saber analítico, ou seja, a *Penisneid*.[51] Assim, Freud tentou, à semelhança de uma estratégia histérica, lançar no rosto dessa mulher a imagem da falta, para injetá-la na seqüência lingüística de seu desejo. Nesse sentido, Hilda tivera razão de se interrogar: era realmente um "plano", mas do qual apenas o inconsciente de Freud tinha a iniciativa. E mais: a falta cujo anúncio ele transmitiu foi apresentada como lhe sendo preciosa — sob a forma dessa estatueta. Então ela não lhe era preciosa justamente pelo que lhe faltava? A limitação realmente funcionou, nesse caso, como é tão freqüente na lógica invertida do inconsciente, como causa: é por lhe faltar algo que ela me é cara... como você.

Mas, esse movimento de gratificação clandestina, Freud o equilibrou com uma firme recusa: a que dirigiu a uma certa demanda materna. Onde Hilda aspirava a entrar na pequena ilha formada pelo espaço oferecido por Freud, acolhendo com entusiasmo qualquer sinal de fusão, ou com desespero qualquer sinal de rejeição, Freud retrucava com uma espécie de interdição, firmemente notificada: "E... tenho que lhe dizer (você foi franca comigo, e portanto, eu o serei com você), *não gosto* de ser a mãe numa transferência. Isso me surpreende e continua a me chocar um pouco. Sinto-me muito masculino."[52]

A própria forma da intervenção é interessante, pois comunica uma espécie de confissão de temperamento, que equivale a uma proibição terapêutica. Freud ameaçou Hilda, nas entrelinhas, de fracasso em qualquer tentativa de colocá-lo no lugar da mãe. Aliás, essa formulação repetiu quase literalmente uma outra dirigida a Groddeck.[53]

Hilda reagiu, além disso, com uma pergunta muito pertinente, como se adivinhasse a evocação de um passado nesse afeto: "Perguntei-lhe se outras pessoas haviam feito com ele o que chamava de transferência materna. Respondeu-me com ironia, e talvez com certo desencanto: 'Ah! sim, *muitas*.'"

Só que foi justamente a uma mulher, de quem acabara de mostrar toda a dependência materna que seu lugar comportava no inconsciente, que ele dirigiu essa proibição. Há um elo secreto e determinante entre essa articulação dupla: por um lado, a referência à *Penisneid*, e por outro, a recusa a "maternalizar" a transferência. Donde a imagem que Freud queria assumir na relação analítica, quando nela se apresentava uma mulher: *o lugar do Pai, atento à falta.*

Ademais, ele não subscrevia nenhum "paternalismo". Era na figura do Pai que apontava o objetivo da mulher de ter que pensar em sua falta, para ajustar a ela seu desejo. É que era a esse preço que ela podia libertar-se dos atrativos ambivalentes da Mãe onipotente, recebendo, ao mesmo tempo, a promessa de uma nova aliança. Não haveria algo dessa promessa no detalhe postural que não escapou ao olhar vigilante de Hilda, embora ela não lhe concedesse seu estatuto: o olhar de Freud pousado nela, enquanto girava sua aliança com ar pensativo?...

Talvez seja nesse olhar que convenha nos determos: o de uma aliança misteriosa, reiteradamente desejada e reiteradamente desfeita, sedução em suspenso do começo ao fim. Precisamos agora voltar-nos para o benefício considerável dessa relação tão tumultuosa: o que Freud pôde *teorizar* desse querer-feminino que experimentou.

NOTAS

1. Cf. a docilidade do "Homem dos ratos" ou do "Homem dos lobos" ao contrato analítico, mesmo que fosse para infringi-lo em seguida, como faculta a cláusula da resistência...
2. O sonho se encontra na carta a Fliess de 31 de maio de 1897, in *La naissance de la psychanalyse*, p. 183 [*A correspondência completa...*, *op.cit.*]. Ver também Anzieu, *op.cit.*, vol. I, pp. 302-308. Foi retomado na *Traumdeutung, G.W.*, II-III, p. 243 [*E.S.B.*, vols. IV-V, 2ª ed. rev.].
3. "Fiquei envergonhado e quis me apressar, mas eis que me senti bloqueado! Fiquei grudado no degrau e não consegui me mexer." (*Traumdeutung, op.cit.* [*E.S.B., op.cit.*]).
4. Cf. a expressão empregada no texto sobre os três cofrinhos, *supra*, p. 33.
5. "Um estudo autobiográfico", *E.S.B.*, vol. XX, 1ª ed. (N.T.)
6. *Zimmer* também significa "quarto". Ver *infra*, p. 91, a respeito dessa imagem da chave da intimidade.
7. *G.W.*, V; trad. franc. in *Cinq psychanalyses*, PUF, p. 88 [*E.S.B.*, vol. VII, 2ª ed. rev.].
8. *Op.cit.*, p. 89 [*E.S.B.*., VII, *op.cit.*].
9. "Aqui é Rodes, aqui é o salto." Ligeiramente modificada (o texto original diz *Hic Rhodus, hic salta*), essa é uma frase da fábula "O gabola", de Esopo, pronunciada por um dos presentes ao ouvir um tipo falastrão se gabar do enorme salto que dera em Rodes. (N.T.)
10. Compare-se com as estratégias dilatórias do Homem dos Ratos, esticando o tempo para aprazar suas estratégias (trata-se do tempo da "procrastinação"). *G.W.*, V, p. 283 (trad. franc. p. 89 [*E.S.B.*, vol. X, 1ª ed.]).
11. *Op.cit.*, p. 91 [*E.S.B.*, VII, *op.cit.*].
12. Ver *supra*, p. 52 ss.
13. *Op.cit.*, p. 78 [*E.S.B.*, VII, *op.cit.*].

14. *Op.cit.*, p. 82 [*E.S.B.*, VII, *op.cit.*].
15. Ver *infra*, capítulo IV.
16. *Op.cit.*, p. 82 [*E.S.B.*, VII, *op.cit.*].
17. Sabemos que o simples olhar culpabilizante de Dora provocou um acidente do qual o Sr. K. foi vítima, enquanto seus pais se reconheceram culpados, cada qual à sua maneira.
18. Cf. as importantes notas de 1923, que datam da época em que Freud modificou decisivamente sua teoria da feminilidade (ver *infra*, cap. IV).
19. Mesa onde diversas pessoas reunidas comem a preço fixo (como era comum em hotéis da época de Freud), ou em que o preço é rateado entre os comensais. (N.T.)
20. *Über den Traum, G.W.* II-III, p. 649 ["Sobre os Sonhos", *E.S.B.*, vol. V, 2ª ed. rev.]).
21. *Op.cit.*, p. 661 [ed. alemã; *E.S.B., op.cit.*].
22. Sabemos da particular afeição de Freud por sua cunhada.
23. Ver *supra*, p. 99 ss.
24. *G.W.*, X; trad. franc. in *La Vie sexuelle*, PUF [*E.S.B.*, vol. XII, 1ª ed.].
25. Trad. franc., *op.cit.*, p. 116 [*E.S.B.*, XII, *op.cit.*].
26. *Op.cit.*, p. 119 [*E.S.B.*, XII, *op.cit.*].
27. A expressão francesa "*un pavé dans la mare*" tem também o sentido figurado de uma verdade que gera perturbação. (N.T.)
28. *Op.cit.*, p. 118 [*E.S.B.*, XII, *op.cit.*].
29. *Op.cit.*, p. 123 [*E.S.B.*, XII, *op.cit.*].
30. *Op.cit.*, p. 124 [*E.S.B.*, XII, *op.cit.*].
31. Mais do que os "argumentos dos bolinhos" propostos pela tradução francesa (p. 125), isso é realmente sugestivo.
32. Ver *infra*, parte III, cap. VII.
33. Cf. *Sobre a psicoterapia* (1904) [*E.S.B.*, vol. 7, 2ª ed. rev.] e as cartas severas a Eduardo Weiss.
34. *Op.cit.*, p. 127 [*E.S.B.*, XII, *op.cit.*].
35. Cf. *infra*, parte II, p. 89 ss.
36. Correspondência com Jung (Gallimard, vol. I, p. 115).
37. *Ibid.*, vol. II, p. 309.
38. Bênção disfarçada. (N.T.)
39. *Op.cit.*, p. 240 [*E.S.B.*, vol. IX, 1ª ed.].
40. Carta a Sandor Ferenczi, 7 de julho de 1913.
41. Ver *infra*, parte II, p. 89 ss.
42. H.D. [nome literário pelo qual era conhecida Hilda Doolittle], *Visages de Freud*, Denoël, p. 130.
43. *Op.cit.*, p. 58.
44. *Op.cit.*, p. 59.
45. Ver *supra*, p. 73.
46. Alusão ao sonho de Freud relativo à morte de seu pai.
47. *Op.cit.*, p. 31.
48. *Op.cit.*, p. 184.
49. *Op.cit.*, p. 185.
50. *Op.cit.*, p. 184.

51. [Inveja do pênis.] Ver *infra*, cap. VI.
52. *Op. cit.*, p. 65.
53. Cf. *Correspondance* (Gallimard, 1977, p. 93): Groddeck, *Ça et moi* (carta do Natal de 1922): "Sua inclusão de minha pessoa na série materna — na qual, no entanto, visivelmente não me sinto à vontade — mostra claramente como o senhor quer evitar a transferência paterna."

Segunda Parte

A TEORIA DO QUERER-FEMININO

capítulo IV

DE UM QUERER REBELDE A SEU DESEJO: A DESCOBERTA FREUDIANA

Na parte anterior, recompusemos o próprio movimento da relação freudiana com a mulher, não dando outra condição ao conteúdo senão o de esteio dessa relação — a tal ponto ela nos parecia subestimada na colocação da questão. Mas é hora de avaliarmos o benefício dessa análise, justamente no plano do conteúdo de saber que essa relação desvendou. Trata-se, em outras palavras, de retomarmos a teoria freudiana da feminilidade, de um modo inteiramente diverso de sua apreciação como um conjunto de teses a serem aceitas ou abandonadas, e sim como o que foi vivenciado nesse movimento de advento de uma experiência, da qual procuramos mostrar com que rigor elaborou uma relação contraditória, que Freud, na impossibilidade de resolver, nunca deixou embotar-se.

Isso pressupõe uma reflexão particular, buscando na teoria do querer-feminino, mais ainda do que a superestrutura de uma experiência, o meio de *dizê-la*, radicalmente. O essencial é o tempo de que Freud precisou para compreender o que se expressava, ainda que de maneira duvidosa, nessa experiência, e para elevá-la ao plano da elaboração metapsicológica — se é verdade que nenhuma experiência, e esta não mais do que as outras, "fala por si". Trata-se aqui, com efeito, de "encher de conteúdo"[1] o que então foi vivenciado.

Ora, há uma certa deiscência que foi o objeto fugidio dessa experiência. Foi por uma seqüência precisa de *patamares* que Freud chegou a localizá-la e, por isso mesmo, a lhe conferir um estatuto.

1. O benefício de uma relação: do segredo à verdade

De fato, vimos construir-se, de certa maneira, através da relação freudiana com a mulher, a interrogação que ele acabou por formular: que quer-*então*-a mulher? É essencial, com efeito, que essa formulação tenha vindo nomear, sob a forma de pergunta, uma experiência. É verdade que podemos perceber, numa certa carta de Freud, na origem de seu trajeto, uma formulação desse gênero. Quando escreveu, em 1884, "que a arte dá (aos artistas) uma chave que permite penetrar facilmente nos corações femininos, enquanto nós — investigadores imersos nos pormenores de uma pesquisa científica — continuamos embaraçados diante dessa estranha fechadura, e somos obrigados a torturar nossa mente para descobrir a chave que lhe convém",[2] já não terá ele designado o mistério que reinstaurou depois de meio século? Acaso não agiu como se confidenciasse a Marie Bonaparte que não tinha avançado um só passo?

Na verdade, de uma formulação à outra, produziu-se uma experiência: a perplexidade freudiana como que se *fundamentou*. Em 1884, Freud procurava uma chave para a fechadura: pensava na mulher apenas como um "segredo" a ser adivinhado. Mas, por mais difícil que fosse encontrar a chave conveniente a essa fechadura, ele a supunha ali, esperando para ser aberta. Já ao falar depois de constituído o saber analítico, ele havia renunciado à idéia do segredo: transpusera a questão para a identidade do querer-feminino. Se, em certo sentido, sua perplexidade fora reforçada e confirmada, em outro, ela se enchera de sua substância. A experiência analítica obrigou Freud a renunciar, vimos com que dificuldades, a essa postura externa que beirava os estereótipos do enigma da mulher. Assim, Freud depurou a dificuldade: deu nome ao princípio que rejeitava toda a temática da chave e da fechadura. Parou de falar a respeito da mulher e a viu aparecer na primeira pessoa, como o inominável de seu próprio querer!

2. *A mulher, sintoma do homem*

Para compreender como isso se deu, há que retomarmos, colocando-nos no ponto de origem da psicanálise,[3] o modo como foi comunicada a Freud a emergência da feminilidade. Trata-se, nesse aspecto, de não pressupormos nada — tanto no plano do conhecimento do inconsciente quanto no plano das entidades mórbidas. Deixaremos que nos seja anunciado, na medida do possível, pela própria marcha do movimento freudiano de descobrimento,[4] o modo como se cristalizou, para ele, a imagem do inconsciente associada à feminilidade. É a "cabeceira do Nilo", para retomarmos a metáfora freudiana,[5] que nos irá interessar, na medida em que ali se enlaçaram o logos freudiano do inconsciente e a feminilidade.

Ao nos impormos esse encaminhamento, temos a surpresa de constatar que a mulher se impôs a Freud como sintoma... do homem. Mais exatamente, a sintomatologia feminina viu ser-lhe atribuído um estatuto como correlação da sintomatologia do homem: "Na mulher", diz, nesse sentido, um manuscrito de 1892, "a histeria é uma conseqüência direta da neurastenia do homem, decorrente de uma diminuição da potência deste."[6] Na distribuição nosográfica primitiva da neurastenia e da histeria, que correspondia à distinção sumária entre uma patologia de predomínio masculino e de predomínio feminino, respectivamente, a histérica surgia como efeito do homem neurastênico: "Quanto menor é a potência do homem, mais pronunciada é a histeria da mulher, de modo que o neurastênico torna sua mulher mais histérica do que neurastênica."[7] A primeira imagem da mulher histérica, portanto, na representação freudiana, é a de uma falta assim evidenciada pelo homem no mundo.[8] Freud nos convida a buscar, por trás de toda histérica, um homem que seja a causa direta de sua falta. Como se o homem tivesse dois sintomas: sua neurastenia pessoal e, depois, a histeria de sua companheira![9]

Correlativamente, Freud enfatiza a anestesia sexual que caracteriza a condição da mulher na economia social do gozo. Um manuscrito do ano de 1895 esboça um modelo explicativo da gênese dessa anestesia, "apanágio das mulheres". Por mais arcaico que seja, dentro das categorias empregadas por Freud na época do *Projeto para uma psicologia científica*, esse esquema explicativo é revelador dessa alienação do gozo, isto é, de uma relação de dependência da estratégia do outro.

A questão era mostrar que os "educadores" da mulher "se esforçam por não despertar nela nenhuma satisfação sexual somática (S.S.), mas tendem a transformar esta última em estímulos psíquicos, isto é, em provocar um desvio, do caminho tracejado[10] que conduz ao objeto sexual", para o grupo sexual psíquico.[11] Tratava-se de agir de maneira a que, por isso mesmo, "faltasse na mulher a reação específica" — justamente a que, no homem, "coloca o objeto sexual numa posição favorável" e determina uma conduta de apropriação. Foi esse o tema da depreciação da mulher que desempenhou um papel central no discurso freudiano sobre a mulher na *Kultur*.[12]

Mas isso não era tudo: ao mesmo tempo que se bloqueava o acesso da mulher ao objeto sexual — com fins de repressão social —, era-lhe pedido que exercesse sobre o homem uma ação específica tendente a seduzi-lo. Daí o antagonismo funcional que se instaurava no sistema "mulher": "A tensão sexual da mulher, portanto, deve ser mantida no nível mais baixo possível, e seu acesso ao grupo sexual psíquico ser tão dificultado quanto possível, enquanto a força indispensável desse grupo lhe é fornecida de outra maneira."

Esse texto notável mostra que Freud, por intermédio desse "sistematicismo" funcional elementar, encontrou o meio de articular a gênese social e pulsional que conduziria a mulher — a que ele tinha diante dos olhos no fim do século — a esse déficit. Tratou-se, no caso, de uma teoria da melancolia esboçada por ele;[13] mas podemos ler a totalidade do patos feminino a partir desse esquema. A feminilidade designaria, nesse sentido, o termo genérico dos *destinos* de uma relação cruzada com a *falta do objeto* (cujo acesso era proibido) e com o *desejo do Outro* — para quem a sedução era necessária. Por conseguinte, a mulher estaria condenada a funcionar de maneira simultaneamente deficitária — na linha da objetalidade — e "super-solicitada" — na linha do Outro. Já não era a silhueta da histérica que se sugeria aqui — incessantemente remetida de sua falta específica ao Outro a ser seduzido? É compreensível, de fato, que tal sistema se saturasse cronicamente, preso como estava na lógica contraditória do déficit e da superexcitação: ali estava, já enunciado, seu *destino*.

Isso nos leva à cena primária: sendo o lugar, causa e acontecimento onde se entabula a relação do sujeito com seu desejo, ela o inaugura no sentido pleno do termo. Sabemos que Freud descobriu, por meio disso, a eficácia da ordem do desejo: no contexto de sua "teoria geral das neuroses", a *Urszene* é aquilo pelo qual o sujeito desejante instaura uma relação com o real de seu desejo. Um encontro com o Outro que se decifra no registro contrastante do trauma e do prazer — quer o sujeito se torne espectador da relação do Outro (coito parental), quer se converta em seu alvo, na cena de sedução.

Era o papel da mulher na cena primária, portanto, que se tratava de estabelecer: ou seja, no sentido estrito, o papel que lhe competia na medida em que se instaurava a relação, indissoluvelmente pareado, pela própria cenografia, com seu desejo e com o desejo do Outro.

Em outras palavras: segundo qual modalidade própria a mulher vivenciava sua cena primária? Mais uma vez, a histérica aparece como o documento vivo dessa relação com o Outro, a um tempo malograda e viva demais. Freud nos forneceu uma indicação muito clara, através da diferenciação de seu homólogo masculino (obsessivo)[14] — "A histeria pressupõe necessariamente a existência de um incidente primário com um toque de desprazer, isto é, de tipo passivo."[15] A passividade, cuja gênese fora fornecida pelo modelo precedente, foi aí reencontrada, na origem da relação da mulher, sujeito desejante, com seu desejo.

Mais uma vez, convém pensarmos nessa passividade de maneira totalmente diversa de um *dado* constitucional: Freud só fez apontar, aqui, a postura da histérica diante da revelação que lhe era feita do desejo do Outro, ou seja, a maneira como adaptava a ele seu próprio desejo. A verdade é que ela o recebia do Outro como se ele lhe fosse administrado: onde o obsessivo "ativaria" a sedução, a histérica, ao contrário, instauraria a partir dessa "recepção" uma estratégia muito precisa.

Aí começa a se colocar a questão da *fabulação*. O fato é que Freud designou de "proton pseudos" o primeiro passo pelo qual se pautaria o balé histérico. Ou seja, era por uma "primeira mentira", relativa precisamente à cena primária, que se desencadeava a mecânica da qual sairia a neurose.

Na elaboração do *Projeto para uma psicologia científica* que lhe foi dedicada, Freud situou esse mecanismo a partir do caso da reativação de uma cena primária cuja própria banalidade de encenação era reveladora.

3. O sedutor impossível

Tratava-se de uma fobia histérica bem localizada: "Emma é atualmente atormentada pela idéia de que não deve entrar *sozinha* nas lojas."[16] O primeiro elo associativo — supostamente causal — foi prontamente indicado: "Ela responsabilizou por isso uma lembrança que remontava aos seus treze anos (...) Ao entrar numa loja para comprar alguma coisa, avistara os dois vendedores (lembrava-se de um deles) às gargalhadas. Tomada de pânico, saíra precipitadamente. Daí a idéia de que os dois homens estavam zombando de sua aparência e de que um deles havia exercido sobre ela uma atração sexual." Mas, examinando de perto, "a lembrança ressurgida não explica nem a obsessão nem a determinação do sintoma." A causa alegada como real (o medo do ridículo relacionado com a aparência) só podia ser circunstancial.

Foi então que, por trás dessa cena, a análise "trouxe à luz" uma outra, da qual ela era a repetição transposta. Não era outra coisa senão um relato da cena primária: "Aos oito anos, ela entrara duas vezes numa mercearia para comprar guloseimas, e o comerciante pusera a mão, através do tecido de seu vestido, em seus órgãos genitais. Apesar desse primeiro incidente, ela havia voltado à loja, e depois deixado de ir lá."[17] Havia uma analogia situacional, de modo que a cena I, como a batizou Freud — a dos dois vendedores —, servira de metáfora da cena II (a primeira na genealogia do sintoma).

Essa cena de sedução consistira numa manobra sexual de sedução, passivamente sofrida. Mas, qual era, exatamente, a situação do sedutor? Ela se anunciou por um detalhe: "o sorriso caricato com que o comerciante havia acompanhado seu gesto." Essa é como que a iconografia típica da *Urszene*: o sorriso que se pretende sedutor transforma-se numa mímica grotesca e repulsiva, sob o efeito da culpa. Havia, entretanto, algo mais preciso nesse caso. Foi justamente como se a sedução não tivesse funcionado. De fato, lembremo-nos do modelo anterior: a mulher era posta na situação de assumir, e de certa forma à custa de sua própria organização, o papel da sedução. Por conseguinte, o Sedutor não podia cumprir seu papel, nem que fosse na cena primária: só podia fazer caretas lamentáveis.

Isso não significa que não acontecesse nada nessa encenação: houve realmente algo despertado, mas foi algo absolutamente particular, que a rigor colocou a "não-seduzida" na posição da mentira (*proton pseudos*). Isso fez, precisamente, com que ela voltasse aos lugares da agressão — nome estritamente conveniente para uma sedução malsucedida. Por quê? Para compreender o que havia acontecido, ou, mais exatamente, o que não havia acontecido. E o cúmulo é que era disso que se alimentava sua culpa: "Em seguida, ela se censurou por ter voltado à mercearia, como se tivesse querido provocar um novo atentado." Dessa fonte, na verdade, é que se alimentara a fobia da cena dos dois balconistas, tendo a puberdade funcionado nesse meio tempo. "A lembrança desencadeou uma liberação (de energia) sexual (que não teria sido possível no momento do incidente), que se transmudou em angústia. Um medo se apoderou dela, que temeu que os balconistas repetissem o atentado e fugiu."

Mas foi justamente no só-depois que se revelou o efeito dessa sedução malograda (a da cena dos balconistas): o efeito da conscientização da culpa, aquele — em última instância — da segunda vez: de quando ela voltou à mercearia. Que estava procurando? Menos, ao que parece, a repetição daquela experiência absurda do que, confusamente, o meio de advir num lugar onde era solicitada, sem saber o que lhe era pedido.

Aliás, essa "sedução" fora um gesto de designação do que, oculto sob o tecido do vestido, apontava para a falta: sinal da castração, mas do qual parecia nutrir-se o desejo do "sedutor". Mas, precisamente, tudo nos parece convergir para a idéia de que o sedutor não o fora: e de que era disso, tanto quanto da manipulação, que se havia alimentado o *proton pseudos* histérico. Tal seria o destino da histérica, a seguirmos como que literalmente as indicações dessa cena: ser solicitada por uma sedução para a qual não existe sedutor (entenda-se: apto a assumir esse papel).

A duplicação do sedutor, sob a forma dos dois balconistas, parece reveladora do fato de a instância de sedução ter-se clivado: um que ria e que era amado, e outro que só fazia rir. Não teria sido também essa dualidade que fez Emma fugir, como a revelação de que zombavam de sua falta, do mesmo modo que a desejavam? Vê-se, na decomposição da fantasia, a que ponto a "passividade" rotulada por Freud encobria um mundo de atividade estratégica: é verdade, com efeito, que ela fora submetida ao acontecimento, mas foi ao atuar sua repetição, de maneira muito singular, que teceu a linguagem de seu desejo e expressou o que a chamada cena de sedução deixara nela de inalterado.

Mas, e se a histérica estivesse, a partir disso, precisamente à procura de um *verdadeiro* sedutor — daquele que o "sedutor" da cena primitiva simultaneamente revelara, em seu princípio, e descontinuara, ao se fazer instrumento de uma sedução malograda? A "primeira mentira", portanto, vista do lado da aventura histérica, seria a mentira do sedutor que lhe legara a vocação para a busca da *verdade*, o que designaremos, de momento, como aquilo que deve fazer com que a sedução seja "bem-sucedida".

Seria compreensível, dentro dessa perspectiva, que os relatos de casos clínicos contidos nos *Estudos sobre a histeria* sejam histórias de *sedução impossível* — mais do que de satisfação impossível. A histérica seria aquela a quem *falta o sedutor*. Donde, aliás, ela se vê obrigada a desempenhar esse papel e se voltar para outra mulher — seu duplo —, por identificação com o sedutor.

Isso culminou com o caso Dora: ali, de fato, houve uma sedução impossível: o Sr. K. era um sedutor insignificante. A famosa cena do lago que o "colocou em seu lugar" invalidou-o como um fiasco de sedutor, tanto quanto como mau marido. Foi contra isso que Dora protestou, de modo que Freud, ao colocá-la na pista de sua afeição recalcada pelo Sr. K., exprimiu uma parte da verdade, sendo a outra a censura que ela fazia ao Sr. K. por não estar à altura do papel que lhe era imperativo fazê-lo desempenhar. A "esquiva" histérica poderia provir dessa demanda que esbarra reiteradamente em sua impossibilidade.

Vemos como, prestando bastante atenção ao estatuto originário da feminilidade, nesse primeiro modelo — no qual, no entanto, se atolou a relação freudiana com a histérica[18] —, reservou-se um lugar para uma posição da falta da mulher. Já ali, cabia pensar em alguma coisa que não advinha. A partir da experiência do *proton pseudos*, havia razão para indagar, além do que o pseudo-sedutor desejava dela, o que *ela* mesma podia querer. Acaso não haveria, nessa indecisão do primeiro para o segundo passo, um primeiro esboço do balé que, aliás, em alguns momentos, tanto exasperava quanto intrigava Freud? Foi por isso que, ao mesmo tempo, ele se exasperou... por compreender!

É que a evolução absolutamente extraordinária iria se dar, de maneira imperceptível, justamente quando Freud, captando a ambigüidade em relação ao homem de quem ela funcionava exatamente como sintoma, reverteu a questão para ela mesma. Para essa conversão, a simples ética do respeito pela diferença era muito insuficiente: quanto não foi preciso para perceber que, além da máscara — embora tão pesada — do real e da relação de forças a que a mulher estava destinada, era a singularidade de sua própria divisão que convinha interrogar? Ou seja, *deixar-se intrigar* pelo querer-feminino.

4. Um querer-narcísico

É notável que a "introdução ao narcisismo" — evento maior da gênese metapsicológica[19] — tenha surtido efeitos fundamentais na teoria da feminilidade. A insistência de Freud no narcisismo feminino deve ser interpretada, muito mais radicalmente, como o indício de que a feminilidade poderia ser repensada à luz do narcisismo. Assim, a generalização de que a mulher seria "mais narcisista" do que o homem não nos seria de nenhuma utilidade para a compreensão do que ali entrou em jogo. Não obstante, ela indica, meio canhestramente, que a dualidade dos dois princípios ou centros de gravidade do edifício metapsicológico freudiano — a libido e, depois, o narcisismo — implica de maneira muito diferente a masculinidade e a feminilidade.

De fato, enquanto Freud permaneceu centrado numa teoria da objetalidade libidinal, a mulher pareceu desaparecer da paisagem. Esse ponto de vista impôs a idéia que Freud enunciou, como que para não se furtar das conseqüências de seu próprio ponto de vista: a saber, a masculinidade da libido, destacada pelos *Três ensaios sobre a teoria da sexualidade*, esse evangelho da "deusa libido".[20] A mulher, enquanto "usuária" da libido, ficava na situação de como que se afiliar às regras masculinas de funcionamento. Tudo ficou inteiramente diferente com a introdução do narcisismo: o que era apenas marginalidade, no registro libidinal, passou a se tornar índice de uma especificidade estrutural.

Foi como se a mulher voltasse bruscamente à tona na teoria psicanalítica, como uma singularidade *sui generis*, uma cristalização do narcisismo desde então identificável nela mesma. E ainda havia mais: a mulher passou a servir, assim, para pensar o próprio narcisismo, fornecendo sua ilustração arquetípica. Foi nesse sentido que, num momento chave do ensaio sobre o narcisismo, onde "a escolha objetal anaclítica" é distinguida da "escolha objetal narcísica", ele chegou a evocar o "tipo feminino mais freqüente e, provavelmente, o mais puro e mais autêntico"[21] — em suma, a "verdadeira mulher", onde se mostraria *a verdade da mulher*: "Tais mulheres só amam, estritamente falando, a elas mesmas, quase tão intensamente quanto o homem as ama." Nesse aspecto, tal como outros grandes tipos narcísicos, elas encarnavam "uma posição inatacável da libido",[22] mas era em seu corpo que a exibiam. Daí a beleza, que seria, na qualidade de razão narcísica, um efeito supremo do narcisismo, que teria encontrado um corpo harmonioso. Assim, Freud evocou, por analogia, os gatos e os animais predadores, os grandes criminosos e os humoristas, para deixar literalmente claro o sentimento auto-suficiente em que se apóia o êxito narcísico.

Isso lhes forneceria uma espécie de soberania lúdica, uma liberdade diante da "escolha objetal": nessa ocasião, a rigor, Freud não perdeu a referência à realidade: e lembrou que esse "estado em que a mulher se basta a si mesma" funciona como aquilo que "a recompensa pela liberdade de escolha de objeto que lhe é contestada pela sociedade". Como se ele não parasse de detectar a carência objetal real que essa riqueza narcísica podia dissimular. Por outro lado, ele apontou a possibilidade de uma evolução através da maternidade, narcisismo secundário que lhe permitiria voltar para o objeto. Isso não impediu que, de certo modo, tenha sido com base nesse auge narcísico que Freud enunciou "o momento de verdade" da feminilidade. Essa dança e contradança do par libido-narcisismo, masculinidade-feminilidade, foi confirmada pela apresentação do "ideal masculino" ao qual a menina podia voltar a se curvar, na chamada fase "fálica", como uma renúncia precoce ao narcisismo.

Faz-se realmente mister, portanto, dar todo o seu sentido a essa "redundância" do narcisismo na feminilidade. Há nisso algo diferente de um estereótipo, e devemos indagar-nos o que destina a feminilidade a essa determinação "narcísica".

Esse elemento permitirá especificarmos nossa problemática da relação constitutiva entre o querer e o desejo na feminilidade — ao mesmo tempo que confirma que é nesse sentido que devemos pesquisar. Se o desejo está realmente aprisionado na objetalidade, não será como seu componente narcísico que convém pensarmos o "querer"? A pureza narcísica se traduz nessa suspensão de qualquer escolha objetal, que lhe confere o privilégio de rejeitar a lei do objeto. Determinado ser já não deseja sequer a si mesmo, diríamos: como um conato puro, ele aspira apenas a perseverar em seu ser.

Assim, seria compreensível que Freud só pudesse pensar nisso pensando o narcisismo: uma libido sem objeto, na verdade, seria impensável! Mas isso, devidamente entendido, nos permite voltar à perplexidade cuja teoria vínhamos formulando: ao se interrogar sobre o querer-feminino e pensá-lo na suspensão do objeto, Freud o distinguiu da ordem do desejo, ou, mais exatamente, de um desejo que se satisfizesse com o objeto... Foi como se formulasse uma pergunta do tipo: desse querer "anobjetal" da mulher, será que é possível desvelar o objeto?

Podemos perceber o círculo: reclamar seu objeto equivaleria a reduzi-lo à lógica libidinal-desejante que ele subvertia. Mas foi justamente aí que se estabeleceu a perplexidade de Freud: esse querer efetivamente tendia para um objeto obscuro. E desafiava a psicanálise, que, a despeito de toda a sua bagagem, não conseguira nomeá-lo.

5. *O desvio pelo querer*

Com isso, tocamos na principal vantagem de nosso método: tornando a partir da relação, é possível reapreendermos as teses freudianas relativas à "sexualidade feminina" como algo diferente de um conjunto de *teses*. Houve ali um modelo explicativo da posição "mulher" no inconsciente, imposto pelas mulheres à teoria freudiana: foi a resistência delas que impôs a teoria freudiana. Esta não pode ser lida fora desse movimento. Chegaríamos mesmo a afirmar que o que Freud disse da mulher foi o *sintoma* dessa relação de meio século: é verdade que Freud teve o dom insubstituível de transformar o sintoma em verdade — naquilo a que deu o nome de *metapsicologia*.

Pelo menos, essa representação permite explicar diversos fatos patentes, que mais deveriam impressionar por seu aspecto contraditório. Por um lado, o fato de o discurso de Freud sobre a feminilidade obedecer a uma estranha diacronia: depois do auge do período primitivo, onde a questão da histérica ocupou o quadro inteiro — que culminou com o caso Dora, no início do século —, foi preciso esperar por meados da década de 1920 para que ele procedesse à solene reformulação autocrítica que conhecemos; no início dos anos trinta, veio o ensaio sobre a "Sexualidade feminina" e a *Nova Conferência* dedicada à *feminilidade*. Uma ruptura tão radical que chegamos a ficar tentados a partir desses textos, bem como da exposição freudiana sobre a feminilidade, embora eles não sejam mais do que o resultado, a cristalização notável de uma relação contraditória.

Teria Freud, nesse meio tempo, "esquecido" a mulher? Tudo indica ter havido aí o tempo da posterioridade, mediante o qual Freud extraiu as conseqüências de uma relação: o conteúdo da teoria freudiana deve ser (re)lido sob essa perspectiva. O segundo fato patente que pede uma explicação é a contemporaneidade da confissão final — que quer a mulher? — com a publicação dessa síntese final. Por que terá sido no momento em que sistematizou sua teoria da feminilidade que Freud confidenciou seu aparente ceticismo? Teria ele duas posições tão opostas assim, no sigilo da confidência e em sua obra? A única solução coerente consiste em tomarmos a fórmula ao pé da letra: o "ceticismo" freudiano em relação à mulher veio a se exprimir no exato momento em que a teoria da sexualidade feminina foi estabelecida em sua essência: portanto, foi no momento em que Freud fixou a teoria da forma de *desejo* que define a mulher — eu seu devir característico — que ele pôde localizar a irredutibilidade em seu querer.

Essa cisão entre o *discurso* de Freud sobre a feminilidade (sua metapsicologia da mulher) e a *fala* freudiana a propósito da mulher deve ser lida, a nosso ver, como tal: "Embora eu tenha conseguido reconstituir a lógica desejante da feminilidade, não posso deduzir dela o que a mulher quer." Mas esse limite último não era uma irracionalidade: era uma verdade clínica. Nesse sentido, para dar ao texto freudiano relativo à feminilidade todo o seu alcance, convém formularmos uma pergunta: a que se deve o fato de que, no tocante à mulher — quanto ao texto constitutivo de seu inconsciente —, *o enunciado sobre a natureza de seu querer não seja diretamente derivável ou "dedutível" do saber relativo a seu desejo?*

Formulando o problema dessa maneira, compreenderíamos, ao mesmo tempo, que foi esse o problema vivenciado na contradição de sua relação clínica, e que lhe foi preciso desenrolar todo o fio dessa experiência para poder, finalmente, formulá-lo. Foi isso que Freud percebeu; por conseguinte, compreenderíamos que é algo inteiramente diverso de uma vaga e irracional perplexidade que se exprime no *Que quer a mulher?* Esse é o enunciado do *efeito de verdade* próprio da mulher, sobre o qual o saber analítico é o único que pode se interrogar, por ter vivenciado sua irredutibilidade.

O *querer*, apreendido em sua acepção mais elementar e mais fundamental, designa a atividade, inclusive inconsciente, mas permanente e dirigida num sentido definido.[23] Nessas condições, ele define a "tendência fundamental de um ser". É compreensível que tal definição seja muito pouco determinada para uma exigência analítica: e é nesse sentido, simultaneamente banal e exato, que Freud a emprega, como qualquer falante. O "querer" não é um conceito psicanalítico *sui generis*.

No entanto, o saber analítico, como saber dos mecanismos desejantes, deveria poder estabelecer, no *conatus* do sujeito, a lei de seu desejo, para que se concretizasse sua ambição explicativa. Que o desejo explica a atividade ou a tendência fundamental de um ser é, acima de tudo, aquilo de que Freud tenciona persuadir-nos através de sua própria teoria etiológica. O postulado freudiano da equivalência antropológica poderia ser formulado numa equivalência do gênero: "Se sei como desejas e o que desejas, eu te direi o que queres."

Acontece que, no caso da mulher, o princípio da equivalência não funciona. Isso, como vemos, não suspende a ambição de compreensão: mas entrava o raciocínio da equivalência etiológica. Há que supor que existe um sujeito no inconsciente para quem a congruência não é pertinente.

Podemos verificar, antes de mais nada, que essa representação permite compreender o princípio do discurso freudiano sobre a feminilidade e lhe atribuir seu lugar próprio.

Freud o exprime claramente na *Feminilidade*: "A particularidade (*Eigenart*) da psicanálise não consiste em ela querer descrever o que é a mulher — essa dificilmente seria uma tarefa realizável —, mas em indagar como se desenvolve uma mulher a partir de uma criança de tendências bissexuais."[24]

Uma tradução literal dessa célebre formulação revela o desafio que ela contém: Freud afasta o que a psicanálise não quer — descrever o que a mulher é (*dass sie nicht beschreiben will, was das Weib ist*). Mas, por isso mesmo, ele afasta uma investigação sobre a "tendência fundamental" do ser-mulher (de conformidade com a definição corrente do "querer"). Resta, pois, uma espécie de equação do desejo: como se produz a mulher a partir de um "x" bissexual.

Mas aí se estabelece a contradição: Freud só faz fixar a forma singular de (in)articulação do querer e do desejo na mulher. Ele nos faz reexaminar, dentro dessa perspectiva, o modelo explicativo da sexualidade feminina proposto nos anos trinta.

6. A mulher e sua mãe

Conhecemos a razão fundamental evocada por Freud para justificar sua autocrítica final: a subestimação da força e da duração da "ligação com a mãe"[25] (*Mutterbindung*). A contradição final em que Freud esbarrou foi, mais precisamente, a articulação entre, de um lado, o abandono da zona clitoridiana pela zona genital, a vagina, e de outro, "a troca do objeto originário — materno — pelo pai".[26]

Mas esse não foi um simples reajuste técnico de um pormenor: levando até o fim o pensar sobre o sentido da *Mutterbindung*, Freud desembocou num outro mundo. Foi nesse exato nível que surgiram as metáforas do arcaico feminino, notadamente o paralelo arqueológico: "O discernimento (*Einsicht*) da pré-história (*Vorzeit*) pré-edipiana da menina produz um efeito de surpresa (*wirkt als Uberraschung*), tal como, num outro campo, a descoberta da civilização minóico-miceniana por trás da civilização grega."[27]

Observemos, primeiramente, o efeito de surpresa: que foi que surpreendeu Freud, no caso? Foi haver, no tornar-se mulher, muito antes do texto edipiano, bastante conhecido, uma escrita que já falava, embora fosse indecifrável — o "B linear", que mais tarde seria efetivamente decifrado.[28] Ora, se a língua edipiana é o grego do inconsciente — língua de certo modo civilizada —, a língua pré-edipiana é como o miceniano: a promessa de uma civilização resplandecente, mas também uma suspeita de ininteligibilidade.

Mas será que essa oposição não corresponde, no fundo, à oposição essencial entre a *Vaterbindung* e a *Mutterbindung*? Se, de fato, o pai produz a lei no texto edipiano, a mãe seria a chave dessa linguagem pré-edipiana. Com essa ligação irredutível, que, de certo modo, constitui uma lei no inconsciente da mulher, Freud deparou com um porto estranho: um porto de apego de onde a menina parte, mas do qual é difícil conceber, ao mesmo tempo, porque se desliga tão tarde, e porque é que chega a se desligar um dia...

Ora, será que esse mundo fusional da *Mutterbindung* não mantém encerrada a forma primordial do querer-feminino? Forma simultaneamente transparente e muda. Daí provieram os esforços obstinados de Freud para encontrar o elo de derivação: como é que esse ser, ao mesmo tempo bissexual e apaixonado pela mãe, se tornava mulher. Não estaria a questão, por conseguinte, em compreender como esse ser passava de seu querer primordial para seu desejo? Era aí que a psicanálise o esperava: aí, de fato, ela estava inteiramente equipada. Mas a questão espinhosa era a da genealogia do querer para o desejo.

Podemos dizê-lo de maneira mais precisa: o objeto primordial do querer-feminino é realmente a Mãe. Mas, para desejar, e para aceder ao homem, ela precisa fazer seu luto desse querer. A interrogação de Freud seria, portanto: porque ela continua assim, querendo, além de seu desejo? — é isso que não consigo compreender.

Em parte alguma o desafio considerável dessa questão aparece melhor do que na segunda seção do ensaio sobre a "Sexualidade feminina", onde Freud se formula a questão fundamental dos "motivos" do abandono da mãe pela menina. A expressão exata é *Abwendung von der Mutter*,[29] o que conota uma espécie de afastamento, de mudança radical de direção (*Abwendung*). Mudança de objeto, em suma: mas Freud vislumbrou, justamente, uma questão essencial de *estilo*,[30] que tornou necessário pensar em algo inteiramente diferente de uma troca. Essa era, de certo modo, a outra face da *Mutterbindung*, ao mesmo tempo que sua hora da verdade tão paradoxal. Tratava-se de compreender, a rigor, como se estabelecia essa ligação tão forte, talvez a mais forte jamais urdida pelo inconsciente.

Mas não nos enganemos: ao efetuar sua autocrítica sobre o papel da ligação com a mãe, Freud trouxe à luz uma questão espinhosa num outro sentido, que é o desligamento. O mais difícil de compreender é exatamente o que permite desatar essa *Bindung*. Mais difícil ainda é compreender o estatuto desse sujeito no inconsciente: é que, no final do desligamento, é a mulher, advinda à feminilidade, que encontramos.

Nesse solo "miceniano", Freud parece ter buscado encontrar "seu grego", mas adaptando-o à estranheza da situação a ser pensada. Assim, ele nos adverte para a necessidade de pensarmos na pluralidade: "Estamos preparados para encontrar, não um único motivo dado, mas toda uma série (*Reihe*) desses motivos, que colaboram para um mesmo alvo final (*Endziel*)".[31] E esse alvo é o desligamento: "Nosso interesse deve voltar-se para os mecanismos que atuam no afastamento do objeto materno, tão intensa e extraordinariamente amado." Sabemos que habitualmente se designam por esse termo razões que são "boas" demais para serem convincentes. Freud pressentiu quão estranhos eram os "mecanismos" com que iria lidar: não era uma simples mudança de objeto que estava em jogo aqui, e que pudesse ter motivos ou razões identificáveis — era uma produção de "razões" para justificar um afastamento do objeto. Quanto não seria preciso à futura mulher inventar, para dar a si mesma a força e as razões de voltar os olhos para outro lugar que não a Mãe! Portanto, não foi por não conseguir apontar a causa do desligamento, ou por não conseguir se decidir, que Freud desfiou sua "seqüência": é que ele como que acompanhou com o olhar a seriação que se operaria, e tentou ordená-la, pelo menos não omitindo nenhuma causa, ou até pesando-as. É verdade que a série serviu para amansar o peixe fisgado: mas esse é justamente o procedimento da menina, que tenta amansar seu Objeto primordial numa torrente de "boas razões" — por medo, aliás, de submergir ela mesma na torrente materna.

Freud fez de si o atento contador dessa aritmética. Mais exatamente, tornou-se o escrivão dessa querela familiar fundamental, desse *litígio* tão decisivo para a futura mulher, da querela que a levava a pôr fim a sua "contenda" com a mãe. Como numa série de "considerandos" jurídicos, ele se esforçou por não omitir nenhum.

A esses *Motieve* ou *Momenten*, ele também chamou *Vorwurfe*, o que podemos traduzir por "censuras", ou melhor, "queixas". Há nisso algo da ordem do ressentimento: multiplicam-se as queixas para fundamentar a Queixa; é por *já estar presente* que o ressentimento procura se escorar em boas razões, mas toda queixa reforça o ressentimento, a ponto de ele se tornar, a cada queixa suplementar, um pouco mais causa de si mesmo, um pouco mais justificado para exercer sua vingança.[32]

Assim, Freud expôs uma lista desses motivos-queixas em relação à mãe: censura por ela ter concedido a outros (irmãos e irmãs, rivais) o amor tão exclusivamente cobiçado; ação do complexo de castração, que implica a queixa feita à mãe por ela ter gerado uma criança castrada, e por também se revelar castrada, um preconceito que macula a presunção de onipotência; censura por ela haver seduzido sua própria filha, a pretexto de lhe prestar cuidados corporais, e, ao mesmo tempo, por ter impedido a masturbação. E censura, também, por não ter alimentado suficientemente a filha. Parece, no final das contas, que essa acumulação fornece um excesso de razões, a ponto de suspeitarmos de uma nova edição da história do caldeirão mencionada na *Traumdeutung*, onde a inflação de razões resulta numa contradição patente: assim, acusado de haver danificado um caldeirão que lhe haviam emprestado, nosso sujeito afirmava que o objeto não estava danificado, que não lhe fora emprestado e, porque não? que já o havia devolvido!

Entretanto, desse dossiê volumoso demais para ser confiável, podemos extrair duas razões fundamentais: uma, que por si só constitui uma classe, e que não é outra senão a castração;[33] e outra que tem a ver com o par mãe-filha, e cuja verdadeira natureza Freud finalmente formulou: a verdade, a rigor, é que esse amor "desmedido", que "deseja exclusividade", é também, "propriamente falando, desprovido de alvo (*ziellos*), incapaz de satisfação plena", de modo que está "condenado a desembocar numa desilusão (*Enttäuschung*) e dar margem a uma postura hostil". Amor sem futuro: é realmente esse o ponto em que se estabelece a tragédia da relação mãe-filha.

É compreensível que as outras razões só façam como que pormenorizar essa *aporia* fundamental: é necessário simplesmente o tempo de compreender que, entre uma e a outra, o amor não tem futuro, e é ao tomar a si as razões do rompimento que uma se desvia da outra e se torna *mulher*.

Freud não pôde pensar nada de mais exato, sob o nome de "mulher", do que *o efeito desse afastamento*. E é ao realizar singularmente esse afastamento que uma mulher se torna mulher por si mesma. Compreende-se também o estranho maquiavelismo dessa relação: o fim, aqui, justificaria os meios — o desligamento justificaria as "razões" —, se eles não fossem, precisamente, o meio de chegar à convicção de que o fim não tem futuro, ao culpar a própria Mãe de alta traição!

Compreende-se, finalmente, o papel do Pai, como substituto e alternativa: ele tem que existir, para que seja possível a alternância... com o Paraíso! Papel simultaneamente salutar e ingrato, que cabe tanto ao Pai quanto a seu herdeiro, o homem amado. É por isso que Freud identifica o vestígio insistente da antiga demanda materna no próprio cerne da escolha do objeto masculino pela mulher.

Acaso isso significa que há aí um malogro? Na verdade, o processo é tão bem feito, ou tão "viciado", que logra êxito em certo sentido: a mãe é condenada para que a filha possa suportar emancipar-se desse amor sem solução. Mas tudo transcorre como se a aporia do amor primitivo — pela Mãe — viesse a se restabelecer no limite da relação dupla, ou seja, na linhagem do Pai, da castração e do desejo, e na da Mãe, da demanda... e do querer. Uma cicatriz irredutível, que imprime em qualquer desejo ulterior — desde que haja uma mulher como sujeito — a marca de seu querer.

Não é apenas que a mulher continue a querê-*la* ao desejá-*lo*: é que, estruturalmente, o desejo deslancha a partir de a demanda ser recusada. Que vontade não há de ser necessária à menina para empreender esse esforço — a ponto de Freud imaginá-la prematuramente esvaziada de suas forças![34] Tanta energia por querer deixar de amar a mãe quanto por tê-la amado. O desejo que brota daí fica marcado por essa provação.

Por conseguinte, é compreensível que, sem o conhecimento do próprio Freud, que não as ligou, a pergunta formulada nessa ocasião — "Que deseja a menina da mãe?" — e a pergunta "Que quer a mulher?" façam eco uma à outra. Uma é o centro da outra. É que compreender o que se aprofunda no desejo da[35] Mãe — observe-se, de fato, o *da*: *Was verlangt das kleine Mädchen* von *der Mutter*[36] —, que mais conota o pivô de uma demanda do que de um objeto de desejo, é avaliar, de certa maneira, a profundidade que mede a demanda primária.

É aí que se coloca, de fato, a elaboração acerca da atividade e da passividade. Mas o essencial é que essa relação é como que exemplarmente *pulsional*: a questão é relativa ao que a mãe faz com o corpo da filha e ao que a filha, assim instalada como alvo de prazer, nessa relação a que é *submetida*, consegue reverter contra a mãe dessa circulação intensiva dos sinais do corpo. É como se a relação de prestação de cuidados fosse sobredeterminada: a menina, para viver essa relação, tem que se assenhorear daquela que pertence à mãe como sendo ela mesma. Acaso uma imagem surpreendente de "autonomia", que consiste em realizar sozinha o que até então fazia a dois (com ela), não consiste, ou em repetir ativamente, nas brincadeiras, suas experiências passivas, ou em fazer realmente da mãe um objeto perante o qual (ela) se comporta como sujeito ativo? Não é nesse lugar, onde repete ludicamente a relação com a mãe, que a menina expressa o que deseja *da* mãe? Momento capital em que a filha emerge para si, ao mesmo tempo, como resíduo de uma ausência e como repetição dessa presença, assim dominada. Talvez encontremos nisso o segredo do *spleen*[37] com que tantas vezes se fenomenaliza o querer feminino, exigindo uma disponibilidade no limite da irritação erotizada...

No processo anteriormente reconstituído do tornar-se mulher, efetivamente deparamos com o estranho problema com que Freud se viu confrontado: o de um "afastamento da mãe" que não pára de se avolumar, através de um acúmulo de razões para justificar a traição da Mãe amada, e que, no entanto, não pára de acabar. Essa *Ab-wendung* é, realmente, uma *Wendung*, uma "conversão" da Uma-amada no Outro por amar. É compreensível, portanto, que a relação com o falo e com a castração, por mais que seja constitutiva do desejo da mulher, fique presa numa equação particularíssima. É como se, na verdade, a referência ao pai viesse alimentar a energia da "conversão", reforçá-la como que de fora: "Se você vai me abandonar", diz o desejo da filha à Mãe — entendendo-se que a traição *tem* que se dar, para que ela saia da relação descrita como sem futuro —, "que *pelo menos* reine o Pai." Por conseguinte, ela tem que se dedicar ao falo, embora não tenha para isso uma... vocação.

É isso que explicaria o fato de a castração, por mais imperativa que seja para marcar o desejo da mulher, não poder ser pensada sem essa referência a uma espécie de silogismo inconsciente do qual ela é a premissa "menor" — por mais fundamental que seja sua importância a partir de então. A premissa "maior" desse silogismo é, na verdade, a demanda endereçada à Mãe. E a conseqüência disso, finalmente, é a própria mulher, advinda como intermediária entre uma referência e a outra; mas vemos, justamente, que essa intermediária "claudica", pela *nostalgia* (no sentido do *Sehnsucht* alemão[38]) de ter sido preciso libertar-se da origem — de o silogismo ter tido que ser posto em andamento. O "querer" é o que trava essa mediação, ou o que permite nomear esse "travamento" da mediação.

É aqui que caberia muito mais evocar a lógica do conto dos três desejos.

É realmente para a Mãe que se dirige seu primeiro desejo: aquele de que ela tem certeza. Mas, a partir do momento em que a falta de futuro desse desejo lhe é demonstrada — depois que ela demonstra isso *a si mesma* —, ela se entrega a sua segunda oportunidade: o desejo pelo pai e pelo homem. Há que supor, entretanto, que uma terceira posição seja então revelada, uma espécie de suspensão recíproca da posição I e da posição II, pela qual o próprio sujeito se vivencia mais como o resto do que como a "solução".

Assim, se é verdade que Freud identifica a relação com o falo como sendo o destino do desejo da mulher, é também verdade que ele detecta na mulher, além do desejo, aquilo que continua a resplandecer do grande querer primário-materno.

7. Teoria do "capricho"

Convém ainda interpretar a referência à irredutibilidade designada pelo "querer". Não parece ela marcar o limite da lógica do desejo que a psicanálise expôs exemplarmente? Mas, não seria preciso um sujeito desse "querer"? Ficaríamos tentados a localizá-lo, nesse caso, em algum plano "psicológico" que o desejo houvesse dissipado mal — numa referência a algum "voluntarismo" que resistisse ao desejo, ou mesmo ao inconsciente.

Pois bem, a rigor, é em algo totalmente diferente que se trata de pensar: é que esse querer não tem outro sujeito senão o do desejo. Ademais, a psicanálise não pode conceber nenhum outro. Mas o que resta pensar é na deiscência do sujeito desejante que parece distinguir a "modalidade feminina" do inconsciente. Mais ainda que de uma turbulência do querer na mecânica do desejo, tratar-se-ia de um distanciamento tranqüilo, de um desconto feito pelo sujeito daquilo que ele *deve* a seu desejo. Essa parcela do querer que faz com que o sujeito pareça não habitar inteiramente em seu desejo não remete nem a uma estratégia comportamental (como que pré-consciente), nem a um sacrifício obscuro, se é que o querer não é uma "parcela maldita". Ele é, digamos, uma *reserva*: uma reserva para não habitar totalmente no conteúdo de seu próprio desejo, de modo que o sujeito *se* poupe — e é nisso que residiria seu "querer".

Desse modo, podemos decifrá-lo como uma expressão de suma liberdade ou como pura e simples *arbitrariedade*. Mas o essencial é dar-lhe seu brevê de existência na experiência analítica, sem o que fica efetivamente negado algo da mulher que pode ser o *essencial*, e, paradoxalmente, a "comprovação clínica" de que a mulher não tem *essência* no inconsciente.

É óbvio que a adjudicação de uma essência à mulher, mesmo que seja desejante, tem como resultado antecipar-se ao destino de seu próprio desejo. É essa impossibilidade de antecipar que estabelece a incongruência entre o querer e o desejo. Mesmo que eu possa saber do desejo, não posso, de fato, antecipar o que o querer introduzirá nisso: foi essa a verdade que a mulher ensinou Freud a articular, ao cabo de uma longa aprendizagem.

Isso não implica, em absoluto, que o desejo seja anulado: ele é apenas mantido como reserva pelo que o sujeito introduz de sua "volição". Entendemos que, quando Freud caracteriza a técnica analítica como a técnica do "impossível", "onde podemos ter a certeza prévia de que o efeito será decepcionante",[39] é bem possível que extraia essa sabedoria da experiência privilegiada com a feminilidade. O que preserva a *tekné* analítica da ilusão "tecnológica" é que, entre o desejo e seu efeito, o querer do sujeito se intercala. Talvez tenha sido principalmente da mulher que Freud extraiu essa verdade.

Mas também compreendemos que não haja outro destino do querer senão o do desejo: por isso, devemos precaver-nos, ao insistir no efeito do querer, contra fazer dele uma hipóstase, por sua vez. Mas eis exatamente o que, por algumas aproximações, podemos procurar pensar: que o "querer" não designa nenhuma "faculdade" específica no inconsciente, e sim o ponto indissolúvel em que o sujeito marca sua presença em seu próprio desejo, como possibilidade de aderir a ele ou não. Desse ponto, a feminilidade seria exemplar.

É compreensível, por isso mesmo, que Freud não tenha integrado a questão crucial da adesão da mulher a seu desejo através de uma teoria da conduta, como se ela não se conduzisse como deseja. Ele se manteve na área exclusiva do desejo e de suas representações, mas a falta retornou na "esquiva" perpétua a que ele atribuiu o "querer" como princípio.

O querer não é um fenômeno, nem tampouco uma faculdade: não podemos atribuir-lhe uma causa ou uma função. Nem por isso, contudo, ele é pura vertigem: o próprio Freud resistiu, mais ou menos eficazmente, a tratá-lo como "capricho". Esse lugar da contingência chega até a ter uma lógica tão boa que podemos fazer dela um princípio de decifração estrutural.

Houve época em que se precisou, para decifrar a liberdade do sujeito, de uma oposição fundamental: entre a "vontade" e o "entendimento".[40] Assim, Descartes contrastou o caráter infinito da vontade com o caráter finito do entendimento, no ponto de emergência da liberdade que pode se converter numa má utilização do que o entendimento percebe.[41] Talvez possa haver uma necessidade — inteiramente conjuntural, em seus próprios termos — de reativar uma forma de oposição desse tipo na teoria da feminilidade. Mas, para fazê-lo, nenhum dualismo da afetividade e do conhecimento é necessário: Freud nos demonstrou claramente que o desejo está atrelado, no inconsciente, a uma questão de saber — peculiar, é verdade, por dividir o sujeito em relação a sua própria verdade.

Mas vemos, precisamente, o que a feminilidade nos obriga a adicionar (ou deduzir) para pensá-la: a saber, uma cisão entre o entendimento desejante — isto é, o que o sujeito "percebe" de seu próprio desejo, consagrando-se a ele, mesmo que de maneira dividida — e o querer, que é mestre em desorganizar as percepções. É compreensível que Freud, afinal, tenha perdido um pouco de seu latim, já que esbarrou, no tocante à mulher, numa vontade que não se reduziu a seu entendimento. Resta-nos fazer o balanço de seus efeitos concretos na própria clínica.

NOTAS

1. Essa foi a expressão empregada por Freud em seus ensaios da *Metapsicologia* para designar seu movimento de investimento dos conceitos a partir das indicações do "material" clínico.
2. Vemos que essa expressão é muito conveniente ao primeiro modelo, cujo dobre de finados foi como que soado por Dora.
3. Tornamos a partir do começo para apreender o conteúdo, enquanto, na parte anterior, tínhamos descrito apenas a história da relação: por isso mesmo, aliás, se evidenciará em que medida uma é o reflexo da outra.
4. Quanto à teorização dessa noção de "descobrimento", remetemos a nosso artigo "Les grandes découvertes de la psychanalyse", in *Histoire de la psychanalyse, op.cit.*
5. Acerca dessa idéia, ver nosso *Freud et Nietzsche*, PUF, 1982, conclusão.
6. Ver *La naissance de la psychanalyse*, p. 60, nas "teses" de um manuscrito datável do final do ano de 1892 [Teses do "Rascunho A", in "Excertos dos documentos dirigidos a Fliess", *E.S.B.*, vol. I, 2ª ed. rev. Note-se que, tanto na *Standard* inglesa quanto na *E.S.B.*, o texto diz: "A *neurastenia* nas mulheres é uma conseqüência direta da neurastenia nos homens..." (N.T.)].
7. *Op.cit.*, p. 63 [*E.S.B.*, I, *op.cit.*].
8. Ver, na conclusão do presente livro, o espantoso eco "metafísico" dessa observação clínica (p. 173).
9. Ver *supra* a idéia da mulher como sintoma do homem, que essa idéia confirma.
10. No esquema desenhado por Freud ("Rascunho G — Melancolia", in "Excertos...", *E.S.B.* I, *op.cit.*). (N.T.)
11. *La naissance de la psychanalyse, op.cit.*, p.96 (*E.S.B.*, I, *op.cit.*]. Trata-se do parágrafo V do manuscrito datado de 1º de janeiro de 1895.
12. Ver *infra*, III parte, pp. 95
13. Esse é o título do manuscrito citado, cf. *op. cit.*, p. 91 ["Rascunho G: Melancolia", in "Excertos...", *op.cit., E.S.B.*, I]. Ver *infra* a respeito da importância da melancolia para a feminilidade, p. 126
14. Neste, a cena seria, na verdade, de predomínio ativo.
15. Manuscrito K, de 1º de janeiro de 1896, in *La naissance de la psychanalyse*, p. 136 [*E.S.B.*, I, *op.cit.*].
16. Esse é o parágrafo IV da segunda parte do *Projeto*, in *La naissance de la psychanalyse*, p. 364 [*E.S.B.*, vol. I, 1ª ed. rev.].
17. *Op.cit.*, p. 365 [*E.S.B.*, I, *op.cit.*].
18. Ver *supra*, cap. II.
19. Ver, quanto a esse ponto, nossa exposição in *Les grandes découvertes de la psychanalyse, op.cit.*
20. Ver, a esse respeito, nossa exposição in *Les grandes découvertes de la psychanalyse, op.cit.*
21. *G.W.*, vol. X [*Sobre o narcisismo: uma introdução, E.S.B.*, vol. XIV, 1ª ed.]
22. *Sobre o narcisismo: uma introdução.*
23. Empregamos aqui a definição do *Vocabulário técnico e crítico da filosofia* de Lalande, verbete "Querer", que remete a um sentido específico do verbete

"Vontade" (§ E). Observe-se que, ali, o querer tem precisamente uma definição própria, que não se reduz à definição da vontade como faculdade. O próprio despojamento dessa definição torna-se quase irônico à luz da psicanálise (vide o "até inconsciente!"). Mas permite, justamente, resgatarmos o nível que estamos procurando situar.

24. *G.W.*, vol. XV [Conferência XXXIII, *Novas conferências introdutórias sobre psicanálise, E.S.B.*, vol. XX, 1ª ed.].
25. *G.W.*, vol. XIV, p. 518 ["Sexualidade Feminina", *E.S.B.*, vol. XXI, 1ª ed.].
26. *Op.cit.*, p. 517 [E.S.B., XXI, *op.cit.*].
27. *Op.cit.*, p. 519 [*E.S.B.*, XXI, *op.cit.*]. Quanto à posição dessa imagem feminina do arcaico em relação às outras, remetemos a nosso texto "L'Archaïque chez Freud", in *Nouvelle Revue de Psychanalyse*, 1982.
28. Por Michaël Bentris, em 1952. Cf. John Chadwick, *Le déchiffrement du linéaire B,* Gallimard.
29. *G.W.*, vol. XIV [*E.S.B.*, vol. XXI, *op.cit.*].
30. Cf. *infra*, p. 111 ss.
31. *Op.cit.*
32. Podemos adivinhar o que extrairia disso uma análise de tipo nietzschiano. Cf. sobre esse ponto *Freud et Nietzsche*.
33. Ver *infra*, cap. VI.
34. Ver suas declarações sobre a viscosidade da libido feminina: a fixação só faz conotar, aqui, a acrimônia da conquista anterior.
35. No anseio pela mãe. (N.T.)
36. "O que a menininha exige da mãe." (N.T.)
37. Melancolia, mau-humor, irritabilidade. (N.T.)
38. Saudade. (N.T.)
39. Cf. *Análise terminável e interminável, G.W.*, vol. XVI, p.94 [*E.S.B.*, vol. XXIII, 1ª ed.].
40. Cf. os *Princípios da filosofia*: "Todas as maneiras de pensar que observamos em nós podem ser relacionadas com duas maneiras gerais, uma das quais consiste em discernirmos pelo entendimento, e outra, em nos determinarmos pela vontade" (§ 32).
41. "Além disso, o entendimento estende-se apenas aos poucos objetos que a ele se apresentam, e seu conhecimento é sempre limitado, ao passo que a vontade pode parecer infinita..." (§ 35). Há qualquer coisa disso no famoso *Video meliora proboque, deteriora sequor* ["Vejo o melhor e o aprovo, (mas) sigo o pior"], de Ovídio: mas, entre o primeiro verbo — ver o melhor — e o último — seguir o pior —, coloca-se nada menos do que a divisão do sujeito!

capítulo V

IMAGENS CLÍNICAS DO QUERER-FEMININO

Tendo chegado a essa etapa de nossa investigação, transformamos o ponto de interrogação num princípio explicativo: em outras palavras, parece-nos possível e até necessário repensar as principais estruturas pelas quais a feminilidade como que se fenomenaliza, a partir do que é indicado pela questão freudiana: a divisão constitutiva entre o querer e o desejo, no sentido identificado no capítulo anterior.

Caberia, portanto, pensar a mulher no cruzamento inconsciente de duas linhas concorrentes, cujos elementos já identificamos: de um lado, o Querer-ligação-materna-demanda, e de outro, o Desejo-referência-paterna-falo. É entre os dois que se leria a costura imaginária mediante a qual ela pode se identificar. Como vemos, não é uma imponderabilidade, mas uma forma singular de irredutibilidade, que permite reler com rigor o desdobramento dessa contradição no inconsciente, onde ela produz sentido como que obstinadamente.

1. O estilo da estrutura

Assim, vamos desenhar esse campo esboçado em Freud, nem que seja para apontar a área de pesquisa prometida à investigação analítica da feminilidade,[1] desde que confiemos no princípio sugerido por Freud.

As três grandes linhas estruturais, da *neurose*, da *psicose* e da *perversão*, podem servir de marcos: nessas três "eventualidades", a feminilidade vivencia sua aporia maior. É justamente por não constituir uma estrutura no inconsciente que a feminilidade só pode ser identificada pela duplicação de sua aporia singular no seio das estruturas reconhecíveis como tais. É nelas que a feminilidade imprime seu *estilo*, esse algo de "miceniano" que é preciso acrescentar à escrita clássica (o "grego" do inconsciente) para concluir sua decodificação.

Com o termo neurose, Freud identifica uma forma de oposição entre o desejo do sujeito e a proibição, que lhe permite manter a inerência à realidade, enquanto, na psicose, a própria realidade cede às exigências pulsionais. Enquanto, na neurose, o sujeito "reprime um fragmento do isso" em nome do real, sendo o isso "recompensado" com o "relaxamento da relação com a realidade" constituído pela fantasia, o processo psicótico, depois de separar o eu da realidade, tentaria, através do delírio e da alucinação, "reparar os estragos, reconstituindo à custa do isso a relação com a realidade".[2] Já a perversão faz um corte no real para renegar nele o vestígio insuportável da castração, mas o sujeito é obrigado a se fender na mesma medida, ao mesmo tempo em que tapa, mediante a estratégia fetichista, os furos pelos quais a ameaça pode retornar no real.

O desafio considerável consiste em assinalar em que medida a feminilidade imprime nessas estruturas, que ela "compartilha" com o homem, aquilo que não podemos designar de outra maneira senão como seu "estilo". Daí termos que conciliar a idéia de uma identidade das estruturas com a de uma diferença clínica em sua efetivação. É justamente aí que o princípio distintivo da incongruência querer/desejo pode ser útil: é no terreno clínico que devemos verificá-lo, para vivenciá-lo *in concreto*. É como se esse princípio tivesse o valor de um "esquema" que permite produzir a mediação entre a teoria da feminilidade e a clínica correspondente.

Por isso, proporemos três *projeções* identificáveis, superpondo o princípio da incongruência às três estruturas mestras do inconsciente.

A fórmula da feminilidade neurótica deve ser buscada em termos de um sujeito — *uma* mulher — *que não quer o que deseja*. Simetricamente, a perversão se caracterizaria por um *querer o que ela não consegue desejar*. Por fim, a psicose refletiria um *querer desejar*, que sempre reexperimenta mais uma vez a carência do desejo. Três imagens de um mesmo encontro malogrado, no seio de um mesmo sujeito, entre seu querer e seu desejo, que nos permitem esboçar uma espécie de tragédia do "capricho" em três atos.

Entendemos que as estruturas fornecem o núcleo do conflito — algo como o equacionamento da relação do desejo com a proibição e com a realidade. A fórmula tríplice anterior indica, no tocante a cada uma das estruturas, o que nela se enxerta do *estilo* de efetivação desse núcleo conflitivo, acrescentando-lhe a *deiscência* que vimos procurando pensar. Convém verificarmos em que isso é esclarecedor justamente para reapreender o que Freud nos diz da feminilidade, quando depara com suas aporias singulares.

2. O sonho fundador: de um caviar sem desejo

Desse princípio, Freud fornece a ilustração exemplar numa estranha passagem da *Traumdeutung*. Não há de nos surpreender que, mais uma vez, seja na cena do sonho que Freud fornece a chave de uma verdade essencial concernente à mulher. Mas seu contexto é particularmente paradoxal, justamente por oferecer a oportunidade de apontar o paradoxo que estamos procurando pensar, e ao qual Freud forneceu ali, de certo modo, um brevê de legitimidade.

No capítulo IV da *Interpretação dos sonhos*, onde examina a "transposição" empregada na lógica onírica, Freud evoca uma objeção a seu princípio fundador de que o sonho seria a realização de um desejo. Ora, essa objeção emanara de uma mulher, qualificada de "espirituosa", que havia citado contra esse princípio um de seus próprios sonhos. Essa refutação assumiu a forma explícita de um *desafio* ao dono do saber: "O senhor está sempre dizendo", declarou uma paciente espirituosa, "que o sonho é um desejo realizado. Pois vou lhe contar um sonho que é exatamente o contrário de um desejo realizado. Como o senhor harmonizaria isso com sua teoria?"[3]

Estamos, pois, numa situação peculiar: não se trata apenas de interpretar um sonho entre outros, mas de pôr em jogo toda a "ciência dos sonhos". Com efeito, trata-se de um sonho que supostamente escapa a seu destino inconsciente: impossível, aparentemente, "harmonizá-lo" com a teoria, já que tudo sai errado para a sonhadora. Há nele, realmente, mais do que um ceticismo corriqueiro perante a interpretação analítica: trata-se de um anti-sonho (no sentido analítico do termo). Ademais, conhecemos bem a sintaxe do desafio sistematicamente dirigido a Freud por seus pacientes: "Vamos, tente explicar isso que provém de mim — sonho ou sintoma — para comprovar seu saber." Já o experimentamos, justamente, ao longo de toda a relação com a histeria.

Só que, nesse caso, o desafio foi muito mais radical: não era o conteúdo do desejo que ele era desafiado a compreender, mas a presença do desejo em pessoa: "Olhe bem para meu sonho e tente me dizer se você consegue encontrar nele alguma coisa que se assemelhe a um desejo." Reivindicação fundamental no plano da feminilidade: produzir uma verdade que, ainda que proceda do inconsciente, escapa à ordem do desejo. É por isso que algo de essencial nos parece articular-se nessa demanda e na réplica que Freud lhe dirigiu. É que, longe de afastá-la, ele entrou na arena, como todas as vezes que se esboçava uma objeção mortal para seu próprio saber: o que ele enunciaria nesse momento nos parece um dos lampejos mais lúcidos sobre a condição da feminilidade no inconsciente.

O relato do sonho se constitui, de fato, de uma sucessão de fiascos: "Eu queria oferecer um jantar, mas tudo o que tinha em minha despensa era um pouco de salmão defumado. Quis sair para fazer compras, mas me lembrei que era domingo à tarde e que todas as lojas estavam fechadas. Quis telefonar para alguns fornecedores, mas o telefone estava enguiçado. Assim, tive que renunciar ao desejo de oferecer um jantar." Para essa derrota completa, Freud logo encontrou um modelo no real: de fato, estamos num mundo em que predominam os valores orais. Como mulher de um açougueiro atacadista, a paciente realmente parecia ter vocação para identificar seus desejos em termos de "vontades".[4] Seu próprio marido, cuja boa saúde física e genital fora sublinhada, identificava seu objeto de desejo em termos carnais. Como se tratasse as mulheres, objetos de sua inclinação, como "belas postas" de carne. Ademais, ela era obrigada a aderir, pelo menos aparentemente, a esse ideal, para se fazer amar por um homem por quem se dizia apaixonada, a ponto de desejar ter as formas roliças que sabia deverem ser do agrado do marido açougueiro.

O que maculava esse quadro de engordamento era uma discreta recusa: ao marido, ela pedira que não lhe oferecesse caviar, embora, na realidade, ansiasse desde longa data por comer todas as tardes um sanduíche de caviar; mas recusava a si mesma esse gasto. Essa abstinência era dirigida ao marido, já que ela sabia muito bem que ele atenderia imediatamente a seu pedido, de maneira, segundo dizia, a poder implicar com ela por muito mais tempo por causa disso. Então não vemos emergir aí o "capricho", com seu efeito imediato no Outro, que podemos efetivamente transpor para a consciência sob o termo "implicância", empregado pela interessada?

Assim, a paciente tinha razão em falar do conteúdo de seu sonho como "desejo insatisfeito". Mas a pergunta teve a mesma repercussão: "Observei que ela fora obrigada a criar para si um desejo insatisfeito. Seu sonho lhe mostrava esse desejo como realmente insatisfeito. Mas, *para que ela precisava de um desejo insatisfeito? (Wozu braucht sie aber einen unerfüllten Wunsch?).*

Grifamos esta última frase porque ela deu ao questionamento freudiano sobre o querer-feminino seu verdadeiro pivô. Freud não se empenhou em descobrir o vestígio de uma lógica da satisfação que estivesse mascarada pelo relato do desejo insatisfeito: como que acompanhou com o olhar o salto dado pelo desejo da mulher, de sua aparente insatisfação para o próprio sujeito: qual era *o estatuto desse sujeito que queria que seu desejo ficasse insatisfeito?* E, num sujeito assim, qual seria a natureza do "querer"?

Essa mulher, a quem, no sentido exato, *não faltava nada*, não tinha dirigido ao próprio Outro de seu desejo um pedido de ficar em falta? Era como se lhe dissesse: "Você, que eu amo, conceda-me essa falta, permita que me falte algo!" Da satisfação do desejo (ou do desejo satisfeito) surgiu, mais recuado, o sujeito do querer, que expressou no sonho a verdade de sua estratégia.

Mas esse desdobramento foi possibilitado pela referência à *outra mulher*: uma amiga, prontamente caracterizada como magra (naquele universo onde isso era um critério determinante de avaliação), mas que suscitava a admiração do marido amado, a despeito (por causa?) de sua predileção pelas "formas roliças". Ora, essa mulher havia solicitado um convite para jantar, no qual a outra suspeitara imediatamente de um perigo: engordando assim, não iria a amiga atender perigosamente a uma condição que a valorizaria perante seu marido? Tal jantar seria muito perigoso, e o sonho o adiou oportunamente.

O traço decisivo pelo qual se confirmou a *identificação* com a amiga foi a equivalência de dois caprichos: tanto uma se recusava o caviar tão cobiçado quanto a outra se recusava o salmão defumado,[5] que fora objeto do pequeno balé evocado pelo sonho. Com isso, a sonhadora "se colocou no lugar da amiga no sonho, porque esta se estava colocando em seu lugar junto a seu marido, e porque ela queria assumir, na estima do marido, o lugar da amiga".

Mas, não seria possível radicalizarmos o sentido da combinação assim realizada? Esta realmente poderia, a rigor, ser decifrada como um artifício derradeiro e complexo do desejo — embora indicasse igualmente uma cisão. Foi no lugar da falta que ela procurou advir: no lugar da mulher magra, que, apesar de tudo, despertava o desejo que ela reivindicava, e também no lugar do caviar não consumido. Como se, com isso, ela, a sonhadora — tão exemplar, nesse aspecto, da estratégia inconsciente da feminilidade —, se recusasse a girar na órbita do desejo do Outro (o homem), para tornar a atingi-lo e se propor novamente a ele como uma *falta a ser amada.*[6]

Compreende-se a estranha mensagem codificada desse sonho de mulher: se ela não queria o caviar que tanto desejava, era para expressar que não queria o que desejava. Que não se a supusesse inteira, portanto, em seu desejo (do qual, por outro lado, ela não se privava, como parecia indicar a realidade de uma certa felicidade genital): nesse lugar, ela não seria encontrada. De fato, lá estava ela, pela brecha arranjada através da recusa do caviar, voltando para o Outro que a amava e que, no entanto, não a esperava ali: a saber, pela brecha da falta assinalada por sua amiga e que o marido, ainda que vagamente, pudera desejar.

Aliás, Freud parece preocupado, acima de tudo, em ilustrar ali o fenômeno da "identificação histérica": mas parece-nos que esse foi um meio dentro de uma estratégia mais global: era como a outra mulher que ela queria se fazer desejar. Por isso precisava seguir o olhar do marido, fixado na outra mulher, para alcançar a falta que conseguira despertar aquela chama e tentar desviá-la em seu benefício: "Ame-me como se eu fosse a outra!" Não que esta fosse mais desejada do que ela mesma (o inverso, antes, era verdadeiro), mas a amiga era "admirada", inspiradora. Como se o marido, desejando tanto sua mulher, se deixasse inspirar pela falta da outra, numa suspensão do desejo no ponto em que *ele ainda não eliminava a falta.* Convém fixarmos bem nossa atenção nesse aspecto, pois esse poderia perfeitamente ser o lugar para onde tende o querer-feminino, onde ele encontra sua área de projeção e reflexão.

É para manejar o irresolúvel entre-dois de seu desejo e seu querer que a histérica recorre com tanta freqüência ao *duplo* feminino, pólo de identificação que regula e administra sua duplicidade. Duplicidade exemplar, nesse sentido, da feminilidade, que Freud viu bater à sua porta — através do desafio a que quase deu direito de cidadania. *Quase*, porque, ponderando tão bem sobre essa necessidade de insatisfação, ele pareceu preocupado, acima de tudo, em creditá-la a uma economia universal do desejo, como um derradeiro artifício. Restaria nos perguntarmos se esse "artifício" não é, antes, a própria feminilidade...

Não foi por acaso, de qualquer modo, que, no mesmo contexto, ele evocou "a mais espirituosa de todas as suas sonhadoras", que, para rejeitar, também ela, sua teoria da realização do desejo, produziu, já na noite seguinte, um sonho contraditório: "*Ela desejava que eu estivesse errado, e portanto, esse sonho lhe mostrou a realização de seu desejo.*" Assim, no que poderia ser a forma mais radical de "contratransferência", Freud interpretou a infração da ordem do desejo como uma infração da ordem de seu saber, devolvendo-lhe o sonho como a confirmação dessa dupla ordem. Não surpreende, por conseguinte, que, depois de ter respondido tão magistralmente ao anúncio da cisão entre o querer e o desejo, ele tenha acabado, no final, por se interrogar: "Mas, então, o que quer ela afinal, se não é seu desejo, e se não é o saber de seu desejo?"

Mais do que numa "resistência", caberia pensarmos aí em algo de irredutível. Pois o próprio Freud não o incitava, ao qualificar sistematicamente esse tipo de mulheres rebeldes de "espirituosas",[7] ao batizar isso de "espírito"? Espírito de contradição, se quisermos, porém no sentido mais radical: o espírito particularíssimo de quem se vivencia como a contradição viva entre seu querer e seu desejo. A própria forma verbal do sonho pode ser relida com a ironia revelada por Freud: ele foi relatado como uma série de "quereres" fracassados, mas era justamente a insistência "volitiva" subjacente a eles que constituía a verdade do sonho.

A cada fracasso aparente de *um* desejo, é *um* querer que se anuncia para desorganizar a máquina do desejo; cada querer que aborta renega um desejo.

Nessas condições, esse sonho, bem como a encenação por ele instituída, merece figurar como epígrafe da histeria, como sua confissão. Freud não ficou desconcertado ao responder ao desafio da sonhadora, que aliás o atraiu, justamente por isso, para o lugar supostamente insondável de seu querer.

Vemos instaurar-se, sob o signo desse sonho, a posição da histérica, intrinsecamente indecisa entre se afiliar à ordem do desejo ou restaurar a plenitude da demanda; presa entre a "aspiração" e o desejo, negando seu desejo e desejando sua aspiração, optando ao mesmo tempo pelo pai e pela mãe, em suma, provocando um curto-circuito dos dois registros e fincando seu sintoma nesse foco duplo. Freud, ao interpretar, só faz situá-la em relação a seu desejo: retira-lhe a aspiração — tão consistente em sua economia própria — de que o desejo *permaneça* insatisfeito: é o querer que introduz aqui o subjuntivo.

Assim, o balé histérico vivenciado por Freud em sua relação encontrou a chave, a regra de sua coreografia. Mas vemos também que a histérica mostra a aporia entre os dois registros sem levá-la até o fim — já que sua arte consiste justamente em se manter na corda entre um e outro. O querer, nesse caso, prejudica o desejo, ao mesmo tempo que torna a acionar seu mecanismo: é essa a característica da neurose. É no outro extremo que temos agora que explorar um destino em que o querer pode se mostrar cruamente. Não que ele se emancipe do desejo — o que é impossível, dentro do modelo revelado pela análise —, mas o divórcio, nesse caso, é de tal ordem que não é apenas um fio que se solta: o "capricho" chega a ponto de desfazer a costura inteira, a ponto de mostrar o lado avesso. A anorexia, como "síndrome" histérica, nos encaminhará para a *perversão*, onde se realiza justamente a insurreição do querer — tanto que a histeria, segundo as primeiras formulações de Freud, nasce da "recusa de uma perversão".[8]

3. A anoréxica ou o puro querer

Assim, vemos abrir-se um novo espaço para a explicação da anorexia mental, cuja afinidade com a forma feminina de manifestação do conflito é conhecida. Podemos adivinhar que, nessa síndrome, é algo essencial da feminilidade que se exprime. Ela só nos interessará aqui para mostrarmos o esclarecimento que traz para a dialética do querer e do desejo, exemplarmente revelada, nesse caso, por seu trágico bloqueio. Freud nos fornece um princípio que ele mesmo não aplicou, tão comedido foi em suas alusões à anorexia ligada à histeria.

O que é flagrante na anorexia é a desintricação entre a fome e a sexualidade. O emagrecimento do corpo parece originar-se no "curto-circuito" da sexualidade com a função nutricional, segundo um esquema teorizado por Freud em seu primeiro dualismo das pulsões. É como se a anoréxica encontrasse uma solução original para a questão dos "dois senhores": para desobedecer a um (a emergência do desejo sexual), ela se certifica do domínio do outro: daí a ética ascética do corpo. Nesse corpo em que, idealmente, nada mais deve entrar, cunha-se um férreo domínio. A hiperatividade motora e o gosto pelas proezas atestam que algo como um "querer" foi liberado através da recusa do desejo.

Não é nem mesmo a ausência de afeto que marca o "caráter" anoréxico, que não deve ser entendido nesse sentido quase estóico. A mulher anoréxica se transforma, por sua vez, através da sabedoria encarnada num corpo assim desprovido de afeto, na encarnação da Anankê, que o sábio só consegue domar ao se identificar com ela. Tudo se torna indiferente, desde que isto seja garantido: o domínio do querer. O que reduz o Outro a um "objeto parcial" rejeitado, ou a um instrumento do projeto de dominação.

Chegaríamos até mesmo a dizer, dentro da perspectiva particular de nossa problemática atual, que a anoréxica apresenta um espetáculo que responde à perplexidade de Freud, já que, em sua pretensão fantasística, ela é aquela que, por excelência, *sabe o que quer*. É a encarnação de uma escolha. É desnecessário acrescentar que a perplexidade deveria aumentar na mesma proporção: pois o desafio do mistério anoréxico é explicar essa desintricação.

Na verdade, o que ela não sabe — e que a certeza de seu querer encobre tão eficazmente quanto o próprio corpo que a encarna — é que esse querer férreo se apóia numa negação do desejo. Donde a forma peculiar de *Verleugnung* [renegação][9] que confere a essa estrutura neurótica sua coloração perversa. O querer garante a presunção do saber absoluto, mas esse corpo subjugado constitui uma barreira para algo que não quer se expressar, que é o desejo pelo outro.

A energia desse querer, portanto, alimenta-se visivelmente do nada querer saber do desejo, como se ele não dissesse respeito ao sujeito. Resta o mistério de que essa energia tão reativa se torne tamanha bomba destruidora. Parece até que um princípio *sui generis* é liberado nesse exato momento. Ora, há razão para suspeitar — como todas as vezes que a energia se manifesta na feminilidade — de que é algo da demanda infindável à mãe que assim se reativa. Exceto que ela se inverte, ou seja, é um não querer dever mais nada à mãe. É a ética do *self-made man*,[10] em suma (em sua versão feminina): "Nunca pedi nada a ninguém!" — fórmula cujo toque de miséria melancólica não nos há de escapar: qual não deve ser um sujeito que ergue essa barreira a qualquer intercâmbio com o Outro!

O próprio Freud sublinhou, num texto precoce, que "a neurose alimentar chamada anorexia pode ser comparada à melancolia." De fato: "A anorexia mental das moças é um distúrbio bastante conhecido, que se afigura, após uma observação detalhada, uma forma de melancolia nos sujeitos de sexualidade ainda incompleta."[11] Mas a conceituação posterior da melancolia revelaria o papel determinante da experiência da perda (cf. *Luto e Melancolia*). Realmente existe aí, portanto, a vivência da perda, reinstaurada no corpo do sujeito, até o limite extremo da extinção; mas também sabemos que é nesse exato momento que a euforia de onipotência se encontra em seu auge.

Essa melancolia tem como efeito valorizar secretamente esse corpo descarnado. A recusa da abertura desejante para o outro resulta numa erotização do corpo, aparentemente desertado pela libido. Há uma espécie de misticismo na experiência de um corpo que atinge o autogozo pela deserção de qualquer libido "alógena". Qualquer identificação "passageira" só faz agarrar-se ao sujeito para reforçar seu poderio.

Dessa dupla negação — *nem* demanda *nem* falo —, resposta terrorista à questão enunciada do tornar-se mulher, surge, pois, uma posição cujo imediatismo é assustador: um corpo-querer que fez tão bem seu luto da demanda e do desejo que parece concentrar-se como demanda universal e desejar a si mesmo, até a morte. Um corpo fálico, acima de tudo — com o longo desvio de sofrimento e privação que esse resultado implica. Mas isso permite, justamente, não lhe faltar mais... nada.

Essa seria a ilustração anoréxica da divisão entre o querer e o desejo — seu emblema trágico: a imagem de um querer liberto do jugo do desejo. Esta é a missão que a anoréxica parece ter-se atribuído, pagando diretamente por ela com seu próprio corpo (à sua custa): tornar possível — já que ela o *faz* — deter a marcha do desejo em direção ao Outro e recolher a demanda, bloqueá-la no próprio corpo. Assim, há nisso como que uma "síndrome da feminilidade", a tentação crônica de desmentir a ordem do desejo em que é reivindicado o querer-feminino. É isso que confere ao sofrimento anoréxico seu valor de verdade. Pois esse "nada" a que ela reduz seu desejo, ela o produz com a energia de um querer totalitário.

4. O "voluntarismo" perverso

Foi num único texto, *Sobre a psicogênese de um caso de homossexualismo feminino*[12] (1920), que Freud forneceu os elementos para a análise da perversão feminina.

Trata-se de uma moça de dezoito anos, apaixonada por uma mulher de cerca de trinta anos que, por sua vez, mora na casa de uma amiga casada. Por essa mulher homossexual e prostituída, ela demonstra uma verdadeira "veneração". É depois de um encontro casual com seu próprio pai, na rua, quando estava na companhia da amiga, que ela faz uma tentativa de suicídio: não por ter sido surpreendida, já que fazia questão de exibir seu amor, mas porque a mulher amada, depois desse incidente, ameaçou um rompimento por medo de "encrencas".

Freud logo estabeleceu que a manifestação inicial do homossexualismo da jovem coincidira com uma gravidez tardia da mãe, quando a primeira tinha dezesseis anos: a partir de então, ela passara a demonstrar "interesse pelas mulheres maduras".[13] Eis a interpretação de Freud: o que havia desencadeado a escolha perversa fora a decepção com o pai, ao mesmo tempo que a frustração por não ter um filho dele: "indignada e amargurada, ela se afastou do pai e dos homens em geral." Portanto, "depois desse primeiro fracasso de sua feminilidade, ela a rejeitou e buscou uma outra colocação para sua libido." Em conseqüência disso, "transformou-se em homem e tomou a mãe, em vez do pai, como objeto de amor". Correlativamente, ela adotou frente ao objeto amado "uma postura correspondente ao 'tipo masculino de escolha objetal'", que consistia em idealizar e salvar o objeto[14] da corrupção do mundo ambiental, o dos pais e das mães! Isso implicou uma superestimação amorosa: o objeto era tratado platonicamente e com "uma ternura apaixonada".

Isso culminou na atitude, típica da perversão, de *desafio ao pai*. De fato, a questão de vingar-se dele: "Você me traiu, e agora tem que suportar que eu o traia."[15] Freud resumiu bem o desarranjo da constelação parental: "Os pais se portavam, ambos, como se compreendessem a psicologia secreta da filha. A mãe se mostrava tolerante, como se encarasse a desistência da filha como um obséquio, e o pai se mostrava enfurecido, como se sentisse a intenção de vingança dirigida contra sua pessoa."[16]

Além disso, o mecanismo do tornar-se mulher parecia invertido: a moça renunciara a se vingar da traição da mãe e a se ligar ao pai. Mas, como sabemos, quando a filha não faz essa ligação, ela não consegue identificar o objeto próprio de seu desejo. Coloca-se, por conseguinte, como rival do pai, e com isso mantém a relação *na mesma situação* — com outra mulher — vivenciada na fusão materna. Faz dela o Objeto supremo.

Assim, na perversão feminina, vemos emergir a energia do querer fundamental: ela talvez seja a estrutura em que ele se mostra de maneira nua e crua, já que rejeita o acesso ao desejo. Daí provém o *voluntarismo* desenfreado com que se colore a escolha objetal homossexual. É como se o sujeito se tornasse um militante de seu próprio querer[17] — razão por que lhe é necessária uma "vontade férrea": resistir ao Pai, de maneira a invalidar, juntamente com a linguagem da proibição, a lei do desejo. Não se trata, no entanto, de um simples retorno à mãe: em vez de submeter-se à relação, trata-se de instituí-la, ou seja, de inventar integralmente, de certa maneira, um objeto de amor — basta que *Ela* exista para que ela possa adorá-la. O sujeito não pede mais nada.

Essa posição, aliás, é frágil: é que ela vem a construir, na hiância de seu desejo — não selado pelo pai —, um amor simultaneamente totalitário e artificial. Como se o sujeito adornasse a violência de seu querer com os encantos de um desejo impossível. O objeto é querido com avidez, com o que o capricho se mostra cruamente: "É este que eu quero, e mais nenhum!" É compreensível que esse capricho se dirija ao pai: ele mede a pretensão do querer pelo padrão do olhar paterno. Mas foi esse olhar que faltou à filha para que ela acedesse a seu próprio ser desejante.

A prova magistral que Freud forneceu disso foi a causa do abatimento. O perigo mais grave que podia ameaçar aquela situação era que o objeto da paixão da jovem sustentasse o discurso do pai: "A dama havia falado exatamente como o pai e havia proferido a mesma proibição." O insuportável, nessa ocasião, foi que o olhar do pai lhe voltasse através do olhar do objeto amado, voltado contra ela. Então, a falta literalmente lhe saltou aos olhos — o que, acima de tudo, era preciso evitar.

Nessa curta seqüência, Freud identificou o que se organiza na imagem perversa da feminilidade. A paixão homossexual se alimenta do foco de um objeto que o sujeito quer amar, em lugar daquele que ele não pode desejar. Aliás, essa lógica de substituição não afeta em nada a autenticidade: chega até a requerê-la, para suprir a carência desejante. No caso da mulher, a demanda é tão profunda, em vista do desvario da demanda materna que ela reativa, que permite efetivamente exibir uma transgressão do próprio princípio do desejo.

Não surpreende, por conseguinte, que aí desponte o papel da mãe, que de outro modo correria o risco de passar despercebido: Freud, que ainda não havia aquilatado toda a sua importância, destacou o vestígio da *Mutterbindung* nessa ligação amorosa. Na idealização da "dama" amada, ele detectou uma transposição do amor originariamente dirigido à mãe: "Nela, a relação com a mãe certamente fora ambivalente desde o início, e lhe foi fácil reavivar o antigo amor pela mãe, introduzir uma compensação pela hostilidade que lhe votava no presente. Como não havia muito a fazer com a mãe real, resultou da transposição de sentimentos que descrevemos a busca de um substituto materno ao qual fosse possível apegar-se com apaixonada ternura."[18] Aí reconhecemos antecipadamente, de fato, o que viria a ser descrito sobre a *Mutterbindung*, com suas metáforas de "agarramento".[19]

A essa mãe que apreciava ser cortejada pelos homens, ela ofereceria seu sintoma: "Tornando-se homossexual, cedendo os homens à mãe, 'desistindo', por assim dizer, a jovem afastou, portanto, um obstáculo que até então lhe angariara a má vontade dela." O que equivale a dizer que aquilo com que a filha sonhava era, realmente, a reconciliação com a mãe, nem que fosse colocando sua paixão a serviço *de outra*...

5. A mulher psicótica ou a falta do querer

Podemos agora abordar o último nível em que a refração do querer-feminino é observável numa estrutura, ou seja, a psicose. A questão, nesse caso, parece ainda mais espinhosa, na medida em que conhecemos a reserva de Freud para com a psicose como tal.[20] Mas há justamente um fato a ser lembrado: é que uma das primeiras oportunidades que Freud teve de abordar a questão da psicose concerniu ao campo da paranóia feminina. Já em sua primeira teoria etiológica, centralizada na noção de "neuropsicoses de defesa", Freud deparou com esse terreno eletivo em que o conflito como que se radicalizava.

Assim, não foi por acaso que os "Novos comentários sobre as neuropsicoses de defesa" (1896) abordaram, em seguida à histeria e à neurose obsessiva, "a análise de um caso de paranóia crônica".[21] Pois bem, Freud escolheu para ilustrá-la o caso de uma jovem que apresentava um delírio de observação, acompanhado de alucinações visuais e auditivas.[22] Foi no inverno de 1895 que ele teve a oportunidade de tomá-la em tratamento. O mais notável é que procurou reduzir a paranóia a uma espécie de lógica homóloga à histeria, que permitisse puxar para esse terreno os frutos do que fora vivenciado no outro. Nesse caso, porém, a projeção é que desempenhou o papel desempenhado pela conversão e pela substituição na neurose: com isso, "a desconfiança de si mesma" foi convertida em "desconfiança em relação aos outros", encadeando a lógica persecutória.

Freud descobriu a cena primária numa "cena aos seis anos de idade, no quarto das crianças, na qual ela se despia diante do irmão para se deitar, sem sentir vergonha alguma".[23] Ora, a alucinação visual central evocava a nudez: "Ela começou então a ver imagens que a horrorizavam, alucinações com corpos de mulheres nuas, em particular com o baixo-ventre feminino nu, com sua pilosidade", o que despertava uma "sensação orgânica em seu próprio baixo-ventre".[24]

Freud forneceu, a esse respeito, importantes indicações sobre a ligação do delírio paranóico feminino com a nudez feminina: "As primeiras imagens do baixo-ventre feminino haviam ocorrido no estabelecimento hidroterápico, poucas horas depois de a paciente ter realmente visto uma porção de mulheres despidas no salão de banhos. ... A paciente declarou ter sentido vergonha, na ocasião, por aquelas mulheres."[25] Ademais, essas alucinações lhe vinham "regularmente quando estava em companhia de alguma mulher, acrescentando-se a isso a interpretação de que via em tal mulher, nessas ocasiões, uma nudez inconveniente, mas que, no mesmo instante, a mulher tinha dela a mesma imagem!"[26] O ponto de exclamação com que Freud acompanhou essa observação traduz uma perplexidade — justamente a que havia assinalado, nele, o encontro com o essencial da mulher. Aqui, na verdade, convém pensarmos, além do eixo do recalcamento libidinal centralizado na cena primária inauguradora do desejo, num desdobramento imaginário revelador. Em seu delírio, a paranóica incluía aquele mundo de mulheres nuas, numa espécie de solidariedade imaginária: como se fosse ela a mulher nua, todas as mulheres nuas que via. Uma profusão de corpos imaginários liberados pela culpa. Ela não era mais do que um desses corpos. O conteúdo obsceno da representação manifestava tanto a vergonha do corpo mostrado ao outro quanto a exibição da castração. Era através do real que o conteúdo mnêmico da censura e o corpo renegado conseguiam se expressar.

Num texto publicado em 1915, mas remetendo a uma experiência de vários anos antes, Freud teve a oportunidade de esclarecer sua teoria da paranóia feminina, sob o curioso título de *Comunicação de um caso de paranóïa em contradição com a teoria psicanalítica*:[27] novo desafio, portanto, mais uma vez associado a uma mulher.

Tudo girava, nesse caso, em torno de um delírio de observação de uma moça,[28] ligado a uma experiência amorosa clandestina com um de seus colegas de trabalho.[29] Mas, dessa feita, numa evolução significativa, foi pelo lado do homossexualismo que Freud orientou seu diagnóstico, como se a psicose paranóica, sob o efeito da introdução ao narcisismo,[30] tivesse passado a ser simétrica à perversão. Assim, podemo-nos dar conta de que não foi por acaso que Freud escreveu esse artigo na esteira de seu ensaio sobre o presidente Schreber, publicado quatro anos antes. Essa oportunidade é ainda mais interessante para nosso propósito: não terá ele tentado reescrever a versão feminina do caso Schreber? Não nos terá fornecido, com isso, a oportunidade privilegiada de apreendermos ao vivo o estilo da estrutura que estamos procurando desencavar?

Aliás, Freud não nos disse que queria verificar, com base nesse caso, o princípio etiológico relacionado com o homossexualismo? Mas isso implicaria que o perseguidor fosse do mesmo sexo do perseguido, o que constituiria o mínimo indispensável numa hipótese dessas. Ora, "o caso aqui apresentado testemunhava o contrário, da maneira mais enfática", já que a moça transformara diretamente em perseguidor o ser amado, a quem acusava de tê-la atraído para sua casa "para que fossem tiradas, por espectadores invisíveis, fotografias de seus divertimentos amorosos".[31]

Freud, no entanto — e como era de se prever —, adotou a atitude de não ceder a essa aparência de contradição. Fixou-se na gênese do delírio de observação e descobriu uma cena intermediária, que nos interessa particularmente, além do papel determinante que desempenhou nesse caso particular: "No dia seguinte a sua visita ao jovem funcionário, ele apareceu no escritório para fazer a essa senhora (tratava-se da diretora do departamento em que os dois trabalhavam) uma comunicação relativa ao serviço, e, enquanto falava com ela em voz baixa, nasceu repentinamente na paciente a certeza de que ele lhe estava comunicando a aventura da véspera."[32] Foi um momento capital sob todos os pontos de vista — e não foi irrelevante que isso ocorresse na cena da paranóia: Freud *descobriu a Mãe na cena primária da filha.*

Essa senhora de cabelos brancos realmente era, por identificação, a própria mãe da paciente: ela a "descrevia nestes termos: ela tem cabelos brancos como minha mãe",[33] a mãe com quem morava e de quem era "o único esteio".[34] "Não é difícil reconhecer", comentou Freud, "que essa dirigente de cabelos brancos era um substituto materno..."[35] O pior da história era precisamente isto: "Agora, a senhora de cabelos brancos sabia de tudo." Assim, "o perseguidor originário, a instância de cuja influência a pessoa quer se furtar, não é, nem mesmo neste caso, o homem, e sim a mulher". É nesse eixo da Mãe persecutória, portanto, que caberia procurar a gênese da paranóia feminina.

Por conseguinte, não foi por acaso que Freud evocou, nessa ocasião, as relações mãe-filha que viria a explicitar cerca de quinze anos depois, como se tivesse posto o dedo, através do texto paranóico que mostrava cruamente a ligação com a Mãe, em seu reverso persecutório: "A ligação com o mesmo sexo se opôs a seus esforços de adotar um membro do sexo oposto como objeto de amor. O amor pela mãe tornou-se o porta-voz de todas as tendências que, desempenhando o papel da 'consciência', pretendiam deter a jovem, já em seus primeiros passos, no caminho novo e perigoso, por várias razões, que a conduziria à satisfação sexual normal, e efetivamente logrou perturbar a relação com o homem."[36] Freud evocou, a propósito disso, um verdadeiro combate entre o Titã materno e o homem que tentava "puxá-la para si".[37] Assim, era realmente à Mãe que cabia atribuir "o papel principal na primeira formação delirante".[38]

A paranóia feminina seria, de certo modo, a defesa contra o amor ao homem em nome da Mãe. Freud sugeriu, com efeito, que o delírio paranóico, originalmente dirigido contra a mulher, havia realizado "a passagem da mulher para o homem como objeto".[39] Podemos refazer essas análises notáveis à luz de nosso princípio: na paranóia, é o querer fundamental, procedente da Mãe, que *se coloca como uma objeção* ao desejo pelo homem. Freud chamou a isso "complexo materno",[40] como se se tratasse de uma formação patológica, ao passo que, no texto sobre a *Sexualidade feminina*, finalmente veio a mostrar seu papel constitutivo para a feminilidade.

Podemos supor que o papel da nudez culpabilizada do caso anterior tenha assumido o sentido daquele corpo de menina simultaneamente abandonado pela Mãe e rebaixado (ver a cena do salão de banhos), conjugando o desamparo de um corpo abandonado com a obscenidade de um corpo castrado, que exibia a própria castração da Mãe (cf. *supra*, p. 138). Daí a relação tão decisiva com o *duplo* na paranóia feminina.

É compreensível, por conseguinte, que o desejo e o querer não possam suportar, como na histeria, sua tensão. Mas o querer já não pode funcionar, como na perversão, alternando-se com o desejo. A carência como que mutila o próprio sujeito, e é no real que ela ressurge, através do desejo persecutório. É como se o sujeito se perseguisse, bem no âmago de seu desejo,[41] com a ajuda de seu querer-mãe.

Isso realmente obriga a pensar num estilo particular da efetivação do impasse paranóico na mulher. É que o perseguidor presumido no delírio é apenas o testa-de-ferro do perseguidor inconsciente real. Que quer dizer isso, senão que o amado e o perseguidor são disjuntos, enquanto, no homem, eles se confundem, como aconteceu no caso Schreber? Não será isso, precisamente, o indício da sorte diferenciada que têm o destino do objeto do desejo e o *outro,* cujo princípio localizamos no querer-feminino? Nesse sentido, certamente não é por acaso que a paranóia feminina *tem* que se afigurar em contradição com o modelo da identificação imediata do objeto do desejo como perseguidor.

Enquanto Schreber se atribuiu a missão de se tornar mulher para realizar seu delírio, a mulher paranóica depara, em seu caminho, com o obstáculo fundamental de seu próprio tornar-se mulher: a ligação com a Mãe, que contesta a legitimidade do desejo pelo homem.

Podemos compreender, através do trampolim privilegiado da paranóia, a experiência de perda com que se explica eletivamente a feminilidade, em seu impasse psicótico. Não foi por acaso que, nos casos evocados de esquizofrenia ou psicose alucinatória em que o sujeito era uma mulher, Freud descreveu um roteiro quase estereotipado de abandono.

Dessa situação, o texto sobre as "Neuropsicoses de Defesa", de 1894, proporciona uma espécie de símbolo: ali se descreve o caso de uma moça que "consagrou impulsivamente sua primeira afeição a um homem e crê firmemente ser retribuída em seu amor".[42] Depois de uma elaboração histérica, veio a passagem para o delírio: "Finalmente, presa da mais alta tensão, ela o aguardou numa data determinada, dia de uma festa da família. O dia transcorreu sem que ele viesse. Depois de terem passado todos os trens que ele poderia ter tomado, ela mergulhou numa confusão alucinatória. Ele havia chegado, ela ouviu vozes no jardim e correu a acolhê-lo, vestida numa camisola."[43] Por mais elementar que tenha sido essa atuação, ela representou uma tensão firmemente dirigida a uma fonte que ultrapassava de longe o desejo do homem amado. Esse dia, escolhido como prazo em que se deveria cumprir a totalidade da promessa imaginária, apoiava-se numa realidade: isso havia realmente acontecido, um dia, na relação materna. Por isso, a elaboração feita por Freud a propósito da paranóia feminina se aplica aqui: esse algo que não (re)torna é o próprio Objeto, o *Summum Bonum*[44] alucinatoriamente reativado.

O parceiro sonhado parece funcionar aqui, mais uma vez, como porta-voz e herdeiro, na ordem do desejo, daquilo que falara antes: a linguagem da mãe. Assim se explicaria esta cena típica da esquizofrenia, que merece, nesse sentido, seu antigo nome de "demência precoce": a da desintegração cujo pretexto é o rapaz amado.[45] Ele é tão determinante, na aparência, que podemos justificadamente suspeitá-lo de dissimular a violência de uma causa real antiga, da qual é o poderoso catalisador circunstancial. Não nos enganemos com isso: é no campo do desejo que se faz a opção — mas o sujeito fica colocado na fronteira de duas ordens cuja articulação é impossível. A intensidade do desespero com que é proclamado o abandono pelo amado se alimenta, na verdade, da catástrofe imemorial da traição materna. É a essa pré-história que, na atualidade da desintegração, que é também o momento do só-depois, remonta a desintegração esquizofrênica, com o estilo de abandono que assinala, mais uma vez, o impasse psicótico do tornar-se mulher.

Por fim, é a melancolia que convém evocarmos: menos para procurar nela o estilo de efetivação da feminilidade do que simplesmente para nomeá-lo. O que Freud descreveu em *Luto e Melancolia* (1915) — e, não fortuitamente, no momento da grande reformulação metapsicológica em torno do narcisismo — parece ser nada menos do que a metáfora fundamental da relação objetal característica da feminilidade.

É como se esse texto, tão poderosamente descritivo do sismo melancólico, masculino ou feminino, voltasse a soar harmoniosamente, à luz de todas as elaborações precedentes, como aquilo que sempre estivera em questão na experiência de *perda* que se acha no âmago da feminilidade.

O que Freud descreve como a *Abwendung* do objeto sumamente amado (cf. cap. 4), e que vimos em ação nas diversas formas clínicas neste capítulo, efetivamente parece colocar toda mulher, na medida em que ela tem que "se tornar aquilo que é", na situação do luto. De fato se trata, nesse caso, de "decidir se ele (o sujeito da perda) quer compartilhar desse destino (o do objeto perdido)", ou se irá "determinar-se a romper sua ligação com o objeto desaparecido".[46] A mulher é, com certeza, o produto do luto desse objeto.

O que fez Freud se deter, e que ele assinalou tão intensamente através de sua própria perplexidade, bem pode ter sido a espécie de reverberação produzida pelo luto pela mãe incompletamente consumado — entendendo-se que é próprio de sua natureza ser inacabável. Já pormenorizamos as estratégias possíveis diante dessa perda — neurótica, perversa ou psicótica. Talvez seja na experiência melancólica da mulher que o real dessa perda se mostra mais cruamente, como tragédia da perda interminável que associa a filha à mãe num mesmo destino mortífero. Mas, além desse ponto, isso nos autorizaria a decifrar a linguagem do desejo na mulher como estando articulada com a nostalgia do querer e com a *melancolia da Mãe*.

NOTAS

1. Esta primeira obra se limita a destacar o campo que Freud propõe ao pensar. Tencionamos como que tirar proveito dos pontos de vista globais de Freud, considerando, numa publicação posterior, algumas aplicações na clínica. O

presente capítulo, de certa maneira, fornece a gramática estrutural e o projeto dessa futura obra.

2. Cf. os dois ensaios de Freud sobre a questão, em 1924: "Neurose e psicose" e "A perda da realidade na neurose e na psicose" [*E.S.B.*, vol. XIX, 1ª ed.]. Quanto às aporias dessa concepção da realidade, remetemos a nosso texto "Les fondements phylosophiques de la psychanalyse", in *Histoire de la psychanalyse, op.cit.*, vol. I.
3. *G.W.*, vol. II-III, trad. franc. do Club Français du Livre, p. 84 [*E.S.B.*, vol. IV, 2ª ed. rev.].
4. O termo empregado pelo autor é "*envies*", que corresponde também aos "desejos" (alimentares) comuns na gravidez. (N.T.)
5. "'Como lhe ocorreu evocar o salmão defumado no sonho?' 'Esse', respondeu ela, 'é o prato predileto de minha amiga'. Casualmente, eu também conhecia essa dama, e sabia que, em relação ao salmão defumado, ela adotava a mesma conduta de minha paciente diante do caviar." Percebe-se a atenção de Freud em correlacionar os "caprichos" de duas mulheres, a quem conhecia independentemente uma da outra!
6. Coube a Jacques Lacan conferir a esse sonho a importância que ele merece, a despeito de seu lugar modesto na *Traumdeutung*: cf. "La direction de la cure et les principes de son pouvoir" (1958), § 5 (in *Écrits*, p. 621).
7. Vemos, portanto, que Freud vingou a mulher por sua invectiva sobre a "lógica da sopa": essa também era, sem dúvida, a imagem de mulher que ele mais apreciava: em combate.
8. Ver a esse respeito *La naissance de la psychanalyse*, pp. 158-159, 167 e 191.
9. Ver *infra*, p. 138 ss.
10. "Homem que se faz sozinho". (N.T.)
11. Rascunho G, de 7 de janeiro de 1895, § 2, in *La naissance de la psychanalyse*, p. 93 [*E.S.B.*, vol. I, 2ª ed. rev.]. Cf. também os episódios anoréxicos no caso de Emmy, dos *Estudos sobre a histeria*, e o caso de Anna O.
12. Na *E.S.B.*, o título é "Psicogênese de um caso de homossexualismo numa mulher", vol. XVIII, 1ª ed. (N.T.)
13. *G.W.*, XII, trad. franc. in *Névrose, Perversion, Féminité*, pp. 246 ss. [*E.S.B.*, XVIII, *op.cit.*].
14. Ver *infra*, no próximo capítulo, p. 131 ss.
15. *Op.cit.*, p. 258 [*E.S.B.*, XVIII, *op.cit.*].
16. *Op.cit., ibid.*
17. Freud, aliás, ligou o feminismo do sujeito a essa estrutura militante.
18. *Op.cit.*, p. 257 [*E.S.B.*, XVIII, *op.cit.*].
19. Ver *supra*, pp. 105-106
20. Freud definiu a psicanálise como um método de tratamento das neuroses ("Psicanálise" e "A teoria da libido", 1923 [in "Dois verbetes de Enciclopédia", *E.S.B.*, vol. XVIII, 1ª ed.]) e confessou, ocasionalmente, "não entender nada sobre essa gente" que eram os psicóticos. Mas isso de modo algum o impediu de decompor os principais mecanismos psicóticos.
21. Trad. franc. in *Névrose, Psychose, Perversion*, PUF, p. 72ss. [*E.S.B.* vol. III, 2ª ed. rev.].

22. "Mas não havia dúvida alguma de que todos — parentes e amigos — lhe recusavam a menor consideração e faziam tudo para magoá-la... Passado algum tempo, ela se queixou de que a observavam, adivinhavam seus pensamentos e adivinhavam tudo o que lhe acontecia em casa. Uma tarde, ocorreu-lhe subitamente a idéia de que a observavam à noite, quando se despia, passando então a deslizar para a cama no escuro e a só se despir embaixo das cobertas" (*op.cit.*, p. 73 [ed. fr.]). "Ao mesmo tempo que tinha essas alucinações visuais (ver *infra*) ... ela começou a ser importunada por vozes que não reconhecia e que não conseguia explicar a si mesma. Quando estava na rua, diziam: 'lá vai a Sra. P. Onde será que está indo?' Comentavam todos os seus movimentos e todas as suas ações, e às vezes ela ouvia ameaças e censuras" (p. 74 [ed. fr.; *E.S.B.*, III, *op.cit.]*).
23. *Op.cit.*, p. 75 [*E.S.B.*, vol. III, *op.cit.*].
24. *Ibid.*, p. 74 [*E.S.B., idem*].
25. *Ibid.*, p. 75 [*E.S.B., ibid.*].
26. *Ibid.*, p. 74 [*E.S.B., ibid.*].
27. Trad. franc. in *Névrose, Psychose, Perversion*, p. 209 ss. ["Um caso de paranóia que contraria a teoria psicanalítica da doença", *E.S.B.*, vol. XIV, 1ª ed.].
28. Desencadeado após a segunda visita que ela fizera a um homem: "Ao deixar a casa, ela deparou, na escada, com dois homens que sussurraram alguma coisa ao vê-la" (*op.cit.*, pp. 210-211 [*E.S.B.*, XIV, *op.cit.*]).
29. "Ele lhe demonstrara quão absurdo era renunciarem, por causa das convenções sociais, a tudo o que ambos desejavam. ... Como ele lhe houvesse prometido não fazê-la correr nenhum perigo, ela acabara consentindo em visitá-lo, durante o dia, em sua *garçonnière*. Uma vez lá, os dois trocaram beijos e abraços, deitaram-se lado a lado e ele admirou sua beleza parcialmente revelada" (*op.cit.*, p. 210 [*E.S.B.*, XIV, *op.cit.*]).
30. Cf. *supra*, a propósito do sentido dessa introdução na teoria da feminilidade (p. 97 ss.).
31. *Op.cit.*, p. 209 [*E.S.B.*, XIV, *op.cit.*].
32. *Ibid.*, p. 213 [*E.S.B.*, XIV, *op.cit.*].
33. *Ibid.*, p. 212 [*E.S.B.*, XIV, *op.cit.*].
34. *Ibid.*, p. 210 [*E.S.B.*, XIV, *op.cit.*].
35. *Ibid.*, p. 213 [*E.S.B.*, XIV, *op.cit.*].
36. *Op.cit.*, pp. 213-214 [*E.S.B.*, XIV, *op.cit.*].
37. *Ibid.*, p. 214 [*E.S.B.*, XIV, *op.cit.*].
38. *Ibid.*, p. 215 [*E.S.B.*, XIV, *op.cit.*].
39. *Ibid.*, p. 217 [*E.S.B.*, XIV, *op. cit.*]
40. Daí algumas formulações do tipo: "Quando a mãe inibe ou suspende a atividade sexual da filha, ela cumpre uma função normal, esboçada pelas relações infantis, que possui intensas motivações inconscientes e obteve a aprovação da sociedade. Compete à filha livrar-se dessa influência e decidir, com base numa motivação maior e mais racional, em que medida irá permitir-se o gozo sexual ou se privará dele. Quando, no curso dessa tentativa de libertação, ela sucumbe a uma doença neurótica, geralmente é por existir um complexo materno extremamente poderoso..." (*op.cit.*, p. 214 [*E.S.B.*, XIV,

op.cit.]). Esse tipo de formulações mostra que Freud estava na pista do vínculo materno, mas ainda minimizava sua função estrutural, continuando a ver nele uma espécie de impedimento. Não obstante, foi nessa época que Freud começou a insistir na natureza das relações mãe/filha. Ver também os comentários do artigo citado sobre o caso de homossexualismo feminino: "As mães têm o costume, nesse tipo de circunstâncias, de se sentir aborrecidas diante de suas filhas quase núbeis, e as filhas têm pela mãe um sentimento mesclado de piedade, desprezo e inveja, que em nada contribui para aumentar sua ternura para com ela" (*op.cit.*, p. 255 [*E.S.B.*, vol. XVIII, *op.cit.*]).

41. *Op.cit.*, p. 215 [*E.S.B.*, XIV, *op.cit.*]: "Deitada no divã junto a seu amado, parcialmente despedida, ela ouviu um ruído, como um tilintar, um estalido ou uma batida leve, cuja causa não conhecia..." Não seria esse conjunto de elementos um símbolo do tilintar do "protesto" da mãe à realização do desejo?
42. O subtítulo do texto é: "Tentativa de teorização psicológica da histeria adquirida, de muitas fobias e obsessões e de algumas psicoses alucinatórias" (in *Névrose, Psychose, Perversion,* p. 1 [*E.S.B.*, vol. III, 2ª ed. rev.]).
43. *Op.cit. ibid.*: observe-se a imagem dos trens passados, que simbolizam tão bem a "boa oportunidade perdida".
44. Bem supremo. (N.T.)
45. Cf. o caso evocado de passagem na *Metapsicologia* (1915 [*E.S.B.*, vol. XIV, 1ª ed.]).
46. *Luto e melancolia, G.W.*, vol. X, 4, pp. 442-443 [*E.S.B.*, vol. XIV, 1ª ed.].

capítulo VI

O QUERER-FEMININO E A CASTRAÇÃO

1. O conteúdo da falta

Chegamos ao ponto em que, tendo demonstrado o efeito clínico da forma particular de divisão que especifica a mulher no inconsciente, devemos situá-la em relação à *experiência* propriamente dita *da falta* no inconsciente, nomeada *castração*. Sabemos que Freud atribui a todos os mortais, homens ou mulheres, essa prova suprema pela qual se vivencia o limite que impede qualquer desejo de se igualar a sua satisfação.

Não é isso que se situaria na misteriosa disjunção entre o "querer" e o desejo? E não bastaria afirmá-lo? Afinal, é justamente em relação à castração que se organizam as estruturas expostas no capítulo anterior. Ora, essa é exatamente a prova de validade de uma teoria analítica da feminilidade e de suas repercussões clínicas. Convém, simultaneamente, considerarmos que: (*a*) já designamos o essencial, ao falarmos da relação da mulher com a castração, no sentido de que tudo efetivamente gira em torno dessa questão; mas (*b*) ainda está tudo por compreender, pois resta determinarmos de que maneira a mulher está implicada na castração.

Tocamos com isso em seu destino inconsciente e muito paradoxal de estar afiliada ao destino do falo, mas de continuar também externa ou descentrada dele, ou melhor, "reservada" (no sentido anteriormente identificado).[1] Convém ficar claro que, na experiência freudiana, não existe um princípio propriamente feminino que seja um mais-além do falo: qualquer simetria se revela uma solução artificial,[2] a partir do momento em que a verificamos no terreno da clínica. Isso não nos impede de pensar em algo como um "aquém": é de um modo particularíssimo que a mulher é implicada nessa questão. Compreendendo esse modo de implicação é que terminaremos de especificar a incongruência entre o querer e o desejo na mulher.

Para entender essa posição tão complexa e desconfortável, cabe levarmos em conta dois aspectos da questão: de um lado, o destino conferido à mulher, mediante o olhar que lhe é lançado pelo homem, de ocupar o lugar da castração e ali funcionar como tal, em virtude das estratégias que lhe são impostas: esse aspecto constitui um traço fundamental do discurso de Freud sobre a feminilidade; por outro lado, o que está em jogo, no tocante à mulher em si, em sua economia própria, é sua relação com a castração: quanto a esse ponto, Freud é mais discreto, embora afirme algo de essencial, que procuraremos estabelecer.

É possível que esse contraste nos surpreenda, e mais ainda ao nos apercebermos de que incomodou tão pouco a Freud que ele fez da teoria masculina da feminilidade um elemento fundamental da própria teoria da feminilidade. Muitos não se deram conta disso, tomando o relato da fantasia masculina pelo próprio discurso psicanalítico. Mas o que há por examinar é, justamente, o fato de ser através do olhar que o homem lhe dirige que a mulher é apreendida em sua própria relação com a castração. Assim, partiremos deste aspecto inicial para chegar, através dessa abordagem aparentemente periférica, à relação da mulher com a castração. É ainda como sintoma do homem que estamos condenados a abordá-la: mas, desta vez, estamos no núcleo do sintoma, no ponto em que ele entra em curto-circuito com a própria forma do desejo do sujeito.

2. *De uma escolha particular de mulher*

A posição que a mulher recebe no inconsciente do homem é ditada, naturalmente, pela situação edipiana: *uma* mulher naturalmente herda, de fato, o papel *da* mulher, da primeira que importou para o "filho do homem", ou seja, a Mãe. Mas é notável que Freud não faça um encadeamento direto entre as duas. É evidente que a correlação se faz, mas Freud não estabelece o processo de filiação em si, o que constituiria um elo precioso para apreendermos como se forma a imagem da mulher no inconsciente a partir da experiência constitutiva do Édipo.

Examinando mais de perto, entretanto, Freud nos fornece elementos preciosos para a compreensão dessa *genealogia da mulher a partir da mãe*, nos pontos em que depara com eles. O texto principal nos parece ser a estranha expressão do inconsciente que ele comunicou à Sociedade Psicanalítica de Viena em 1909, e que viria a publicar sob o título de "Um tipo particular de escolha de objeto no homem", como uma das *Contribuições à psicologia da vida amorosa*.[3] Esta última expressão, aliás, merece ser destacada e tomada ao pé da letra: há, na psicanálise, uma "psicologia da vida amorosa", a ser distinguida da teoria da sexualidade: ela compila os efeitos da teoria da sexualidade no plano da vivência do *amor*, isto é, da *relação* entre os dois sexos, mas vista *pelo homem*! É claro que a expressão se torna irônica, ao nos apercebermos de que essa psicologia amorosa não pára de vivenciar a precariedade da própria relação, que a castração confunde repetidamente.

No caso, Freud identifica uma expressão desconcertante da "escolha do objeto" (feminino) num certo tipo de homens. Ela se deixa apreender através de "uma série de condições determinantes do amor".[4] Trata-se, pois, de um sistema de normas, no sentido quase lógico, com que o homem compatibiliza seu acesso à mulher. Entendemos, nessas condições, a que ponto essa expressão da escolha objetal é preciosa, por revelar a atuação que o homem se impõe, ocasionalmente, para determinar seu acesso à mulher. Pois bem, essa "programação" impressiona por um paradoxo: longe de aplicar a programação edipiana, o homem parece adotar seu oposto diametral.

De fato, em primeiro lugar, é preciso que "o sujeito jamais escolha como objeto amoroso uma mulher que ainda seja livre (...) mas exclusivamente uma mulher sobre a qual outro homem (...) possa fazer valer seus direitos";[5] em segundo lugar, a mulher escolhida deve ter "má reputação quanto a sua vida sexual"; a mulher assim "eleita" é tratada como um objeto "do mais alto valor", despertando ciúme; por último, o apaixonado quer "*salvar* a mulher amada". Acaso Freud não nos ensinou que o menino sonhava ter a exclusividade da mulher amada, a mãe? Não queria presumi-la uma propriedade sua e uma mulher pura? E, ao começar a suspeitar de que ela o traíra com o pai, não a cumulava de censuras, a ponto de renegá-la? O que se descreve aqui, de certo modo, é uma relação edipiana invertida.

Na verdade, é preciso que "ela se enquadre numa das relações indicadas com outro homem" (marido, noivo ou amante), caso contrário deixará nosso homem indiferente. E, por conseguinte, ele parece literalmente se apaixonar por sua "devassidão", a ponto de superestimá-la. Isso termina numa verdadeira soteriologia:[6] ela tem que existir, para que o sujeito se atribua a missão de salvá-la. Podemos desconfiar, pela sistematicidade dessa inversão, que essa "estratégia" funciona de maneira reativa na experiência edipiana. De fato, é como se o homem dessa escolha objetal fizesse da exigência edipiana, por mais desgastante que seja, uma *virtude*. Assim, torna-se um militante ativo da Anankê que o oprime: já que é preciso, custe o que custar, que ela pertença ao outro (ao Pai), ainda assim vou amá-la, até mesmo *por causa* disso: daí a *paixão*, como se fosse preciso exagerar para eleger o objeto.

Freud observa então que, nesses sujeitos, "a libido se deteve por tanto tempo na mãe, inclusive após o início da puberdade, que os objetos amorosos posteriormente escolhidos conservam a marca das características maternas e se tornam, todos eles, substitutos maternos facilmente reconhecíveis".[7] E, para não deixar que passe despercebida essa noção de marca, ele a evidencia numa imagem anatômica: "depois de um parto prolongado, o crânio da criança necessariamente se apresenta como um molde do estreito inferior da bacia materna." Tais sujeitos trazem a marca indelével da mãe: apaixonados por ela por tempo demais, têm que ficar predispostos a essa paixão particular.

A partir disso, as condições da escolha objetal se esclarecem: antes de mais nada, "o fato de a mãe pertencer ao pai torna-se um elemento inseparável da essência materna".[8] Freud fornece, com isso, a fórmula mais fundamental da percepção da mãe pelo "filho do homem". De fato, não há essência materna em si: esta só se deixa definir pelo predicado específico da posse paterna. Daí a primordial "condição do terceiro lesado"[9] na escolha objetal de que estamos tratando, que é a expressão exacerbada desse texto edipiano fundamental. Mas, como é que se passa daí para a identificação da mãe com a mulher de vida suspeita? Isso parece opor-se a "qualquer dedução proveniente do complexo materno", apesar de este ser situado como o complexo nuclear nesse tipo de homens. Impõe-se aí a correlação com o "romance familiar", que Freud evidenciou justamente na mesma época: a ação conjunta do desejo (pela mãe) com a sede de vingança (do pai, a quem ela concedeu "o favor da relação sexual") impõe as fantasias da infidelidade da mãe, que a assemelham a sua antagonista. Assim se explica a gênese do que Freud denomina cruamente de "amor pela puta".

Resta o mais decisivo: a condição da salvação. Freud a liga ao sentimento primitivo de que o filho "*deve* a vida a seus pais, de que a mãe lhe *deu a vida*".[10] Por conseguinte, ele quer ressarci-los: daí as fantasias de salvar o pai de um perigo ameaçador (por desafio) e de salvar a mãe por ternura. Mas, como fazê-lo, a não ser pela fantasia de "gerar um filho nela, naturalmente um filho idêntico ao que se é"?[11] Aí está o verdadeiro equivalente do dom materno da vida: oferecer-se a si próprio à mãe e, com isso, "tornar-se seu próprio pai", causa de si mesmo. Vê-se a inversão generalizada das relações de parentesco: o filho se torna fantasisticamente pai de si mesmo... e de seu próprio pai. Quem havia de imaginar? Essa devoção à mulher, essa ânsia de salvá-la, estaria a serviço de uma vontade indomável de inverter inteiramente as relações de força edipianas. Ele se alimenta do desejo de tornar-se a "causa de seu nascimento".

O ensaio seguinte, sobre *a degradação mais generalizada da vida amorosa*, confere a essa estratégia seu verdadeiro pano de fundo: o conflito entre as duas "correntes da vida amorosa", que são a sensualidade e a ternura.[12] O acesso à *outra mulher* (que não a mãe) requer, portanto, uma condição que Freud enuncia como paradoxal, além de desprazerosa: "Para ser realmente livre na vida amorosa, é preciso ter superado o respeito pela mulher e ter-se familiarizado com a representação do incesto com a mãe ou a irmã."[13] Ademais, isso se alia ao objetivo da *Kultur*, a saber, "a depreciação generalizada dos objetos sexuais".[14]

O que essa estratégia paradoxal eleva a uma espécie de perfeição não é outra coisa senão a romantização familiar que Freud, desde a época do nascimento da psicanálise, havia reconhecido, antes de lhe consagrar um ensaio em 1909.[15]

Esse cenário, que não é outro senão um Édipo romanceado, permite ao filho acertar as contas com a mãe que o traiu, ao conceder seus favores ao pai. É ela, realmente, que está no centro da construção. É que, depois de ter imaginado que seus pais não eram os verdadeiros, ele aperfeiçoa a história, imaginando que apenas o pai é ilegítimo: a mãe, portanto, supostamente teria sido seduzida e abandonada. Assim, ele encontra o meio ardiloso de conservar a mãe — a quem, de certo modo, acolhe —, ao mesmo tempo que a culpa. Freud declara isso já na origem de sua teoria: "No romance familiar (...) é a mãe que é surpreendida, desmascarada e condenada."[16]

Não é por acaso que é nessa elaboração "mitológica" do Édipo que melhor vemos em ação o trabalho da fantasia a respeito da mãe: é essa fantasia que a "escolha de objeto" tão peculiar continua a elaborar, a ponto de se tornar um exemplo do funcionamento da feminilidade na fantasia do homem. Pois bem, o momento decisivo é aquele em que "ele apreende que *pater semper incertus est*, enquanto a mãe é *certissima*".[17] Daí o gozo (*Lust*) singular que consiste em "colocar a mãe, objeto da suprema curiosidade sexual, na situação de ser secretamente infiel, de ter ligações amorosas ocultas".

Derradeira e paradoxal homenagem à Mãe, que Freud resume, aliás, citando Lichtenberg: "O homem sabe, com um mesmo tipo de saber, quem é seu pai e que a lua é habitada; mas sabe com um saber inteiramente diferente quem é sua mãe."[18] Mas, ainda assim, como vimos, é preciso haver uma romantização desenfreada...

3. A mulher e o fetiche

É no fetichismo, estudado por Freud no ensaio de 1927 que leva esse título, que aparece a "estratégia" do homem em relação à mulher. A mulher é realmente herdeira do horror à castração originalmente despertado pelo corpo castrado da mãe. Assim, o fetiche é "o substituto do falo da mulher (a mãe) no qual o menino acreditou e ao qual (...) não quer renunciar".[19] Por conseguinte, o fetiche "permanece como sinal de um triunfo sobre a ameaça de castração e uma proteção contra essa ameaça".[20] Nessa qualidade, ele é um compromisso com o "pavor da castração", que "provavelmente nenhum ser humano é poupado de sentir".

Podemos ver o correlato do fetichismo: a mulher é obrigatoriamente designada para o lugar em que deve servir de palco, até mesmo em seu próprio corpo, para a angústia de castração do homem. De tal ordem é o olhar que o homem lança à mulher que, nela, ele lê a ameaça de castração, ainda que seja para erotizá-lo. Trata-se, com isso, de fazer perdurar sua "crença" no falo materno, ao mesmo tempo extraindo dessa falta um benefício: "Eu te amo, embora te falte algo, *porque* te falta algo." Nessas condições, ela é o lugar da *Verleugnung*, dessa renegação mediante a qual a percepção da falta persiste, embora seja simultaneamente suspensa.

Isso significa que, no inconsciente, é apenas pela renegação que o homem atinge a mulher: ela é como que o alvo de uma fetichização crônica. Nela o homem vivencia sua própria divisão, a *Spaltung* identificada *in extremis* por Freud,[21] através da qual o sujeito literalmente se racha ao meio para internalizar o caráter insuportável da castração.

Seria errôneo, entretanto, inferir dessa situação pouco confortável, e sem mediação, a alienação social da mulher. Na ordem do desejo, a mulher e o homem giram, ambos, em torno da castração. A própria falta fálica é, de certo modo, mais originária do que a divisão sexual. Assim, é realmente no corpo da mãe castrada que a mulher descobre a imagem da falta. É o cúmulo que esteja fadada a desempenhar, para o homem, o papel destinado à mãe por ela mesma: talvez se enuncie justamente nisso a expressão mais determinante do destino-feminino no inconsciente.

Isso resulta numa imagem extraordinária da relação entre o homem e a mulher, que em parte alguma Freud enunciou melhor do que em sua conclusão da análise do fetichismo. Ele forneceu, ao mesmo tempo, sua ilustração e seu símbolo, no "costume chinês de começar por mutilar (*verstümmeln*) o pé da mulher, e depois venerar (*verehen*) como um fetiche esse pé mutilado".[22] Duplo movimento paradoxal, que unifica a rejeição e a idealização: é como se essa relação dupla permitisse manter o processo "no ar", como na "suspensão da lembrança" que se produz na "amnésia traumática". Na descrição da relação com o fetiche, mescla da "ternura e da hostilidade que correspondem à renegação e ao reconhecimento da castração",[23] como não reconhecer a radical ambivalência do homem perante a mulher?

Portanto, é no plano do desejo que convém entender esta constatação de aparência cínica, que Freud julgou poder enunciar: "Poderíamos dizer que o chinês (ao mutilar a mulher para poder venerá-la) quer agradecer à mulher por ter-se submetido à castração."[24] Dificilmente esperaríamos encontrar a solidariedade do homem com a mulher em semelhante lugar: mas, pensando bem, em nenhum outro ponto ela poderia se apresentar. De fato, o próprio texto do inconsciente consiste em deslocar a "diferença sexual" para um outro corte, mais fundamental, designado pela castração. Homem e mulher, por conseguinte, estão associados nela, quer queiram, quer não.

É verdade que Freud vai mais longe em sua formulação: ele fala em "agradecimento". Isso deve ser entendido como a fala dirigida pelo inconsciente do homem ao da mulher: obrigado por te prestares a essa encenação, *como se* fosses a parte interessada em *minha* ameaça. Aliás, ele não lhe pede opinião, mas, através desse costume, a solicita, em seu próprio inconsciente, a participar da angústia fálica. Em suma, a mulher *dá (um) corpo à angústia de castração do homem.*

Tendo ele mesmo experimentado a castração, através da ameaça paterna, ao reativar a descoberta da existência da possibilidade da castração no corpo da mãe, ele a supõe, portanto, castrada pelo Pai: o que lhe permite atuar sua própria castração, ao mesmo tempo que a evita. Essa seria a fonte da *gratidão*, tão mais sincera quanto mais finca suas raízes no cinismo do inconsciente que o homem nutre pela mulher.

4. A virgem como onipotência

Ao cabo desse desfile através do qual vimos acompanhando a acumulação da angústia e do desejo masculinos na mulher, descobrimos uma nova imagem: a da *potência* feminina. Por um profundo paradoxo, que se esclarece através da dialética anterior, o corpo da mulher, lugar de designação da castração, acaba por encarnar a onipotência. É essencial compreendermos esse passo da *falta* para a *perfeição*, pois aí se estabelece a verdade da mulher no inconsciente do homem.

Ora, é no corpo da *virgem* que se efetua essa convergência explosiva: a mulher não tocada pela relação sexual polariza em si um estranho poder. É assim que Freud o estabelece em seu texto sobre *o tabu da virgindade*[25] (1918). Onde uma teoria sócio-política veria uma vontade de dominação, no fato de o homem reservar para si a virgindade da mulher, Freud vê uma estranha repulsa do inconsciente: nem o medo do sangue, nem a ansiedade difusa, nem o tabu generalizado da sexualidade podem dar conta do medo masculino da defloração. A primeira relação sexual deve realmente conter um perigo importante sob algum outro aspecto, para o próprio inconsciente. Esse perigo temível é que "a sexualidade incompleta da mulher seja descarregada no homem que a leva a conhecer o primeiro ato sexual".[26] Eis aí a falta da mulher, portanto, transformada num poder explosivo.

Com isso, a posição de fraqueza e sujeição da mulher se transforma em perigo para a potência do próprio homem. Donde o papel atribuído à virgem vingativa, cujo protótipo Freud foi encontrar na Judith de Hebbel.[27]

Podemo-nos aperceber, neste ponto, de que, na *Gradiva* de Jensen, Freud havia deparado com uma assombrosa ilustração desse tema da virgem absolutamente radiosa e onipotente. Não é essa a chave da estranha paixão de Norbert Hanold, o personagem central da narrativa? Também nesse caso, aliás, trata-se da história de uma fantasia masculina.[28] É essencial que a primeira identificação que se faz dela, ao ser descoberta no fragmento de afresco pelo jovem arqueólogo, insista no fato de que ela não é uma mulher (*keine Frau*). *Ainda não é* mulher, poderíamos dizer, com mais exatidão. Ocorre que, justamente, no inconsciente do homem, a virgem não é uma mulher inacabada, mas constitui uma entidade própria: é por esta que Hanold se apaixona tão intensa e curiosamente.

Sabemos, por outro lado, da importância decisiva da postura de sua Gradiva: "a que caminha para a frente". A descrição muito precisa da posição do pé revela um investimento fetichista no corpo virginal.[29] Que não nos surpreenda, por conseguinte, tomarmos conhecimento de seu parentesco com Marte: do deus da guerra, ela possui a potência. O movimento parece conotar uma auto-suficiência especial: como "uma força em movimento", ela não parece ter necessidade de ninguém, exceto de seu movimento. O olhar fascinado de Hanold percebe algo da potência que Freud destacou em seu texto sobre "o tabu da virgindade", embora não a tenha assinalado a propósito de Gradiva: há ali uma potência, contida no corpo da *puella*[30] que não foi libertada.

Também é verdade que Gradiva é apenas uma imagem de pedra: porém, exatamente, da pedra supostamente branca, ela tem o esplendor absoluto. É por isso que Hanold se apaixona por essa imagem, ele que até então se mantivera afastado das mulheres. Muito embora rejeite os defensores da relação sexual e faça troça deles,[31] Hanold reserva sua chama para aquela que parece estar aquém dessa relação. Estranho enamorado, que reserva sua chama para aquela que não deve precisar de ninguém senão de si mesma. Num mundo repleto de casais, ele busca o singular, como que para se empoleirar nele. Não surpreende, portanto, que seja qualificado, num certo momento, de "filhinho-da-mamãe":[32] é algo da potência materna que ele procura na virgem, na mulher imaculada que não maculou o poder do homem.

Que há de espantoso, portanto, em que a equação "*Mädchen* = falo"[33] torne a se impor? É realmente do poder fálico que a virgem extrai seu carisma: é ela, inclusive, que o converte em *potência*. Ela simboliza o gozo consigo mesma, exibindo o gozo como sua própria causa. Hanold, numa estratégia de perverso, quer ligar seu gozo a esse — qual um Don Juan que procurasse ligar-se ao *único* sem passar pela seriação.

É compreensível, por fim, que a moça *real* — Zoé Bertgang —, para se fazer amar, tenha que se deixar alcançar por intermédio de seu duplo: na verdade, era por uma identificação inconsciente com sua amiga de infância que Hanold amava Gradiva. O inverso seria mais verdadeiro: é apenas na qualidade de Gradiva que Zoé pode ganhar corpo no desejo dele. Há nisso um novo efeito do complexo de Pigmalião, só que, neste caso, é uma mulher real que se encarrega do investimento imaginário para captá-lo em benefício próprio. Assim, o diálogo delirante em que Hanold se dirige a Zoé como se ela fosse Gradiva exprime extraordinariamente o que acontece quando o homem Pigmalião se dirige à mulher real como se falasse com sua fantasia. O pior — ou o extraordinário — é que ela *responde*, como, ocasionalmente, na estratégia fetichista a que a mulher faz eco. Nessas condições, a mulher pode se igualar, para o homem, a sua fantasia.

Esse papel conferido à virgem pelo homem também nos informa, no fundo, sobre o que acontece com a posição da mulher em relação a seu desejo e ao homem. Freud o ilustra, em seu texto sobre a virgindade, pela menção ao sonho da recém-casada, "como uma reação à defloração": "Ele traía, irrestritamente, o desejo da mulher de castrar seu jovem marido e conservar para si o pênis dele."[34] É como se, com isso, ele confirmasse a estratégia do homem para com a virgem, encontrando seu vestígio na própria jovem. Mas isso nos convida a uma investigação em termos da demanda da mulher ao outro, apropriada.[35]

5. O querer-feminino como **Verleugnung** *de si*

Foi num contexto bastante estranho que Freud apontou para a relação da feminilidade com uma demanda exclusiva de correção. De fato, foi numa analogia com a intolerância militar diante das negligências que ele comentou: "As mulheres, como as autoridades militares, pretendem que tudo o que se liga a elas seja imune ao esquecimento, e assim professam a opinião de que o esquecimento só é permissível nas coisas sem importância, ao passo que, nas coisas importantes, é uma prova de que se quer tratá-las como coisas insignificantes, isto é, negar-lhes qualquer valor."[36] Haveria a seus olhos, portanto, uma assimilação possível entre a autoridade feminina e a mais intolerante das autoridades?

O conteúdo dessa intolerância precisa ser bem identificado: ele repousa, acima de tudo, numa forma de lucidez endopsíquica. Ali onde se poderia ver apenas uma negligência, as mulheres, como os militares, vêem algo "significativo". Assim, a aparente perturbação da memória faz sentido, imediata e imperiosamente, como sinal de um desinvestimento da autoridade — no que, em síntese, elas têm razão. "Esquecer", no âmbito das "coisas importantes", tem para o inconsciente um sentido de infração: é realmente dirigido ao outro.

Mas há nessa aproximação muito mais do que uma espécie de implicância: é a marca de um diagnóstico. As mulheres teriam vocação, pela reivindicação narcísica de uma ligação sem falhas, a dar sentido a qualquer falha a respeito delas — o que, observe-se, pode ser lido no sentido oposto, já que o autoritarismo militar assinalaria uma demanda de exclusividade narcísica de natureza *feminina*!

Daí a rigorosa separação entre a memória e a demanda do Outro: o sem-importância (em relação a si) da "faculdade do esquecimento", que pode ser exercido de maneira anódina, e o "importante", onde esquecer equivale imediatamente a *faltar* para com a idealização devida.

Mas, por isso mesmo, a mulher é colocada numa posição surpreendente em relação ao homem: então não fica condenada a se colocar — como objeto de um desejo atencioso — no próprio lugar do ato falho... do homem? Freud oferece como símbolo disso a atitude de César, de Shaw,[37] que, "estando prestes a deixar o Egito, foi por algum tempo atormentado pela idéia de ter tido a intenção de fazer alguma coisa, mas não conseguia lembrar o quê".[38] Ora, aquilo de que se tratava era uma mulher. "Finalmente, ficamos sabendo que ele queria se despedir de Cleópatra!" Donde convém inferir "o pouco caso de César em relação à princesinha egípcia", o que não teria escapado ao inconsciente de Cleópatra, se tivesse acontecido.[39] Assim, a mulher fica colocada nesse estranho lugar em que tem que ser, no inconsciente do homem, *sumamente significativa*, ou então, *insignificante*. Daí lhe vem a aptidão para vigiar o inconsciente do homem, para captar nele o estado da importância que assume, como se estivesse ameaçada de ser anulada a qualquer momento! É isso que parece fadá-la, decididamente, a funcionar como lapso ou como ato falho do homem. Por isso, Freud identificou, através desse "coquetismo" e dessa lucidez acerca do desejo do Outro, uma verdadeira estrutura de relação consigo mesma como *renegação*.

Assim, o olhar do homem para a mulher nos conduziu a seu lugar característico como sendo o da castração; cabe-nos, agora, compreender o mais difícil, sem dúvida: o posicionamento da própria mulher em relação à castração. A verdade é que ela pode, ocasionalmente, tornar-se cúmplice dessa estratégia e participar dela. Mas a verdadeira questão é ainda mais radical: trata-se de compreendermos de que modo ela se relaciona com a castração como algo ligado a seu próprio ser.

Aí começa o principal mal-entendido acerca da posição freudiana: não é precisamente o ponto de vista do homem que Freud apresenta como sendo o da mulher? Ficamos desconfiados de haver nisso uma desapropriação: mas foi justamente dessa desapropriação que Freud produziu a teoria. Podemos tentar ordenar as coisas para enxergar um pouco mais claro.

O que há que considerar é, efetivamente, a possibilidade de o inconsciente da mulher aderir a essa forma de desapropriação, não apenas para encontrar nela a oportunidade do prazer, mas de tal modo que sua identificação passe por aí. Ademais, isso não implica, rigorosamente falando, uma imagem de mulher castrada — imagem pejorativa, infalivelmente evocada pela posição freudiana. Recordemos, a esse respeito, que a única experiência de castração passa pela imagem do corpo castrado da mãe na fantasia da menina (bem como na do menino). A partir daí, coloca-se para a menina a questão de ter que situar seu próprio desejo em relação a essa falta, na medida em que ela lhe seja imputável — pelo homem e por ela mesma. Assim, o fato de a mulher se relacionar com *a* castração não nos diz nada sobre o que aconteceria com um *ser castrada* da mulher.

É da posição muito especial do sujeito em questão — uma mulher —, em relação a essa possibilidade de falta, que é preciso produzir a teoria. Freud nos diz que, no caso da menina, tudo se articula já no primeiro olhar: ela sabe que lhe falta algo e se lança numa escalada: desde a queixa da privação até o desejo de vingança, tudo é determinado nessa percepção. A questão, portanto, é saber o que o sujeito vê ou não vê nela. O que é, nesse momento exato e decisivo, que lhe intima a ordem de ser falta? Aí estão, efetivamente, o mistério e a arbitrariedade em que devemos pensar e pelos quais poderemos decifrar outro aspecto do querer-feminino.

Para compreendê-lo, dispomos de um referencial introduzido por Freud para refletir sobre a perversão... do homem! Trata-se do mecanismo empregado na relação particularíssima de negação da percepção da falta, que Freud batizou de *Verleugnung* (renegação).[40] Trata-se de uma modalidade especial do juízo de condenação (*Verurteilung*): Freud sublinhou que ela incide sobre a própria representação, enquanto o recalcamento incidiria sobre o afeto. Com isso, fica suspenso o que a representação da falta comporta de insuportável. Nesse sentido, o que realmente se elimina é a realidade perceptiva. Elimina-se, na verdade, não inteiramente, já que de fato é preciso considerar que aquilo de que a percepção é retirada já foi visto e mantém, em algum lugar, sua pretensão de ser visto — o que conduz o sujeito a uma divisão.

O que estamos descrevendo com isso é o curioso trabalho do perverso. Ora, eis o que devemos ponderar: ao mesmo tempo, é a estratégia do homem a respeito da mulher que é perversa — a mesma que descrevemos na primeira parte deste capítulo[41] — e é ela que pode servir para decifrarmos a relação da própria mulher com a castração.

Podemos decifrar a transmutação da ordem do desejo na ordem do querer decodificando-a nos termos do Édipo característico da mulher. A Mãe seria, como Mãe total originária, objeto da *Sehnsucht* [saudade] fundamental da mulher. O desejo, baseado na relação com o falo, é necessariamente introduzido como uma alternativa à mãe. Mas — e aí é que está o X do problema —, não há meio de querer esse desejo como algo que esgote a própria forma do querer primitivo.

Entendemos que a castração desempenha o papel de motor do conflito e elemento encobridor: motor porque é a castração que decide sobre a passagem decisiva — a Ilíada que estabelece o destino do tornar-se mulher —, mas elemento encobridor, apenas, porque o desafio parece estar em outro lugar: é como se a castração entrasse em curto-circuito com a angústia de desfusão da mãe.

É isso que proporcionaria a singularíssima *inocência* da mulher, que só aborda a proibição, apesar de estar destinada a ela pela *Kultur*, através de uma *Verleugnung* que lhe assegura não ser conhecedora da lei. Compreende-se em que sentido a presunção de inocência do perverso, que renega, desafia e recusa a lei, pode fazer eco a essa "programação" a que a mulher está destinada. É a referência ao Paraíso materno que lhe garante, em seu foro inconsciente, a "impunidade".

Por fim, é compreensível que a castração, que expressa o limite da condição do desejo, lhe interesse — no sentido próprio —, na medida em que está em jogo o limite de seu desejo (como acontece com o homem), mas *também* na medida em que está em jogo o limite da ordem do desejo. A mulher estaria, portanto, exatamente na confluência de uma *dupla falta* — a da Mãe e a falta fálica —, de modo que uma serviria de metáfora da outra. De modo que devemos situar a mulher — como sujeito dividido — no centro da "costura" dessa (dupla) falta.

6. O duplo efeito da Medusa

Talvez convenha, nesse sentido, revermos o mito da Medusa, que sabemos ter sido para Freud a própria encarnação da castração.[42] Mas o que temos de pensar é não apenas no espantalho da castração assim exibido, mas na possibilidade de que a mulher banque a Medusa, assuma seu papel. Ora, isso não ocorre sem que ela petrifique a si mesma. Homem e mulher seriam, assim, como que dois pólos da "petrificação". Essa é a grande ironia da história da castração no inconsciente.

É que, para petrificar, a mulher-medusa tem que imaginar seu olhar de Medusa e o olhar simetricamente petrificado do homem para ela. É nesse ponto que se decide o incrível balé regido pela castração. Assim, é compreensível que Freud tenha optado por não separar os dois efeitos da "petrificação", conjugando-os a ponto de misturá-los. Contudo, é isso que coloca a mulher na situação ímpar de transitar de sua imagem para a do Outro, como se estivesse captada nela.

Sem dúvida, é entre o perverso e a mulher que essa aliança ganha toda a sua potência, a ponto de os dois parecerem petrificar-se mutuamente: é bem possível que a chave da sedução de Don Juan esteja em ele agradar a mulher entretendo-a apenas — nas entrelinhas, bem entendido — com sua falta. Com isso, ele se torna literalmente irresistível: invertendo o movimento da Medusa, ele revive sua própria petrificação perversa diante da castração. É a partir daí que a explora infatigavelmente, em qualquer mulher que produza seu sinal. É isso que lhe permite tomá-las *uma* a *uma*, para recensear-lhes a falta e fazer dela a causa de seu próprio desejo, cuja carência é incansavelmente compensada. Aliás, há em Don Juan um vestígio desse querer que nenhum desejo satisfaz.

A característica de Don Juan é transformar o *Grauen*,[43] o frêmito que suscita a castração, em erotismo — superando o susto (*Schreck*) com a própria sedução.

Mas compreendemos o segredo do donjuanismo: tomar o insondável *querer* da mulher como objeto de desejo. O que a Medusa reflete de assustador, com a aterradora "multiplicação dos símbolos penianos" (*Vervielfältigung der Penissymbole*[44]), é também a hiância materna: "Ela exibe (literalmente: traz ao olhar, *trägt ... zur Schau*) a genitália assustadora (*erschreckende Genitale*) da Mãe." Justamente aquela cuja renegação Don Juan eternizou, baseando nisso sua pretensão de saber absoluto sobre a mulher.

A conjunção perversão *e* feminilidade deve ser entendida como o indicador de uma espécie de afinidade estrutural, como os dois extremos do efeito da Medusa. É como se a experiência analítica, tão deficiente para isolar uma estrutura "mulher" no inconsciente, se surpreendesse recorrendo à linguagem de uma estrutura da falta, ou seja, a estrutura perversa. Compreendemos, nessa eventualidade, a aliança objetiva que pode se instaurar entre a estratégia perversa e alguns desafios essenciais da feminilidade. Mas o que conviria pensarmos, no caso da mulher, para sistematizar essa homologia, seria numa *Verleugnung* particular, da qual, ao mesmo tempo, ela fosse o *referente* (no tocante a si mesma) e o *destinatário* (no tocante ao olhar do outro).

Daí proviria o fato de a mulher tão comumente se apresentar como um problema para si mesma, em sua demanda primitiva — em vez de ter, como o homem, problemas por causa de alguma coisa. Assim, ela estaria numa situação de ameaça, de "desmentido" [*désavem*] de si mesma, o que é atestado, justamente, pela cisão entre o querer e o desejo. Convém agora buscarmos na *Kultur*, isto é, na forma socializada da realidade, o modo como essa situação impossível consegue se realizar. Mas o trabalho anterior nos permite formular isso em termos que não sejam reducionistas, como uma dupla interrogação. Que é que a mulher precisa ser para que a *Kultur se ressinta dela* assim?

NOTAS

1. *Supra*, p. 107
2. Sabemos das tentativas de Jones a respeito da "*aphanisis*", que seria o simétrico feminino da castração, que não fazem avançar quase nada no que

nos cabe pensar aqui. [O termo grego significa "desaparecimento", "esvaecimento" e é pertinente lembrar que seu derivado inglês, *aphanisia*, designa o desenvolvimento primitivo normal de um órgão vestigial, seguido de sua regressão. (N.T.)].

3. Reproduzido em francês in *La vie sexuelle*, PUF, pp. 47 ss. Trata-se da primeira das *Contribuições à psicologia da vida amorosa* [*Contribuições à psicologia do amor — I*, *E.S.B.*, vol. XI, 1ª ed.].
4. *Op.cit.*, p. 47 [*E.S.B.*, XI, *op.cit.*].
5. *Op.cit.*, p. 48 [*E.S.B.*, XI, *op.cit.*].
6. Assim se chama, na teologia, a doutrina da salvação: ora, essa é justamente a condição quase doutrinária da escolha objetal em causa.
7. *Op.cit.*, p. 51 [*E.S.B.*, XI, *op.cit.*].
8. Observe-se a definição quase aristotélica e escolástica de um acidente inerente à essência de uma substância...
9. *Op.cit.*, p. 48 [*E.S.B.*, XI, *op.cit.*].
10. *Op.cit.*, p. 53 [*E.S.B.*, XI, *op. cit.]*.
11. *Ibid.*, p. 54 [*E.S.B.*, XI, *op.cit.*].
12. *Ibid.*, p. 57 ["Sobre a tendência universal à depreciação na esfera do amor", *Contribuições à psicologia do amor — II*, *E.S.B.*, vol. XI, 1ª ed.]. Ver *infra*, III parte, a significação desse comentário para a situação da mulher na *Kultur*.
13. *Ibid.*, p. 187 [*E.S.B.*, XI, "Sobre a tendência...", *op.cit.*].
14. *Ibid.*, p. 63 [*E.S.B.*, XI, "Sobre a tendência...". *op.cit.*]. Freud aponta inclusive para um sintoma social que nos permite nos anteciparmos à próxima etapa: "Observa-se com muita freqüência, nos homens pertencentes às classes sociais mais elevadas, a inclinação para manterem por muito tempo como amante, e até para escolherem como esposa, uma mulher de situação inferior; é possível que, também nesse caso, não haja nada além da conseqüência da necessidade de ter um objeto sexual depreciado, ao qual está psicologicamente ligada a possibilidade de satisfação completa." (*Op.cit.*, p. 61 [*E.S.B.*, *op.cit.*].)
15. *Der Familianroman der Neurotiker*, publicado pela primeira vez juntamente com o ensaio de Otto Rank sobre o "mito do herói", que constitui a transposição mitológica do romance familiar como representação do "filho favorito", trad. franc. in *Névrose, Psychose, Perversion*, pp. 157 ss. [*Romances familiares*, *E.S.B.*, vol. IX, 1ª ed.].
16. Carta de 20 de junho de 1898, nº 91, in *La naissance de la psychanalyse*, p. 228 [ver J. M. Masson, *A correspondência completa de Sigmund Freud para Wilhelm Fliess — 1887-1904*, Rio, Imago, 1986].
17. *Le roman familial des névroses*, *op. cit.*, p. 159 [*Romances familiares*, *op.cit.]*.
18. Aforismo citado pelo próprio Freud.
19. Trad. franc. in *La vie sexuelle*, *op.cit.*, p. 134 [*Fetichismo*, *E.S.B.*, vol. XXI, 1ª ed.].
20. *Ibid.*, p. 135 [*E.S.B.* XXI, *op.cit.*].
21. Cf. o ensaio de 1938, *A clivagem do eu nos processos de defesa* ["A divisão do ego no processo de defesa", *E.S.B.*, vol. XXIII, 1ª ed.].
22. *Op.cit.*, p. 138 [*Fetichismo*, *op.cit.*].
23. *Ibid.*, p. 137 [*Fetichismo*, *op.cit.*].

24. *Ibid.*, p. 138 [*Fetichismo, op.cit.*].
25. Trata-se da terceira das *Contribuições à psicologia do amor*, tr. fr. in *La vie sexuelle*, pp. 66ss. [*E.S.B.*, vol. XI, 1ª ed.].
26. *Op.cit.*, p. 78 [*E.S.B.*, XI, *op.cit.*].
27. Freud abordou essa obra como sendo a sexualização do episódio bíblico: sua Judith aparece, ali, como aquela que utiliza sua virgindade, oferecida a Holofernes, o general assírio, para lhe cortar a cabeça, assim o castrando simbolicamente.
28. Convém lembrarmos que se trata da história de Norbert Hanold, um jovem arqueólogo apaixonado por uma moça avistada num antigo afresco, e que procura encontrá-la na realidade.
29. Ver a insistência na posição peculiaríssima do pé no afresco, mal pousado no chão, combinando a idéia de potência com a impressão de graça e flexibilidade.
30. Menina, donzela. (N.T.)
31. Ver seus sarcasmas a respeito do casal que ele avista em Pompéia.
32. Esse é o dito sarcástico que lhe é atirado por uma vendedora de legumes, quando ele persegue a imagem de Zoé avistada na rua.
33. Cf. a *Traumdeutung* [*E.S.B.*, IV-V, *op.cit.*; *Mädchen* corresponde a mocinha, menina, garota].
34. *Op.cit.*, p. 77 [*E.S.B.*, XI, *op.cit.*].
35. Quanto a essa relação de "frente a frente", apropriada, ver *infra*, na conclusão (p. 176), seu valor significante no texto.
36. *Sobre a psicopatologia da vida cotidiana*, cap. VII, B [*E.S.B.*, vol. VI, 2ª ed. rev.].
37. Na peça *Caesar and Cleopatra*, de George Bernard Shaw. (N.T.)
38. *Op.cit.* [*Sobre a psicopatologia..., op.cit.*].
39. *Ibid.*
40. Alguns autores traduzem o termo por *recusa (da realidade)*. (N.T.)
41. Ver *supra*, pp. 131-138
42. *Das Medusenhaupt*, in *G.W.*, vol. XVII, pp. 47-48. O manuscrito data de 1922, mas só foi publicado em 1940 (na *Internationale Zeitschrift für Psychoanalyse und Imago*) ["A cabeça da Medusa", *E.S.B.*, XVIII, 1ª ed.].
43. Horror, medo. (N.T.)
44. *Op.cit.*, p. 47 [*E.S.B.*, XVIII, *op.cit.*].

TERCEIRA PARTE

OS DESTINOS DO QUERER-FEMININO NA *KULTUR*

capítulo VII

A MULHER COMO SINTOMA DA *KULTUR*

Nosso levantamento sobre a condição da mulher na experiência e no discurso freudianos ficaria incompleto, se não levasse em conta o que se pode dizer sobre seu lugar na realidade, a da sociedade e da *Kultur*. Entretanto, não foi por acaso que propusemos caracterizar o momento em que o discurso analítico se liga à realidade como sua "poesia".[1] Entendemos que ele é o discurso autorizado por uma experiência e um saber. Em que se alicerçaria Freud para dizer alguma coisa sobre o destino da mulher na realidade social — que não fosse sua simples "doxa" —, a não ser naquilo que tinha vivenciado em sua relação clínica e teorizado em sua metapsicologia? É nesse nível, portanto, que convém levarmos em consideração o que a psicanálise pode identificar da marca singular feita pelo querer-feminino na *Kultur*, capaz de esclarecer o que a própria *Kultur* pretende dela...

Isso pode se afigurar, de outro ponto de vista, como o mais importante. É fato que o enunciado cultural relativo à feminilidade tende a preceder qualquer "diagnóstico" sobre a forma de seu desejo e a estampar, a partir daí, a marca de uma na outra. Contudo, parece-nos que a psicanálise tem como efeito justamente superar a oposição entre um "interior" psicológico e a realidade "externa": a mulher também funciona tanto como sede de seus sintomas quanto como sintoma da *Kultur*. De modo que, em Freud, essa dimensão é inteiramente diferente de um "prolongamento" da teoria e da experiência da feminilidade no inconsciente: é uma dimensão necessária e intrínseca. Também nessa qualidade, ela merece ser levada em conta no plano sócio-político em que a feminilidade tem um de seus palcos.

Mas, se não é necessário darmos um salto para passar das duas dimensões precedentes para esta, é verdade que é preciso mudarmos de "cena". Já não é em sua falta que a mulher é vivenciada e compreendida: é em sua realidade, através da qual sua "falta" é ao menos praticada. O próprio discurso de Freud tem que mudar de tom: trata-se de tomar uma posição no tocante ao lugar da mulher na sociedade e na civilização, ou mesmo de se comprometer no que tange a seu destino.

Tomaremos o discurso freudiano sobre a mulher na sociedade no ponto de origem — no momento em que, na verdade, Freud define sua própria "doxa" —, ouvindo o que ele tem a dizer na qualidade de sujeito de um discurso que lhe é próprio, e não no exercício de sua função analítica. Ser-nos-á preciso, com base na evolução da "prática" e da teoria da feminilidade, reconstituída nas duas partes anteriores, discernir com a máxima exatidão possível de que modo essa "doxa" foi perpetuada, modificada e revolucionada sob a pressão daquilo que insistia em se fazer admitir.

Foi esse o momento em que, à parte esse saber e essa experiência, Freud pôde escrever a poesia da mulher na *Kultur*, isto é, a função que lhe é atribuída no *epos* da humanidade. O mais notável, nessa matéria, é o casamento entre o mais franco — ou até o mais cínico — realismo de que Freud dotou seu discurso e a *Phantasie*, a livre evocação da mulher na fabulação das origens da *Kultur* e das ilusões autorizada pela psicanálise,[2] como uma mitologia necessária que lhe foi ditada por uma dura experiência e um saber austero.

1. O veredicto freudiano originário

Dispomos de um documento precioso para apreender a postura de Freud acerca da situação social da mulher, bem na origem. Foi a sua própria noiva, Martha, que ele dirigiu essa longa exposição, numa carta datada de novembro de 1883.[3] O contexto esclarece sua intenção: Martha lera o ensaio de John Stuart Mill sobre *A emancipação das mulheres*, um campeão de vendagem do feminismo masculino, que parecera ter-lhe causado uma impressão favorável. Freud, no contexto da função de formador e esclarecedor que se atribuíra perante sua jovem noiva (ver *supra*[4]), julgou útil proceder a uma explicação, como que para corrigir uma leitura imprópria de Mill. Aí examinamos a primeira exposição corrida de Freud sobre a visão da mulher na *Kultur*. É ainda mais importante sondá-la na medida em que alguns temas seriam reencontrados nas exposições posteriores. Mas, não nos deixemos enganar: é com a doxa freudiana sobre a mulher que deparamos aí. Em 1883, e ainda por cima no âmbito de uma correspondência privada, Freud ainda não se apoiava na experiência analítica: falava, por assim dizer, "em particular". Isso não impede que, nessa época, tenha dado o primeiro passo no processo que o levaria a se interessar pela histeria: essa carta foi contemporânea do caso tópico de Anna O.[5] Assim, nela encontramos expressa a imagem que Freud fazia do destino da mulher na *Kultur.* Freqüentemente citadas como prova inegável do caráter conservador de Freud, essas declarações pedem para ser globalmente examinadas e avaliadas por elas mesmas.

Aliás, ao término de sua colocação, Freud reivindicou o caráter conservador de sua postura: "Atenho-me à velha maneira de pensar."[6] Mas resta compreendermos o que era essa maneira de pensar e como Freud se relacionava com ela. A oportunidade para isso foi fornecida pelo ensaio de Mill, que encarnava a "nova maneira de pensar" sobre as mulheres. Ora, Freud tivera muito cedo a possibilidade de se familiarizar com Mill. A pedido de Gomperz, tivera a oportunidade de traduzir um volume de suas obras. Freud começou por lembrar a falta de vigor e a insipidez do estilo de Mill, mas rendeu homenagens a sua liberdade de espírito: "Talvez ele mostre ter sido, dentre os homens deste século, o mais capaz de se libertar dos preconceitos vigentes."[7] Sabemos de todo o valor de um elogio desses para Freud, na qualidade de *Aufklärer*. Mas esse racionalismo simpático tinha seu avesso: "Em contrapartida, e essas coisas sempre andam juntas, faltou-lhe, em alguns pontos, o senso do absurdo..." E *o* ponto revelador é justamente o que nos interessa: "por exemplo, no que concerne à emancipação das mulheres e às mulheres em geral."

A tese combatida por Freud era a da autonomia econômica, na qual Mill via, ao mesmo tempo, a prova e o meio de emancipação das mulheres: "Lembro-me", disse Freud, "que um dos principais argumentos, na obra que traduzi, era que não havia nada de impossível em uma mulher casada ganhar tanto quanto o marido." A refutação foi feita com uma preocupação visivelmente pedagógica, a ser utilizada por sua esposa: "Concordamos, segundo creio, você e eu (subentenda-se: realmente espero que você não pense de outra maneira!), em considerar que a direção da casa, a educação dos filhos e os cuidados a lhes serem prestados assoberbam inteiramente um ser humano, e praticamente excluem qualquer possibilidade de ganhar dinheiro, mesmo que os afazeres domésticos sejam simplificados e que a mulher se liberte da limpeza do pó, da arrumação, da cozinha etc." A argumentação, naturalmente, cheira a sofisma, visto que Freud parece basear-se no fato de que as mulheres já têm coisas demais a fazer com suas ocupações domésticas (voluntariamente detalhadas) para que lhes seja imposto, além disso, trabalhar. Assim, ele descarta como uma evidência o papel exclusivo do trabalho como meio de emancipação.

A partir daí, pode dar mais um passo: "É igualmente impensável querer lançar as mulheres na luta pela vida, à maneira dos homens."[8] Dessa vez, o que se evoca é a tese da fraqueza comparativa das mulheres na "seleção natural" social. Não sem uma certa chantagem, particularmente dirigida a *sua* mulher: "Deveria eu, por exemplo, considerar minha meiga e delicada amada como uma concorrente?" Donde, por fim, o tom protetor, que vincula a mulher ao lar como contexto único de uma vida protegida: "Nesse caso, eu acabaria por dizer-lhe, como fiz há dezessete meses, que a amo e que empregaria todos os meios para retirá-la dessa concorrência, e que lhe atribuo como domínio exclusivo a pacífica atividade de meu lar."

Freud chegou a se posicionar no tocante à questão da educação das mulheres, pivô determinante de discussões de vários séculos:[9] "É possível que uma nova educação consiga sufocar todas as qualidades delicadas da mulher e sua necessidade de proteção, que em nada impede suas vitórias, de maneira a que ela possa, como os homens, ganhar a vida." Dessa vez, portanto, a autonomia econômica foi considerada viável, porém prejudicial: "Em termos gerais, é possível que, nesse caso, estejamos errados em deplorar o desaparecimento da coisa mais deliciosa que o mundo tem a nos oferecer: nosso ideal da feminilidade." Nesse caso, portanto, o homem não mais reconheceria *seu* ideal de mulher! A educação, longe de expandir a mulher, *sufocaria* o que havia de mais "precioso" nela.

Isso permite compreendermos a formulação final desse requisitório/profissão de fé: "Creio que todas as reformas legislativas e educacionais fracassarão, em decorrência do fato de que, muito antes da idade em que o homem pode garantir uma situação para si em nossa sociedade, a natureza decide sobre o destino da mulher, ao conceder-lhe a beleza, o encanto e a bondade." Aí vemos em funcionamento a oposição sociedade/natureza, como algo que se superpõe à oposição homem/mulher. Acima de tudo, vemos aparecer um tema que seria reencontrado, transposto, na teoria da evolução libidinal da mulher: o "fato" de que tudo se articula *mais cedo* na mulher. Não teremos um eco distante disso na impressão transmitida nas *Novas Conferências*, meio século depois, sobre o fato de uma mulher de trinta anos assustar o analista, "pelo que nela encontramos de fixo, de imutável", como se, "tendo sua libido adotado posições definitivas, parecesse agora incapaz de modificá-las"?[10]

Assim, por seu destino social e pulsional, a mulher frustraria qualquer possibilidade de evolução *real*: "A lei e os costumes têm que dar à mulher muitos dos direitos de que ela foi privada, mas sua situação continuaria a ser a que sempre foi: a de uma criatura adorada na juventude e de uma mulher amada em sua maturidade." Entretanto, constatamos que esse situacionismo não concordava com o *statu quo* social: Freud reconhecia, juntamente com Mill, que o capital dos "direitos" da mulher devia ser ampliado, que ela fora efetivamente *privada* deles. Mas era como se temesse que ela viesse a sentir falta daquilo que não lhe deveria fazer falta, assim comprometendo seus benefícios amorosos. Com isso, na verdade, não lhe prometia um destino melhor que o de encontrar um homem que a amasse e lhe atribuísse seus poderes de mulher — como Martha ao conhecer Sigmund!

Certamente era essa "a velha maneira de pensar", combinada com uma postura progressista firme, mas limitada justamente por aquilo que não era socializável. Contudo, nessa postura sumamente estereotipada, havia elementos que justificam sua atenuação. Podemos valorizá-los voltando à crítica feita a Mill, que dá margem a esse esclarecimento. O que Freud combatia era a postulação de uma teoria racional e social desencarnada: assim, comentou, com muita pertinência, que aquele defensor da emancipação feminina que era Mill tivera relações muito conturbadas... com sua própria mulher,[11] enquanto sua autobiografia revelava, pura e simplesmente, a ausência da mulher: "Mill esqueceu tudo isso, bem como tudo o que se refere às relações entre os sexos. Nesse aspecto, considero impossível julgá-lo sequer humano. Sua autobiografia é tão repleta de pudores tão etéreos que, ao lê-la, ninguém poderia adivinhar que *os seres humanos se dividem em homens e mulheres*, e que essa diferença é a mais importante que existe entre eles."[12]

Freud resgata nesse ponto seu talento diagnosticador: convida-nos a refletir sobre o paradoxo de o emancipador desenfreado da Mulher ter dado tão pouca existência às mulheres. A ponto de podermos esquecer, ao ler o relato de sua vida, que o gênero humano possa compor-se de homens e mulheres! Como sempre, o aparente paradoxo é sinal de uma ambivalência e de uma necessidade no próprio inconsciente. Realmente devia haver um elo secreto, pressentiu Freud, entre o discurso da Emancipação da Mulher e a renegação da feminilidade, naquele racionalismo abstrato do primeiro "feminismo masculino". Era numa posição assim que, por sua vez, ele não se reconhecia. E foi realmente essa forma de feminismo que Freud rejeitou: assim, por mais conservador que seja esse texto, por seu tom geral, ele não pode ser lido como o de um demolidor cego de qualquer emancipação da mulher: o que ele revela é a desconfiança de Freud em relação a qualquer socialização integral do destino da mulher, como algo que encobria em seus defensores uma sutil renegação da feminilidade. O lirismo da invocação da Mulher, por mais sincero que fosse, encobria uma renegação da feminilidade. Como no caso de Mill, celebrando tão intensamente a Mulher e apagando o que aspirava a se expressar de sua singularidade.

Por isso, lido com atenção, esse texto abriga dois ensinamentos: de um lado, é verdade, uma postura retraída em relação ao progressismo social que fingia resolver a questão da mulher. Tanto que ficaríamos tentados a achar que Freud teve um mau começo para apreender a reivindicação da autonomia das mulheres por elas mesmas. Até na posterioridade, ficamos bastante surpresos com o que ele conseguiu compreender do desejo feminino, a despeito dessa couraça defensiva. Mas — e esse é o segundo ensinamento —, essa postura pouco aberta lhe permitiria, justamente, não reduzir a mulher de imediato a seu destino social. Assim, ele poderia *vê-la chegar*, de certa maneira, em sua estratégia desejante.

E de fato lhe seria preciso, por bem ou por mal, fazer com que se enquadrasse nessa representação uma imagem de mulher que não se reduzia nem a seu destino social nem a seu destino "natural", ou seja, a *histérica*. A histérica é que iria impor, também nesse caso, uma espécie de "implosão" desse modelo da feminilidade. Na verdade, ao se expor à demanda histérica, e por sua vontade de segui-la até o fim, Freud faria com que sua postura explodisse a partir do próprio interior. Isso viria a traduzir-se, justamente, na eclosão de um registro duplo: o da clínica do desejo, onde se formulou a imagem inconsciente da feminilidade, e o do discurso sobre a *Kultur*, onde se desenvolveu a temática esboçada na carta de 1883.

2. *Imagens da infelicidade real*

Assim, desde as origens de sua experiência clínica, Freud foi levado a enfatizar os componentes sociais da patologia em que a mulher estava implicada. É importante captarmos o sentido dos comentários de aparência sociológica que adornam o texto clínico: caberia ver neles uma série de influências sociais na descrição clínica? Nesse caso, só nos restaria sentir ou lamentar que Freud tenha falado demais ou de menos sobre elas. Como no seguinte comentário do texto de 1895 sobre as *Obsessões e fobias*: depois de descrever inúmeras manifestações fóbicas em mulheres e moças, relacionando-as com a ansiedade, Freud destaca o papel da objetividade social nesses distúrbios. "É nessas condições, extremamente freqüentes, principalmente para a mulher da sociedade atual, que se desenvolve a neurose de angústia, da qual as fobias são uma manifestação psíquica."[13]

Será que Freud só estaria lembrando uma generalização sociológica, do tipo da que afirma ser evidente que tudo o que se possa dizer das manifestações patológicas das mulheres deve ser relacionado com sua situação de frustração objetiva? Seria esse o aspecto "condicionante" da eclosão das neuroses? Na verdade, Freud vai mais longe: examinando de perto, o que ele descreve são tipos sociais femininos que se comprometeram com uma relação convencional com o homem, malograda ou adiada: adolescentes, recém-casadas e viúvas, das quais o importante texto sobre *Neurastenia e "neurose de angústia"* traça um verdadeiro mapa.[14] Podemos considerar que o protótipo desse quadro é "a recém-casada anestésica":[15] ela efetivamente representa o tipo exato da angústia que ocorre após a revelação decepcionante da realidade sexual: "Na recém-casada anestésica, a angústia só ocorre quando as primeiras relações despertam uma quantidade suficiente de excitação somática." Foi essa, de fato, a configuração real essencial que Freud viu perfilar-se na clínica com que lidava: mas podemos compreender porque não sentiu necessidade, no que concernia a seu propósito, de falar mais sobre ela. O que lhe interessava do real era o que se prestava à programação do desejo: aquilo com que a mulher "tinha que se haver" revelava-se especialmente deplorável — condenada a entrar no desejo apenas através da união com o homem, ela lhe devia até mesmo a propriedade de sua angústia! Quando se *sentia* frustrada, o essencial de sua alienação social *já* fora decidido, uma vez que era seu ingresso no casamento que a condenava a ligar ao homem sua economia do gozo. Mas era nesse ponto que ela começava a protestar, por meio de seu inconsciente: e era aí, de fato, que Freud a esperava em seu consultório! É compreensível, portanto, que ele só se interessasse pelo fator condicionante para compreender o determinante real do conflito.

Podemos simplesmente assinalar a especificidade da situação assim criada: "A instauração de um alheamento (*Entfremdung*) entre o somático e o psíquico durante a excitação sexual se produz mais depressa e é mais difícil de eliminar na mulher do que no homem." Esse caráter dividido foi algo em que Freud procurou pensar: mas não era mecanicamente, por causa de sua alienação social, que a histérica existia. Era pela resposta singular que dava, na estratégia de seu desejo, a uma realidade dividida, que ela se dividia proporcionalmente.

Com isso se esclarece o sentido da famosa formulação de que a evidenciação da infelicidade simbólica só fazia reduzi-la à infelicidade real. A "infelicidade real" servia objetivamente para mascarar o real da infelicidade, assim "simbolizado". É que da infelicidade real, cujo peso Freud não subestimou, a infelicidade simbólica não era apenas um reflexo: era, em suma, seu *sintoma*. Tudo o que podemos dizer é que, na verdade, Freud nunca acentuou tão positiva ou empiricamente os efeitos da infelicidade simbólica quanto nos anos da pré-história e da fundação da psicanálise.

Posteriormente, esses "comentários" parecem ter tido um duplo futuro na obra de Freud: em primeiro lugar, surgiram para enriquecer os relatos das análises; em segundo, foram retomados num novo tipo de discurso: o do lugar e da função da mulher na *Kultur*.

No que tange aos "comentários" sobre a relação de dominação social subjacente ao impasse simbólico, Freud sempre parece ter falado a mais ou a menos, conforme avaliemos essas anotações pelo padrão de uma teoria mais ou menos elaborada da causalidade social. Nesse ponto, mais uma vez, convém compreendermos com que finalidade esses comentários eram solicitados: verifica-se, ao mesmo tempo, que eles eram necessários e não podiam ultrapassar sua condição de "comentários".

Uma sistematização desses "comentários", ainda que rápida, pode nos permitir esboçar a imagem freudiana do assujeitamento social da mulher.

De fato, parece destacar-se um quadro que evoca a situação da mulher como estando aprisionada numa rede social de que é intensamente dependente, e em relação à qual, num dado momento, fica em estado de abandono e/ou de agressão. É o caso de Emmy von M., cujo marido, dono de uma esplêndida situação na indústria, morreu bruscamente, deixando-lhe duas filhas: "Desde a morte do marido, ocorrida quatorze anos antes, ela nunca deixara de estar mais ou menos indisposta."[16] Se Emmy desabafava suas queixas num castelo, Lucy R. tecia seus sintomas na casa do diretor de uma grande fábrica nos arredores de Viena, casa esta onde era a governanta inglesa: foram seus sentimentos amorosos pelo patrão que Freud lhe revelou, refazendo o curso das associações a partir de um cheiro de doce queimado. Em sua confissão, ela apontou o conteúdo social de sua inibição: "O que me doía era o fato de se tratar de meu patrão, de eu estar a serviço dele, morar em sua casa e, diante dele, não conseguir me sentir tão independente quanto diante dos outros. E depois, além disso, sou uma moça pobre, enquanto ele é um homem rico, pertencente a uma família distinta; iriam zombar de mim se desconfiassem disso."[17] Por isso ele conseguiu a cura através da aceitação da infelicidade real: "A senhora ainda ama o diretor? — É claro, eu o amo, mas isso não me incomoda mais. Somos livres para pensar e sentir o que quisermos."[18] Foi realmente a fumaça do amor recalcado que se dispersou, de modo que só restou o amor impossível!

Já Katharina, filha de um albergueiro, estava permanentemente às voltas com as seduções sexuais familiares, das quais era testemunha ou alvo: seus sintomas respiratórios estavam efetivamente ligados a todas essas transgressões, mas, quando comunicara à "tia" as investidas do "tio",[19] a única resposta que despertara tinha sido: "Vamos guardar isso para nós; se ele nos criar dificuldades na frente dos juízes (por ocasião do divórcio que se seguiu), também contaremos isso."[20] Ali estavam as "histórias", portanto, transformadas em sinais sociais e jurídicos invalidados, de modo que o recalcamento se impusera, a partir de então, como o destino que lhes era apropriado.

Elizabeth von R. era a "bela indiferente" de um meio social abastado, acabrunhada por infortúnios familiares, desaparecimentos e doenças. Tornou-se, por sua vez, *o* sintoma dessa doença familiar, para se punir pela inclinação por um cunhado, marido de uma irmã que falecera pouco antes.

Podemos ver o pequeno universo social constituído; mas, nesses diversos meios, sempre havia lugar para uma mulher-sintoma. Sintoma de uma reprodução hipócrita das relações familiares, que destinava à mulher a incumbência de guardar seus segredos enquanto sacrificava seu desejo, o qual, a partir daí, só podia se expressar no sintoma. Em todas as situações, um homem — marido morto, patrão amado, pai ou tio sedutor, cunhado amado — desempenhava o papel de causa do sintoma.

Desse panorama destacam-se dois tipos característicos: o da moça sacrificada, dedicada a cuidar de outrem, e o da jovem revoltada, ao mesmo tempo bode expiatório e tirano das torpezas ambientais.

Da primeira, Anna O. ofereceu a imagem: e não é irrelevante que tenha sido através dela, por intermédio de Breuer, que Freud viu ser-lhe oferecido o acesso à histeria. Imagem corriqueira da filha que se sacrifica à cabeceira do pai e tece seu sintoma na culpa pela morte dele. Em termos mais gerais, é a mulher que arca com o peso dos sintomas do grupo familiar e se dedica a ele. Com isso, transforma-se efetivamente no sintoma: designa o *real* dele. Nesse sentido exato, não é grande coisa afirmar que a histeria reflete a organização social: ela a encarna, a ponto de constituir o segredo regulador de sua patologia crônica. Freud destacou, nesse sentido, que "o papel de enfermeira desempenha uma função muito importante na gênese das histerias". Entenda-se com isso que "quem fica assoberbabo e continuamente preocupado com as mil tarefas exigidas pelos cuidados prestados a um enfermo, cuidados estes que se prolongam sem interrupção, interminavelmente, durante semanas e meses, acostuma-se pouco a pouco a sufocar em si todos os indícios de emoção (...) Com isso se reúnem os elementos de uma histeria de retenção". Ora, a situação objetiva da mulher, nessa distribuição de tarefas, é justamente a de cuidar de seu meio: e é exatamente no "período de prestação de cuidados" que se produzem os germes da histeria a ser posteriormente desencadeada, em conflito com "os sentimentos de aspiração à libertação".

A outra imagem, a da jovem revoltada, foi maravilhosamente encarnada por Dora. O fato de ela ter sido levada para tratamento por seu próprio pai, um grande industrial que era amigo de Freud, já atesta suficientemente que sua família se percebia através dela como sintoma, ainda que tentasse apresentar seu sintoma como uma cisma ou... um capricho. Por outro lado, ela era exímia em se colocar em todas as linhas de circulação das relações de poder intrafamiliares: entre uma mãe desprezada que era "boa dona-de-casa", um pai donjuanesco e um sedutor muito diligente: tornou-se, por isso mesmo, a consciência da família. Assim, Freud recebeu no divã a confissão de um sintoma que de fato se alimentava do real da família: seu esforço consistiu em separar o que era preciso separar, ou seja, a parcela de realidade deplorável e a de álibi do sintoma. Tanto que demonstrou a Dora que ela se elevava à condição de consciência dessa corrupção para melhor reativar o mecanismo de seu sintoma. Através de sua fantasia e seu sintoma, ela participava, assim, da tibieza e das intrigas dos membros de seu círculo, ao mesmo tempo que os desafiava continuamente. Aliás, Freud deve apenas tê-la provido de um saber adicional que lhe permitiu reproduzir ainda mais eficazmente suas artimanhas! Assim, se a mulher que cuida se encarrega de seu mundo, a jovem revoltada também o faz, a sua maneira: com isso, elas se identificam com a infelicidade, ou até a erotizam, ao mesmo tempo que descarregam nela o sofrimento de seu sintoma, essa coisinha que estraga o cenário e atesta que isso não funciona, e que não se pode escondê-lo!

Resta uma última figura nesse cenário feminino da infelicidade burguesa: a criada. Trata-se do elo fraco da cadeia, daquela que tem que suportar as investidas do patrão e administrar as sobras de um mundo que só reconhece a sexualidade dentro de seus próprios limites. Freud deparou repetidamente com esse personagem no sistema das intrigas que a histérica lhe revelava. Sabemos do importante papel identificatório desempenhado pela empregada seduzida e abandonada pelo Sr. K. na identificação de Dora: ela era, na verdade, o lado avesso de infelicidade real, o dublê da histérica.

Quem poderia afirmar, por essa simples evocação, que Freud desconheceu o peso da realidade social na gênese da neurose característica da mulher de sua época? O mais notável é que, justamente, aproximando-se desse mundo apenas através do sintoma, sem lhe acrescentar nenhum discurso de liberação objetivado como tal, ele tenha exposto um panorama de injustiça tão arrasador. A maior grandeza da mulher é ter conseguido suportar esse sórdido quinhão de realidade que lhe foi concedido, e ter-lhe respondido através dessa espécie de sofrimento criativo que é o sintoma histérico. Essa obra-prima de infelicidade, não foi o mundo que a partejou, mas a própria mulher, no confronto com esse mundo! Freud não faltou para com a reconstituição dessa Anankê social que sobredetermina a postura da mulher perante seu desejo e que é parte integrante dele. É ao lhe acrescentar *sua* infelicidade simbólica que ela consegue também suportar *a* realidade da infelicidade...

3. As mulheres no nervosismo moderno

Para que esses "comentários" fossem sistematizados num discurso próprio, era preciso que a mulher surgisse como uma expressão da *Kultur*. Mais uma vez, porém, foi como sintoma que ela funcionou: como sintoma do preconceito que a "moral sexual civilizada" nutre, precisamente, em relação ao desejo individual. Daí seu lugar central no ensaio que, em 1908, interrogou a relação do nervosismo com a modernidade.[21] Ali vemos codificada a questão da mulher como sintoma da *Kultur*: nessas condições, ele foi um marco na gênese do discurso freudiano sobre a feminilidade.

Mas essa concepção se afigurará necessariamente decepcionante se virmos nela apenas um conjunto de pontos de vista sumamente banais sobre a repressão sexual e seus efeitos na mulher. É importante compreendermos, antes, o que conferiu à mulher essa vocação de dar corpo ao sintoma do nervosismo moderno. Então, veremos o corpo histérico emergir como exemplificador do destino cultural. É como se Freud, nesse ensaio, reintroduzisse a histeria no espaço da *Kultur*. Foi pela impossibilidade de formular a questão nesses termos que se deplorou, com demasiada pressa, a ausência de consideração da dimensão social na teoria freudiana da histeria. Mas ocorre que, da mesma forma, Freud nunca deu crédito à idéia ingênua de uma sócio-gênese imediata do sintoma histérico: era muito mais a elaboração da postura desejante pela histérica, considerada a situação que lhe era conferida pela *Kultur*, que se devia compreender. Era possível até que a histérica tivesse uma função *social* eminente: a de revelar a histeria característica da *Kultur*...

Assim, cabe-nos espreitar o momento em que a consideração do "problema da mulher" despontou no horizonte da teoria freudiana da *Kultur*. De fato, ele propôs um princípio explicativo global — o conflito entre a pulsão sexual e a proibição cultural fundamentada na renúncia — e uma espécie de lei histórica de três estágios para decifrar a evolução dessa relação: o estágio de liberdade integral da atividade sexual, o estágio de repressão da totalidade da pulsão sexual, com exceção da reprodução, e o estágio "em que a reprodução legítima foi autorizada como pulsão sexual".[22] Compreende-se, por conseguinte, que esse processo fosse deixando pelo caminho aqueles que não conseguiam satisfazer essa exigência de repressão. Freud nos mostra esses abandonados a meio caminho, que a partir daí não param de contestá-la, por sua simples existência: a legião dos perversos e neuróticos.

É curioso observar que surge então uma primeira e fugidia imagem da mulher: a da irmã neurótica do irmão perverso[23] — réplica da idéia decididamente insistente, em Freud, que faz do sintoma-mulher a réplica do sintoma do homem. Mas a "diferença sexual", nesse momento da argumentação, ainda não faz mais do que ilustrar a tese geral das neuroses como "negativo" das perversões — tendo a mulher mais vocação para funcionar, conseqüentemente, como *negativo neurótico da perversão de seu duplo masculino*.

Mas foi ao discutir o terceiro estágio que Freud enunciou sua própria teoria da feminilidade na *Kultur*. Entende-se porquê: foi no estágio da organização monogâmica, correlativo à legitimação exclusiva da reprodução, que a mulher passou a ser levada em conta. Mas isso revela, *a posteriori*, que Freud não evoca a situação da mulher nos dois primeiros estágios: como se a mulher da promiscuidade primitiva, tão cara a Bachofen,[24] não retivesse sua atenção.

Isso não equivale a dizer que, para Freud, a mulher estivesse à vontade no casamento: ao contrário, foi para assinalar a situação insustentável que lhe fora criada que se empregou a denúncia de Freud — na qual todos os "comentários" precedentes[25] ganharam vida num diagnóstico global. Mas, se ele não a considerou *antes* nem *em outro lugar*, foi justamente porque, para ele, a mulher não era pensável nem em outro lugar nem em outro momento — o que confirma a primeiríssima postura que havia expressado a sua própria mulher.[26]

É por isso que a situação da mulher na *Kultur* veio a ser abordada no exato momento em que Freud se perguntou "se a relação sexual (*Sexualverkehr*) no casamento legítimo pode oferecer uma compensação total pela restrição anterior ao casamento".[27] Foi aí que se confirmou a resposta negativa trazida por todo o ensaio de Freud. Diagnosticando um fracasso e refletindo sobre a desilusão trazida pela experiência dos cônjuges, em termos singularmente pessimistas, Freud começou a dar uma idéia do destino cultural expresso pela infelicidade a que a mulher estava condenada. Tanto do casamento quanto do resto, a mulher saía neurotizada: "A experiência mostra, igualmente, que as mulheres a quem o dom da sublimação (*Gabe der Sublimierung*) só compete em pequena medida, como verdadeiras portadoras dos interesses sexuais da humanidade (*als eigentliche Trägerinnen der Sexualinteressen des Menschen*), e às quais basta um bebê como substituto do objeto sexual (*als Ersatz des Sexualobjektes*), mas não um filho que cresça, as mulheres, afirmo, sob o efeito das decepções do casamento, mergulham em neuroses graves, que tornam sombria toda a sua vida."[28] Conseqüentemente: "O casamento, nas atuais condições culturais, há muito deixou de ser a panacéia (*Allheilmittel*) contra os males nervosos da mulher."

Assim, confirma-se que Freud colocou a questão da sublimação da mulher como um "dom", uma aptidão — por conseguinte, variável e vulnerável, senão deficitária. Como se, enquanto a sublimação tinha uma função necessária no homem — realizada ou não, sadia ou neurótica —, ela fosse, na mulher, um dom pessoal. As mulheres seriam os artistas da sublimação: daí a distância considerável entre a imagem grandiosa da mulher que eleva a sublimação à categoria de uma "arte suprema" e a imagem da mulher que só é sensível "à lógica da sopa".

Por outro lado, Freud atribuiu às mulheres uma tarefa precisa, que ele mais fez registrar do que exaltar: a de "portadoras dos interesses sexuais da humanidade". Formulação bastante misteriosa, que ao menos podemos explicitar em seu contexto: seria essa, a rigor, a causa da aptidão mais limitada para a sublimação. A mulher, na qualidade de procriadora, estaria mais "comprometida" com a função sexual, de modo que designaria o pólo pulsional da *Kultur*. Ou, pelo menos, teria que negociar em bases mais apertadas a margem de articulação entre a sublimação e a pulsão. É verdade que Freud não falou em "funções", mas em "interesses", o que não foi apenas um eufemismo elegante. Foi como se quisesse expressar que a humanidade teria "interesses" não desprezíveis para investir na *Kultur*, de modo que esta nunca os eliminava totalmente (essa foi, inclusive, toda a tese do ensaio): as mulheres, portanto, querendo ou não, seriam administradoras desses "interesses".

Por último o casamento, que *teria conseguido* servir de solução para as principais neuroses do silogismo da negação, *não mais* cumpria essa função. O próprio casamento influía na neurose: esse era um dos sinais alarmantes da neurose inerente à chamada "moral sexual civilizada". A própria fuga para o adultério só fazia levar ainda mais longe o conflito atribuído à mulher: nesse ponto, Freud parecia estar pensando em inúmeros casos de vivência paranóide de adultério nas mulheres.[29]

Aí aparece, enfim, o aspecto mais crítico do ensaio de Freud: ao refletir sobre a situação assim criada para as mulheres, foi realmente preciso diagnosticar nelas os efeitos catastróficos do obscurantismo, ou, mais exatamente, da *proibição de pensar*.[30] Freud, na qualidade de *Aufklärer*,[31] sabia perfeitamente bem o que significava a inibição imposta aos homens; pois bem, em sua opinião, era como se fosse a mulher quem carregasse o fardo mais pesado da proibição de pensar no limiar do século XX. Com efeito, "A educação as proíbe de se ocuparem intelectualmente com problemas sexuais (*die intellektuelle Beschäftigung mit den Sexualproblemen*), pelos quais, no entanto, elas têm extrema curiosidade (*Wissbegierde*) (...) Isso faz com que se apavorem com o pensar (*Denken*), e o saber se lhes torna desvalorizado". A partir daí é que a *Denkverbot* se estenderia da sexualidade para a totalidade dos interesses humanos.

Nesses termos sucintos, Freud acabou apresentando a mulher como vítima do pior processo de repressão social: o que incide sobre o próprio pensar. Por isso, a homenagem que lhe prestou talvez tenha parecido amarga para as mulheres de sua época: ao rejeitar a teoria misoginista desenfreada da "debilidade mental fisiológica" da mulher, Freud a corrigiu nos seguintes termos: "Penso, ao contrário, que o fato incontestável da inferioridade intelectual de tantas mulheres deve ser atribuído à inibição do pensamento (*Denkhemmung*) exigida pela opressão sexual." Mas foi a oposição entre o fato e o direito que constituiu a essência da argumentação de Freud. De modo que sua postura se opôs ainda mais firmemente a qualquer idéia de uma natureza feminina, dado que em momento algum ele desconheceu a singular fatalidade que se ligava à mulher.

Na verdade, a *Denkverbot* cultural atingia especialmente as mulheres, pelo fato já destacado de elas serem "verdadeiras portadoras dos interesses sexuais da humanidade". Por isso é que seu caso ilustrou tão bem a tese de que "a vida sexual é o protótipo (*Vorbildlichkeit*) do exercício das outras funções". Era isso que lhes conferia o destino grandioso e deplorável de encarnarem a ambivalência da *Kultur* ante essa "função sexual" tão central em seu destino.

Essas considerações encontraram eco na "psicologia da vida amorosa",[32] como foi confirmado pelo ensaio *Sobre a degradação mais generalizada da vida amorosa* (1912). As mulheres pareciam ser alvo de uma estratégia dupla, de *supervalorização* e *depreciação*. Nesse sentido, além do "efeito da educação", sofriam as conseqüências do comportamento dos homens: "A supervalorização inicial, devida à paixão amorosa, é substituída pela depreciação, uma vez que o homem a tenha possuído"; mas, justamente por isso, Freud destacou a "supervalorização sexual" como sendo característica do homem: a mulher, por sua vez, "não apresenta nada (...) que se assemelhe ao que constitui, no homem, a supervalorização sexual".[33] Em lugar disso, nela encontraríamos uma preocupação com o sigilo, inclusive nas "relações autorizadas", associada a uma exigência de fidelidade ao amado, mesmo que sob a forma da "fidelidade secundária" dada ao amante.

Se, como vimos, ela representava o pólo da sensualidade para o desejo do homem, sua vida psíquica não se reduzia unicamente à corrente da ternura. Também ela vivia na confluência das duas correntes da vida psíquica. Assim, depois de mostrar que era depreciando o objeto que o homem conseguia conjurar a impotência psíquica, para fazer dele um objeto de puro sensualismo, Freud acabou procurando o equivalente disso na mulher, e foi encontrá-lo na "condição da proibição na vida amorosa".

Há que destacar bem essa observação, cuja importância corre o risco de passar despercebida: Freud nos mostra o lucro, em termos de prazer, representado pela proibição que, por outro lado, era conferida à mulher como imagem de seu destino na *Kultur*. Visto que a *Kultur* impunha tanto ao homem quanto à mulher "um intervalo prolongado (...) entre a maturidade e as atividades sexuais", tanto um quanto o outro precisavam de uma estratégia de resposta. O homem depreciava o objeto para suplantar o domínio das moções de ternura que adiavam a sensualidade; quanto à mulher, só lhe restava a proibição para reativar suas próprias moções sensuais: era assim que "se [estabelecia] nela a estreita ligação entre a proibição e a sexualidade". Freud nada mais disse, porém podemo-nos aperceber da fecundidade dessa observação para a fenomenologia histórica da identificação do próprio desejo feminino pela mulher, bem no âmago da situação que lhe fora criada pela *Kultur*.

Freud reconheceu o sinal disso, ele mesmo, em determinada ocasião: assim, quando saiu publicado o impressionante diário de Grete Lainer, que descrevia a vivência de uma menina no limiar da puberdade, Freud lhe acrescentou uma sucinta carta prefaciadora: "Esse diário é uma pequena jóia. Creio, realmente, que nunca se penetrou antes com clareza e sinceridade similares nos movimentos anímicos que caracterizam, nos anos precedentes à puberdade, o desenvolvimento das meninas *de nossa sociedade, no atual estado de nossa civilização*."[34] Assim, ele pressentiu ali a luta apaixonante da jovem diante da *Denkverbot*: "Vemos, sobretudo, como emerge o mistério sexual, inicialmente impreciso e, depois, pouco a pouco, apossando-se inteiramente da alma infantil; vemos o preconceito trazido à menina pela consciência de seus conhecimentos ocultos, preconceito este que ela consegue progressivamente vencer." É exatamente essa a versão social do tornar-se mulher.

Isso nos permite identificar e sistematizar a dimensão do discurso freudiano concernente à feminilidade (*Weiblichkeit*) como tal, como lugar de entrecruzamento do inconsciente com o processo cultural. A feminilidade devia ser abordada por si só, a fim de não ser confundida com o que a psicanálise podia dizer da "sexualidade feminina" (*weibliche Sexualität*). Neste último caso, do qual é exemplar o ensaio de 1931 que leva esse título, Freud abordou a situação das mulheres em relação ao advento de seu próprio desejo.[35] A história é diferente quando Freud aborda a *Weiblichkeit* em termos globais. Isso não equivale a dizer que a psicanálise possa sustentar sobre a mulher um discurso genérico: é realmente o "ser sexual" da mulher, no sentido pleno, que interessa à psicanálise. Mas ela pode sustentá-lo de duas maneiras: ou para exprimir o que a experiência analítica desvenda sobre o modo de inserção das mulheres em seu inconsciente, ou para fazer um balanço, no campo do processo cultural, do que a experiência analítica pode dizer sobre a *Weiblichkeit*. Foi por nem sempre termos distinguido claramente esses dois níveis do discurso freudiano sobre a mulher que, paradoxalmente, renegamos a dimensão sóciocultural do discurso freudiano sobre a mulher e reduzimos o que Freud pôde expressar do desejo da mulher a um julgamento social — o que foi complicado pela referência ao terceiro nível de elocução, mais informal: o da *doxa freudiana* sobre a mulher. Portanto, temos todo o interesse em reativar essa distinção entre os discursos, ainda que seja para mostrar sua articulação contraditória.

Assim, a famosa *Conferência* de 1932 sobre a *Weiblichkeit* retomou, se a examinarmos de perto, os elementos da problemática identificada no ensaio de 1908. Por conseguinte, deve ser lida e entendida como um discurso sobre a feminilidade. Só que, nesse intervalo, a teoria freudiana da mulher havia sofrido um tal abalo clínico e teórico que Freud foi obrigado a reformular, no só-depois do que passara a saber da sexualidade feminina, o que tinha a dizer sobre a *Weiblichkeit*. É nessa condição que convém lermos essa teoria, mais do que como um inventário maciço e indiferenciado de tudo o que era possível enunciar.

O próprio Freud nos adverte disso, na conclusão: "Não se esqueçam de que descrevemos a mulher apenas na medida em que seu ser (*Wezen*) é determinado por sua função sexual."[36] O erro estaria em interpretarmos essa advertência ao leitor, *a posteriori*, como uma simples desculpa por ele ter deixado de lado outros aspectos da feminilidade. Isso constitui a indicação de uma questão fundamental: a da possibilidade de se falar do ser-mulher de outro ponto de vista que não o da "função sexual", e, correlativamente, do reducionismo que esse ponto de vista comportava. Freud, deixando de lado a galanteria, ficou realmente dividido entre a *necessidade* de atingir a verdade da mulher através de seu ser sexual —

necessidade a que conferiu pleno direito — e a *arbitrariedade* que percebeu em se implicar nesse discurso o ser (*Wezen*) da mulher.

Da necessidade primordial, ele não podia furtar-se: por isso é que foi justamente a determinação (*Bestimmung*) sexual da feminilidade que fez questão de valorizar: e não se esquivou de nenhuma das conseqüências desse ponto de vista. Mas não se contentou com isso. Por um lado, tomou posição no tocante à situação da mulher na *Kultur*, como se sua experiência pessoal lhe desse *direito* a fazê-lo. Por outro lado, apontou para um resíduo irredutível de seu discurso — deixando-o entregue à experiência de vida de cada um (*eigenen Lebenserfahrungen*), à fala dos poetas ou a uma *ciência* ainda por surgir. O discurso analítico sobre a mulher ficaria suspenso, portanto, entre esses três pólos, ao mesmo tempo acumulando-os: pelo menos uma experiência pessoal, uma fabulação e um saber científico.[37]

4. A Mulher e o "Mal-estar na Civilização"

Na última teoria freudiana da *Kultur*, portanto, não surpreende vermos a mulher implicada no próprio cerne do *Mal-estar* que a define. É no momento em que se revela que Eros e a *Kultur* não podem formar um par harmonioso que a mulher é mencionada. Ela é colocada do lado de Eros e compartilha de suas duas vicissitudes: a da fundação e a do recalcamento. O resultado, contudo, é negativo, donde a espantosa idéia de que a feminilidade é um freio da civilização: "As mulheres não tardam a se opor ao movimento civilizatório. Entretanto, foram essas mesmas mulheres que, originalmente, estabeleceram a base da civilização, graças às exigências de seu amor."[38] É preciso entender que, aos olhos de Freud, o destino deplorável da feminilidade servia de exemplo do destino de Eros: ele satisfazia a Anankê, criando o vínculo fundamental entre os homens, mas, inevitavelmente, tinha que pagar o preço do processo assim instaurado.

Daí o papel simultaneamente central e marginal que competiu às mulheres: "Elas passariam a defender os interesses da família e da vida sexual, enquanto a obra civilizatória, cada vez mais convertida num assunto masculino, imporia aos homens tarefas progressivamente mais difíceis e os obrigaria a sublimarem seus instintos, sublimação esta da qual as mulheres são pouco capazes." Aí reconhecemos, num buquê recapitulador, os elementos da avaliação freudiana do papel da mulher na *Kultur*: mas eles adquirem mais sentido em virtude de seu próprio contexto. A feminilidade efetivamente ocupava o pólo oposto ao da sublimação, no seio da *Kultur*. Podemos compreender os mal-entendidos que essas formulações suscitaram: Freud parecia falar das mulheres, ao mesmo tempo, em sua função no seio da *Kultur* e do ponto de vista da economia de seu próprio psiquismo inconsciente.

Assim, dizer que elas possuíam uma capacidade limitada de sublimação equivalia a dizer que eram forçadas a desempenhar, na distribuição do poder no seio da *Kultur*, esse papel ambíguo: simultaneamente irredutível e resto da *Kultur* como processo de sublimação. Mas essa confusão era reveladora, precisamente, do destino assim imposto às mulheres: era uma imagem de seu *destino* elas se vivenciarem através do destino que a *Kultur* lhes atribuía. Um destino cuja extensão era preciso medir, para determinar os caminhos de sua "reversão".

Ali estava a mulher, portanto, excluída dos benefícios da *Kultur* — nas mesmas condições dos outros deserdados da civilização —, mas, além disso, continuando a ser seu sustentáculo, seu laço de união: mãe dos homens e objeto de seus desejos, era repetidamente solicitada como garante da *Kultur* e excluída de seus benefícios. "A mulher, ao se ver assim relegada ao segundo plano pelas exigências da civilização, adota para com esta uma atitude hostil." Nessa simples frase, podemos captar o passo dado por Freud desde uma certa carta, escrita meio século antes: sem nunca elevar o tom, indo das declarações às reformulações, ele acabou por expor com uma violência crua a hostilidade a que estava fadada a mulher ante a própria *Kultur*, mais ainda do que perante a sociedade. Ela bem poderia ser, nesse sentido, o lugar onde se refletia, por excelência, o Mal-estar da Civilização. Isso permitiu compreender que o mal-estar do querer-feminino também procedia de a *Kultur* *ressentir-se* dela...

NOTAS

1. Cf. *supra* Introdução, p. 25, e *infra*, p. 165 ss.
2. Indicando o conteúdo inconsciente delas (cf. capítulo seguinte).
3. Essa carta-documento se encontra in Sigmund Freud, *Correspondance* (Gallimard), p. 85 ss. Foi escrita em 5 de novembro de 1883.
4. *Op.cit.*, p. 87.
5. O tratamento se encerrara em maio de 1882. Freud estava no limiar de seu encontro com a histeria no momento em que redigiu essa carta extraordinária
6. *Op.cit.*, p. 87.
7. *Op.cit.*, p. 86. Observe-se que, passado um quarto de século, Freud ainda conservaria uma postura bastante análoga a respeito de Mill. Assim, em 11 de março de 1908, numa das "quartas-feiras" da Sociedade Psicanalítica de Viena, por ocasião de uma conferência de Wittels sobre "a posição natural da mulher", declarou: "Num artigo sobre a submissão da mulher, J. S. Mill desprezou o fato de que uma mulher não pode, ao mesmo tempo, exercer uma atividade profissional e criar os filhos." E acrescentou, nessa oportunidade: "As mulheres, como grupo, não ganham absolutamente nada com o movi-

mento feminista moderno; no máximo, algumas mulheres isoladas podem se beneficiar dele" (in "Minutes de la société psychanalytique de Vienne", sob o título *Les Premiers Psychanalystes*, vol. I, Gallimard, p. 364).

8. *Op.cit.*, p. 87.
9. Na verdade, foi no século XVI que essa questão foi sistematizada, até o século XIX.
10. *G.W.*, vol. XV, p. 144 [*E.S.B.*, vol. XXII, 1ª ed.].
11. Alusão ao relacionamento de Mill com a Sra. Taylor.
12. *Op.cit.*, p. 87.
13. Texto traduzido para o francês in *Névrose, Psychose, Perversion,* p. 45 ["Obsessões e fobias: seu mecanismo psíquico e sua etiologia'', *E.S.B.*, vol. III, 2ª ed. rev.].
14. *Op.cit.* na coleção mencionada, p. 15 ss. ["Fundamentos para destacar da neurastenia uma síndrome específica denominada 'neurose de angústia''', *E.S.B.*, vol. III, 2ª ed. rev.].
15. *Ibid.*, p. 24 [*ibid.*, *E.S.B.* III].
16. *Estudos sobre a histeria,* pp. 36-37 [ed. franc.; *E.S.B.*, vol. II, 2ª ed. rev.].
17. *Op.cit.*, p. 92 [*E.S.B.*, II, *op.cit.*]
18. *Ibid.*, p. 95 [*ibid*].
19. Na verdade, tratava-se do pai como Freud revelou em seguida.
20. *Op.cit.*, p. 104 [*E.S.B.*, II, *op.cit.*].
21. ''Moral sexual civilizada e doença nervosa moderna'' [*E.S.B.*, vol. IX, 1ª ed.].
22. *G.W.*, VII, p. 152 [*E.S.B.*, IX, *op.cit.*].
23. *Op.cit.*
24. Ver *Das Mutterrecht* (1861).
25. Ver *supra*, pp. 152-156
26. *Supra*, p. 149 ss.
27. *Op.cit.*, p. 157 [*E.S.B.*, IX, *op.cit.*].
28. Ver *supra*, p. 77
29. Cf. os textos iniciais, *supra*, p. 121
30. Quanto a essa noção, em termos globais, remetemos a nosso texto "Trouble du penser et pensée du trouble chez Freud" ["O distúrbio do pensar e o pensar sobre o distúrbio em Freud"], *Nouvelle Revue de Psychanalyse*, 1982.
31. [Racionalista, esclarecedor, iluminista.] Cf. nosso artigo, *op.cit.*
32. Cf. a definição desse "título", *supra.*
33. Ver, no entanto, o papel da supervalorização no homossexualismo feminino, *supra*, p. 119
34. *Journal psychanalytique d'une petite fille* [Diário psicanalítico de uma menina'', Denoël, p. 7.
35. Ver *supra*, II parte.
36. *G.W.*, vol. XV, p. 145 [Conferência XXXIII, *E.S.B.*, vol. XXII, 1ª ed.].
37. Com isso, retomamos o ponto anunciado na introdução (*supra*, pp. 24-26).
38. *G.W.*, vol. XIV, p. 463 [*E.S.B.*, vol. XXI, 1ª ed.].

capítulo VIII

A MULHER COMO VERDADE DA *KULTUR*

Acompanhamos até aqui o *diagnóstico* freudiano sobre a infelicidade da mulher na *Kultur*. Mas sua posição não se reduz a essa constatação negativa. Ela comporta um último desdobramento, relativo ao destino da *Kultur* que a mulher *é*. Em outras palavras, a mulher não é apenas um sintoma da *Kultur*: nela, há um certo destino da *Kultur* que se articula e que ela permite nomear.

1. A poesia da Kultur

Com isso, tocamos numa verdadeira "poética" da feminilidade, apesar de mantida cuidadosamente afastada de qualquer lirismo. Ela consiste na evidenciação da inalienável participação da mulher na *Kultur* e, correlativamente, na exposição de seu futuro dentro do destino das ilusões. É verdade que, no inconsciente, o futuro está estreitamente pareado com a *origem*: portanto, é o lugar da mulher na Origem, isto é, na separação primitiva entre o desejo e a proibição, entre a horda humana e suas pulsões, que convém situarmos para concluir. Com isso, colocaremos dentro de uma perspectiva mitológica o que acontece com seu querer.

Se compreendermos com clareza o diagnóstico freudiano sobre a *Entfremdung*[1] feminina, poderemos conferir o estatuto apropriado à seguinte observação exemplar, emitida durante uma reunião da Sociedade Psicanalítica de Viena: "A mulher, a quem a civilização encarregou de um fardo mais pesado (em particular quanto à reprodução), deve ser julgada com indulgência e tolerância nos campos em que fica atrasada em relação ao homem."[2] Essa formulação, que cheira a paternalismo, deve ser lida, no entanto, de maneira desapaixonada: Freud, como sabemos, passava seu tempo fazendo o balanço do crédito e do débito que a *Kultur* impõe às pulsões dos indivíduos. Nesse ponto, ele se restringiu a constatar o excesso que parecia ser solicitado à mulher, em função do qual era preciso desculpar seu "atraso".

Mas essa menor aptidão para a sublimação que lhe foi atribuída estava estreitamente relacionada com o desejo imperioso do homem por ela: "Uma escultora perde sua habilidade assim que se propõe modelar um corpo masculino; uma moça a quem o professor abraça todas as vezes que ela faz um bom trabalho torna-se incapaz de realizar a mais insignificante tarefa.” Essa seria, pois, a situação da mulher, suspensa entre a ordem do desejo e a do trabalho.

Mas isso nos prepara para compreendermos a capacidade “poética” da mulher, ou seja, seu caráter de *representante de Eros na* Kultur. Se é por isso que ela padece, é também através disso que ela dá à *Kultur* sua feição característica.

Mas, para destacar essa função positiva, era preciso afastar um outro destino possível, o que Freud efetuou com certa brutalidade, dentro do mesmo contexto.

2. A recusa do heterismo

Naquele mesmo 15 de maio de 1907, uma intervenção feita por Wittels diante da Sociedade Psicanalítica de Viena deu a Freud a oportunidade de se posicionar a respeito da mulher na *Kultur*. É ainda mais interessante examinarmos essa posição na medida em que ela contém uma das formulações mais virulentas que encontramos na boca de Freud (mas não em sua pena, na verdade). Na verdade, Freud reagiu a um artigo sobre *As médicas*. Mas convém notarmos que isso se prolongou numa elaboração marcante sobre “a grande cortesã” (*Hetera*).

Depois de se posicionar sobre a questão do exercício da medicina pelas mulheres e dos destinos da sublimação no homem e na mulher, Freud elevou o tom para acertar contas, ao que parece, com o ideal da grande cortesã autorizado por um certo discurso:[3] “Nossa civilização nada tem a fazer com o ideal da cortesã (...) Uma mulher como a cortesã, em quem não se pode confiar na sexualidade, não vale nada: não passa de uma *Haderlump*.”[4] Freud foi buscar na gíria vienense, como que para destacá-la, ao contrário da cortesã nobre, a figura sórdida da “vagabunda” ou da “vadia”.

O pivô dessa intervenção foi claro: tratava-se de rejeitar um certo modo errôneo de idealização da feminilidade. Ora, este era supostamente produzido como uma alternativa à prostituição legal representada pelo casamento por dinheiro. Assim, Freud bloqueou o caminho para essa “solução”. Isso, aliás, ultrapassava a estratégia social: era de um certo destino da sexualidade no seio da *Kultur* que a mulher era objeto, nesse ponto. Entre a evocação do ideal heterista e sua recusa brutal como *Haderlump*, Freud sugeriu, na verdade, o X da questão: “Tentamos descobrir a sexualidade; mas, uma vez feita essa descoberta, exigimos que se tome consciência de todo esse recalcamento da sexualidade e que se aprenda a subordiná-la às necessidades da cultura. Substituímos o recalcamento por uma repressão normal.” Onde o ideal heterista exaltava a sexualidade, a ponto, justamente, de idealizá-la, o ideal do "nós" analítico designava a "repressão normal" — uma expressão curiosa, que parecia especialmente destinada a rejeitar um destino de exaltação da sexualidade. Freud não hesitou, em contrapartida, em evocar a abstinência: "Não podemos resolver o problema sexual sem levar em conta o problema social, e os que preferem a abstinência às condições lamentáveis em que é vivida a sexualidade se abstêm num protesto." Vê-se que isso não surgiu a título de um ideal contrário, mas como a valorização oposta de uma estratégia de auto-repressão: a abstinência seria compreensível, portanto, ou até louvável, como resposta, mesmo que negativa, à desgraça vigente. Por fim, Freud chegou a evocar "o sentimento de pecado que se opõe à sexualidade" — como se qualquer coisa tivesse mais valor do que o "heterismo" em que se suspeitou que Wittels situasse seu ideal. Aliás, este se declarou "tão abalado com (aquela) observação de Freud (de que a cortesã era uma "Hadernlump") que, de momento, não podia responder detalhadamente às objeções".[5]

Isso dá bem a medida da violência do veredicto que Freud quis proferir nessa ocasião; mas resta compreendermos a que objetivo obedeceu essa violência controlada. Freud pretendeu, com isso, bloquear o caminho do heterismo que ameaçava o próprio "ideal analítico". Aliás, era típico dos perigos para a autonomia da causa analítica despertarem em Freud esse gênero de formulações de repúdio, acompanhadas de uma referência à primeira pessoa do plural que convocava os defensores da análise para seu distanciamento, sua reserva. Assim, isso soou como uma defesa contra ter-se que colocar a análise sob a bandeira de um ideal heterista — ou de um ideal religioso, filosófico, político ou de outra natureza.[6]

Portanto, se essa invectiva achincalhou uma certa imagem da mulher, supostamente prostituída e liberada ao mesmo tempo, seu eixo central estava em outro lugar: no destino conferido pela psicanálise, no seio da *Kultur*, ao que ela expusera à luz — ou seja, a sexualidade. É fato, no entanto, que a feminilidade estava associada a esse risco. Como se a feminilidade tivesse vocação, na mitologia que lhe era atribuída, para exibir um destino de alternância, simultaneamente, entre o recalcamento e a sublimação. Era isso que se buscava pensar sob o emblema da hetera, que vivia "livremente sua sexualidade, em todos os seus aspectos".[7] Para Freud, isso não constituía uma solução, mas simplesmente um engodo. Um modo feminino de satisfação que não era nem o recalcamento nem a sublimação tinha que assumir sua denominação mais rasteira — e é compreensível que ele fosse buscá-la no registro da vulgaridade, que corrigia cinicamente a pretensão de um ideal por um termo pejorativo.

Era como se ele temesse, acima de tudo, que viessem a assemelhar a psicanálise a uma serva da hetera, que seria a encarnação de seu ideal;

portanto, Freud se confrontou, visivelmente, com uma espécie de imagem fóbica da mulher — a da cortesã — que trazia o risco de obscurecer o ideal de eu da própria Análise! Portanto, ali onde começava essa imagem da mulher, notificou ele, a psicanálise tinha que abandoná-la: ela não pertencia mais a sua jurisdição. Além disso, era preciso *defender-se* dela: como se a psicanálise, para adequar sua própria consciência ao que podia pensar sobre a feminilidade, tivesse que conjurar *essa* imagem da mulher: a do gozo pleno e perverso. Dessa forma do querer-feminino, o próprio Freud *nada queria saber*: chegou até a fazer disso uma lei. Mas, ao mesmo tempo em que chocou alguns de seus "filhos" com a violência de seu veredicto, viria a se bater com eles para conseguir a admissão de uma mulher em seu cenáculo (em 1910)!

A esse ideal heterista Freud opôs uma imagem que não podemos classificar mais explicitamente do que como "ortográfica". Foi esse o termo, ao mesmo tempo violento e misterioso, que ele empregou numa carta a Schönberg, pleiteando de uma mulher, como critério de sua estima, "sentimentos ortográficos".[8] Essa bem poderia ser, acima de tudo, a *virtude* da mulher aos olhos de Freud.

Mas podemos pressentir que não era a conformidade a uma norma que levava a reconhecer a mulher que se mantinha "direita", no sentido conotado pelo termo *orthos*. O que exclui essa interpretação normatizante é toda a representação freudiana da mulher como sintoma da *Kultur*. Como é que um sintoma se manteria "direito"?

É em outro lugar, portanto, que convém procurarmos a *virtude* introduzida pela mulher na *Kultur*.

3. A Mulher como Eros da Kultur

Foi também em outro lugar, portanto, que Freud procurou o destino-mulher da *Kultur*. A mulher tinha, aos olhos de Freud, um efeito positivo fundamental na *Kultur*, que poderíamos literalmente qualificar de antídoto contra a massa (*Masse*). Convém evidenciarmos claramente essa idéia, pois ela parece deslizar pela "psicologia coletiva" de Freud como um comentário de passagem,[9] quando constitui o avesso disso. Ao observar que, na Igreja e no Exército, "não há lugar para a mulher como objeto sexual",[10] ele efetivamente pareceu suspeitar de que isso era uma condição necessária. Não é por acaso que "o amor homossexual é muito mais compatível com os laços com a massa", como se tivesse uma vocação para se socializar. Ao contrário, "o amor pela mulher rompe os vínculos grupais com a raça, com a divisão em nações e com o sistema social de classes, e com isso produz importantes realizações culturais".

Portanto, eis aí a mulher, apresentada em outro ponto como uma limitação da *Kultur*, em condições de favorecê-la. Arrancando o homem da ligação com a massa, ela permitiria superar as divisões. Podemos sistematizar essa observação numa lei, através de um raciocínio *per absurdum*: se o homem não se relacionasse com a mulher, viveria na massa; é por amar a mulher que ele tem vocação para a *Kultur*! Nesse sentido, ela seria *o* fator de universalidade.

Freud nos apresenta, assim, um duplo destino da socialização: um, orientado através do Ideal para o Líder, unindo uma multidão de homens em torno de um Homem idealizado; e o outro, irredutível ao primeiro, ligando o homem à mulher e baseando nesse Eros uma obra cultural. O amor ao Pai permite aos homens se agruparem para se opor a outros grupos; o amor pela mulher lhes permitiria convergirem no Eros.

Não podemos desconhecer a importância dessa idéia. Não se trata, na verdade, de uma extensão poética da teoria da feminilidade, mas sim de sua "poesia", que não pára de aperfeiçoar seu próprio objeto. Em outras palavras, Freud presta à mulher uma homenagam correlata à que é prestada a Eros.

Vê-se porque ele barrou o caminho a uma concepção mimética que se fixasse nas gesticulações dos filhos da horda primeva, esquecendo o objeto. Freud postulou integralmente uma substancialidade do desejo, garante do papel determinante de Eros nos grupos humanos.

Mas também se compreende porque essa idéia serviu de contraponto poético à anarquia dos quereres-femininos experimentados na clínica. É como se Freud recompensasse a feminilidade, nesse ponto, pela falta que nunca deixara de experimentar e de expressar, afiliando-a a nada menos do que o Eros que move a *Kultur*. É através da mulher que o homem participa de Eros.

O drama singular da mulher consistiria em ela estar presa ao papel que Eros lhe confere, de fazer nascer o desejo no coração dos homens e lhes permitir unificarem seus desejos, enquanto as mulheres são remetidas, uma a uma, à unicidade de seus quereres.

4. A omissão do Assassinato primevo

Se tivéssemos que reapreender o lugar da mulher no drama da *Kultur*, é a uma parábola da ausência e da retomada que teríamos que recorrer: tudo poderia proceder, na verdade, do fato de a mulher *não* ter participado do assassinato originário do Pai do qual Freud fez brotar a proibição fundadora da *Kultur*. Seu lugar bem poderia ser essa marca na *Urszene*[11] da *Kultur*, ocorrida entre o Pai e os filhos-do-pai: em suma, *entre homens*. Pivô do assassinato, ela não foi sua atriz. Como propriedade do *Urvater*[12] da horda primeva, as mulheres encontravam proteção: Freud nos expressa claramente que a maternidade podia ser exercida à sombra da lei do Pai. Como esposas dos filhos, desde então administradoras da família, elas não conseguiram se achar, como vimos, a ponto de só poderem "acampar" nessa *Kultur* hostil e estranha — como se seu ser jamais chegasse a receber um *estatuto*.

Só que essa exclusão do assassinato e da situação legal fundamentaria igualmente sua *inocência*:[13] é possível que a psicanálise, em suas relações com a feminilidade, se dedique a fazer o balanço dos efeitos ambíguos dessa inocência, tanto na cena do desejo quanto na da *Kultur*, isto é, a saber quanto vale a inocência da omissão do ato em que se efetuou a divisão primitiva entre a proibição e a culpa. Caberia pensá-la, pois, além ou *aquém* da proibição? Talvez o *Was will das Weib?* freudiano seja uma repercussão da perplexidade de quem participou, em seu inconsciente, do assassinato originário, diante daquela — inocente e/ou perversa — que se eximiu dele e foi mantida, portanto, *no limiar* da história, batendo às portas do templo para se fazer reconhecer.

No importante *post scriptum* de sua *Psicologia de grupo e análise do ego*, no entanto, Freud menciona uma transposição do assassinato do Pai que implica a mulher: "Na poetização mentirosa das origens, a mulher, que havia representado o prêmio do combate e a tentação do assassinato, provavelmente se tornou a provocadora e instigadora do crime."[14] É como se, com esse comentário, ele completasse o quadro de *Totem e Tabu*, nele inscrevendo uma imagem específica da mulher.

De fato, vemos que, se esta só esteve implicada como pivô da luta entre os homens, viria, para cúmulo do absurdo, a ser culpada por ele. Causa circunstancial do assassinato, ela seria efetivamente julgada como sua "instigadora"; originariamente presa no eixo da sedução, viria a ser colocada no lugar da tentação. Vemos que os mitos da culpa da mulher — dos quais a misoginia seria conseqüência — são apresentados como formações reativas ao assassinato do pai. Na qualidade de formações lendárias secundárias, esse discurso sobre o erro da mulher constituiria uma espécie de integração fantasística derivada. Os irmãos ter-se-iam levado a crer, desse modo, que a mulher os havia incitado ao assassinato do Pai! Com isso, conferiram uma intenção — diabólica — à própria causa de seu desejo e ao motivo de seu ódio, o que nos traz de volta ao efeito da castração na *Kultur*.

5. A tecelagem como emblema da mulher

Desse vestígio da castração da mulher na *Kultur*, Freud nos forneceu um símbolo cativante: o tecer (*weben*). No ensaio sobre a *Feminilidade*, de fato, ele creditou às mulheres, que "pouco contribuíram para as descobertas e invenções da história da civilização", uma invenção singular: "Talvez, no entanto, elas tenham descoberto uma técnica, a da tecelagem, da feitura da roupa."[15]

Ao formular essa hipótese e buscar sua "motivação inconsciente", Freud inverteu também a lógica de sua idéia: foi para exibir na *Kultur* o ser inconsciente da mulher que ele evocou a tecelagem. Baseou-a numa analogia com o corpo castrado da mulher: a própria imagem do sexo feminino é que teria despertado a idéia de uma *tekné* mediante o enlaçamento das fibras, numa imitação dos pêlos enraizados na pele.

Correlativamente, a mulher teria tido vocação, pelo "defeito (*Defekt*) dos órgãos genitais", para o pudor e para as técnicas de defesa contra a nudez. Vemos que essa invenção supostamente feminina foi concebida como resposta a uma falha, e que a "natureza" teria fornecido seu "modelo". O movimento de cobrir o corpo teria, portanto, ficado a cargo da iniciativa da mulher, justamente pelo fato, paradoxalmente, de ela dissimular uma falta. Tendo que esconder *seu nada*, ela se recusaria a se expor à nudez, onde "não há mais nada a esconder". E disso extrairia, secundariamente, um lucro, ao transformar a falta assim ocultada num tesouro de "encantos".

Mas, ao mesmo tempo, a tecelagem oporia a essa falta um paciente trabalho de *reparação*. Dela faríamos de bom grado, portanto, uma parábola da intervenção da mulher na *Kultur*, entre a falta e Eros. Se a falta é a causa da tecelagem, a própria tecelagem é uma resposta à falta. Não é no exato momento da *retomada* do fio, vez após outra, que a mulher se coloca em condições de superar o desfiamento de que é ameaçada? Não é essa misteriosa ligação entre a falta e Eros que Penélope encarna, retomando a obra do zero, como que para reexperimentar seu vazio — à espera de um homem, mas retomando seu trabalho, a cada dia de sua vida de mulher, para tornar a tecer e tornar a trançar a *ligação*? Aliás, aí vislumbramos a raiz clínica do querer que desfaz incessantemente as obras do desejo, mas é retomado numa nova obra. A presença da feminilidade na *Kultur* constituiria uma versão particular do "Fort/Da", do movimento de vaivém entre a perda e o retorno.

NOTAS

1. O alheamento, a alienação. (N.T.)
2. Reunião de 15 de maio de 1907, in "Les premiers psychanalystes", *Minutes de la Société psychanalytique de Vienne*, Gallimard, p. 219.
3. Ver, em especial, os debates em torno do *Flambeau* [A Tocha] de Karl Kraus.
4. *Op.cit.*, p. 220.
5. *Op.cit.*, p. 221.

6. Ver, quanto a esse ponto, *Freud, la Philosophie et les Philosophes*, PUF, 1976, onde estabelecemos esse modo de pensar de Freud em relação a qualquer *Weltanschauung*.
7. *Op.cit.*
8. Carta a Schönberg, citada por Jones, *op.cit.*
9. Ela figura, aliás, no apêndice da obra [*E.S.B.*, vol. XVIII, 1ª ed.], freqüentemente negligenciado.
10. *G.W.*, vol. XII, p. 158 [*E.S.B.*, XVIII, *op.cit.*]
11. Cena primária. (N.T.)
12. Pai originário ou primevo.
13. Ver *supra*, no tocante aos fundamentos clínicos dessa presunção relacionados com a perversão, p. 141
14. *G.W.*, vol. XIII, p. 152 [*E.S.B.*, XVIII, *op.cit.*].
15. *G.W.*, vol. XV, p. 142 [*E.S.B.*, XXII, 1ª ed.].

CONCLUSÃO

Tendo chegado ao término desta viagem pela fala freudiana sobre a feminilidade, pontuada por uma experiência, uma teoria e um texto, vemos como cada um dos níveis se reflete no outro, de modo que ganha consistência um discurso ao mesmo tempo rigoroso e aporístico, que nos dá uma oportunidade de reconhecer o que acontece com a *cena* característica da mulher.

É pela transição com a parábola anterior, onde culminou o logos freudiano sobre a feminilidade, que começaremos a retomar este levantamento, numa retomada que não seja apenas um balanço, mas uma abertura.

O benefício dessa passagem por Freud para esclarecer a situação da feminilidade só pode ser plenamente avaliado ao situarmos o texto freudiano em relação ao texto, isto é, em relação ao que é possível dizer da mulher, com ou sem a psicanálise. Em troca, poderemos avaliar o peso significativo desse discurso e a autenticidade dessa experiência, sem fechamento dogmático nem ecletismo, o que, numa ética inspirada justamente em Freud, não seria outra coisa senão uma covardia intelectual. Em outras palavras, sabendo o que Freud nos disse, em essência, sobre essa questão, e tendo localizado sua contribuição específica, trata-se de esboçarmos uma inserção de sua postura no presente do discurso sobre a mulher — o que, mais uma vez, implica que nos confrontemos com a origem —, isto é, no momento em que se começou a falar da mulher na imagem de nossa *Kultur*.

A Mulher e o Texto

Que melhor modo de medir o alcance do discurso analítico sobre a feminilidade do que confrontá-lo com o Texto sobre a Mulher, isto é, a própria Bíblia? Esse texto fornece, efetivamente, uma versão exata do nascimento da mulher — requisitada com tanta freqüência, na verdade, que seu sentido ficou obscurecido. A experiência inaugurada por Freud permite, paradoxalmente, mostrarmos o núcleo de realidade contido nesse texto, para o próprio inconsciente. Referimo-nos a algo inteiramente diverso de uma psicanálise do texto bíblico: simplesmente, trata-se de compreendermos como Freud se inscreve, muito caracteristicamente, quando articula seu *Que quer a mulher?* com a questão do lugar da Mulher no Texto. Assim, isso nos ajudará a recapturar, ao término desta investigação, a maneira singular como o texto freudiano sobre a feminilidade repete e subverte, num percurso singular, o que o Texto diz sobre a mulher.

Pois bem, a hora da verdade, naturalmente, é aquela em que a mulher é instada a existir. Cabe observar, portanto, o momento em que o Texto apresenta a mulher, emergindo do não-ser. Que tempo do Gênesis, pois, marca a mulher?

Constatamos de imediato que esse momento é, fundamentalmente, um *Depois*: depois do Homem, como também depois da Criação. E mais: depois da Lei. Adão, segundo o Texto, foi e conheceu a Lei antes de conhecer a Mulher. Mas, porque tinha que haver a Mulher? A resposta é dada no versículo 18 do capítulo 2: "E disse Deus: não é bom que Adão esteja só. Far-lhe-ei uma adjuvante apropriada."[1] Ora, no primeiro capítulo fora dito: "E viu Deus que era bom", depois de criar o Mundo. Logo, em primeiro lugar, tudo era bom; depois, houve a constatação de algo não era bom, no próprio interior da lógica divina da Criação. Seria uma carência? Não, no sentido de que o inteiramente bom fora obtido, na condição de criado. Mas havia realmente uma falta, uma falha, e esta é a que o ser-mulher viria suprir. É como se o Texto expressasse dois enunciados contraditórios, mas a serem pensados em conjunto: de um lado, que a mulher não era necessária ao Todo, mas, de outro, que sua inexistência o impediria de se fechar. Em outras palavras: o Todo *era* bom (enquanto a Mulher ainda não fora pensada), mas, viesse a Mulher a faltar, e haveria o risco de a falta perdurar no mundo. Mas, em que consistia essa falta cuja resposta seria a mulher, como que respondendo a um apelo? Não era outra senão a solidão do homem.

Só que, segundo a Bíblia, isso não é dito pelo próprio homem, e sim por Deus, que não queria um Adão solitário. É que, na verdade, um ser como aquele poderia autorizar a ilusão e a impostura de um deus do mundo criado: "Há um risco de que as criaturas digam: foi Adão quem nos criou." Assim, a Mulher seria criada, *por sua vez* — o que, como vemos, exigiu um ato separado —, como objeção ao Um adâmico: ela seria o Outro (do Um) que, por sua simples existência, repeliria a aparência de divindade que coubesse ao homem. Por outro lado, a Mulher poria termo ao frente-a-frente do Homem só com o Deus-Único: por esse ponto de vista, ela seria segunda em relação ao homem, o "segundo sexo", e terceira em relação ao par Homem-Deus. Disso, porém, só Deus podia tomar a iniciativa: é que isso parecia necessário para fazer com que evoluísse a relação do próprio Adão com a Lei. Sem o Outro-Mulher, o Homem seria desprovido de desejo humano, o que ameaçaria o desejo da própria Lei de permanecer como letra morta para ele. Assim, a Mulher interviria nesse nível, como intermediária na economia contratual do homem com a lei, mas sem ter outro poder mediador a não ser sua própria existência, na medida em que supriria a falta do mundo e alimentaria, por sua própria falta, o desejo do homem; melhor dizendo, fá-lo-ia nascer (razão por que ela mesma fora solicitada a nascer).

Isso nos permite compreender a famosa "operação" através da qual Deus fez a mulher nascer *do* homem. "Yavé Elohim[2] fez cair um sono profundo / sobre Adão, que adormeceu, / E tomou / uma de suas costelas (ou lados = Tsalotav) / e tornou a fechar a carne em seu lugar. / E Yavé Elohim formou / da costela (Tsela) que tomara de Adão / uma mulher, / e a levou até Adão. / E disse Adão: "Eis aqui, agora, / osso de meus ossos, carne da minha carne, / aquela que será chamada Ichah,[3] / pois que de Ich (do homem) foi tirada". (*Gênesis*, II, 21-23.)

Assim, através da operação divina efetuou-se a divisão que gerou a necessidade de uma individuação sexual. No capítulo I do *Gênesis*, dizia-se: "E Elohim criou Adão a sua imagem, / à imagem de Elohim Ele o criou, / macho e fêmea os criou" (versículo 27). A operação criara, portanto, a divisão do Adão bissexual primitivo. Quase podemos conjecturar que Deus teria feito o Adão bissexual sonhar com sua falta, de modo que parte de seu corpo separou-se dele. Ao despertar, saído desse retraimento narcísico, ele estava dividido: nascera o ser que ainda não tinha nome próprio, prolongamento do homem.

Foi nesse momento exato do despertar e do deparar com essa estranha alteridade, tão próxima dele ("osso de meus ossos, carne da minha carne"), mas externa, surgida "diante dele", segundo o plano previsto da criação (far-lhe-ei uma adjuvante apropriada), que ele pôde passar a desejá-la. Ali, foi a visão desse "objeto parcial" que despertou o primeiro desejo de Adão. Ao nomear seu desejo, aliás, ele lhe recordou sua origem: pois não era por ter sido "tirada dele" que Adão podia amá-la? Mas foi também, simultaneamente, por ela lhe exibir sua falta, por devolvê-la a ele como objeto passível de ser amado. Foi nesse exato momento que ele se convenceu de amá-la. Casal assombroso, portanto, tirado do Um, nascendo o desejo da divisão desse Um, que então pôde apaixonar-se pela parte de si, como que numa espécie de metonímia sagrada.

Como vemos, a Mulher não é um sujeito, mas um acontecimento do Texto. Quanto ao Homem, ele, sim, é sujeito desde o início: é com ele que Deus se ocupa e é dele que fala a Lei. Mas, de certo modo, trata-se de um acontecimento tão importante, por si só, que só faz destacar melhor seu contraste com o ser daquela que o encarna. De fato, é somente a partir do aparecimento da mulher que o homem se torna sujeito de seu desejo: é a partir desse momento que a Lei se dirige ao homem, a ponto de parecer que a mulher foi suscitada para essa finalidade fundamental.

Mas ocorre que ela só é promovida à condição de ser para exibir a falta de onde brota o desejo do homem. Tanto que o homem só se sabe fálico a partir do exato momento em que tem a falta diante de si. É à mulher, portanto, que ele deve seu desejo, sob a condição de que seja colocada no lugar da falta. Por isso, é do ponto de vista do olhar da mulher, frente a frente, que o falo se dá a ver.

É por isso que, na origem, a mulher não fala. A criação prevê sua existência, mas não um verbo que lhe seja próprio: antes, ela é falada pelo homem, ou condenada a existir à margem do Verbo. Como órgão do homem, está fadada à união silenciosa, que supostamente esgota os recursos de seu ser.

Mas chegaria o momento em que ela iria falar. Foi, como sabemos, o momento do diálogo com a serpente. As circunstâncias são dignas de nota: Adão dormia, após a consumação do ato sexual[4] — como havia dormido durante o tempo em que Deus operara seu corpo para dar vida à mulher. Ela não dormia; e tudo começou aí, antes mesmo da chegada da serpente: foi por não dormir que ela falou. E, se estava velando assim, é porque não estava satisfeita: ou melhor, não tendo uma experiência da satisfação, ela se vivenciava como estando de fora. Enquanto Adão, em seu sono satisfeito, havia reintegrado a costela e tornara a ficar provisoriamente sem desejo, a mulher iria formular-se a pergunta sobre o que estava acontecendo com ela, sobre o que fazia com que não fosse ela mesma.

Assim, o único pecado da mulher consistiu em ela ter tido, apesar de tudo — embora isso não estivesse previsto —, vontade de falar. É que, criada pelas necessidades do Texto, ela também era, para si mesma, a forma singular de sua falta: assim, no momento em que não estava exercendo sua função objetiva, ficou diante da questão da falta que ela *era*. Para essa fala, era preciso um destinatário: só podia ser a serpente. Foi essa disponibilidade que a serpente explorou. Ou melhor, seria a serpente algo diferente da fala sem sujeito, da língua fora-da-lei e fora-do-texto que nada tinha a dizer senão à mulher? A serpente bem poderia ser, para o inconsciente, a fala a mais ou a menos que só se dirige à mulher, justamente por ser a fala que a língua do Texto não consegue esgotar.

Ora, essa fala se apresentou como uma *promessa*: de divindade, transparência e imortalidade. Não há nada de surpreendente em que essa promessa tenha ido buscar na oralidade os atrativos do saber absoluto. *Ver*, depois de ter comido o fruto. A Mulher foi seduzida a partir do momento em que experimentou, no que lhe ofereceu a serpente, a língua de seu desejo sem lugar, ou seja, experimentou que o fruto era bom de comer e a árvore era bela de ver. Através disso se antecipou o prazer da língua, no duplo sentido do termo, pois a oralidade é também o prazer inaudito que se obtém ao falar. Com isso, de objeto do desejo adâmico ela acedeu à forma de prazer que emanava de sua própria fala, o que provavelmente tem a ver com o estilo de gozo consigo mesma da mulher.

Nesse aspecto, houve efetivamente uma transgressão: e a função diabólica da serpente, ao dar permissão para que se infringisse a proibição, atesta isso claramente. Mas ela foi, bem mais que isso, uma nódoa na lei. Depois do delito, foi a Adão que Deus interrogou e acusou. E com razão: à mulher, que desconhecia a Lei, Deus não tinha literalmente nada a *dizer*. Assim, que foi essa prodigiosa sombra na Lei, que introduziu a discórdia no pacto, senão a fala da mulher? É como se essa fala fosse da ordem do *não-criado*, donde mais ter perturbado (o mundo) do que transgredido (a Lei).

Esse ponto é essencial, pois, não sendo reconhecido, explica o fato de termos insistido na culpa da Mulher, que o Texto bíblico autorizaria. E, no entanto, é basicamente a inocência que aparece: uma inocência funesta, sem dúvida. O castigo o confirmou: foi *por culpa da inocência da mulher* que o homem viu-se expulso do Paraíso. Para o homem, portanto, trabalhar; e para a mulher, parir com dor. Então, e só então, ela pôde receber um nome: "Adão chamou 'Eva' a sua mulher, pois era a mãe de todos os viventes."[5] Ela de fato se tornou *Havah*, a mãe viva: tornou-se sujeito de suas obras, como se sua fala recaísse em seus filhos. Foi isso que ela converteu na forma de seu desejo de maternidade: "Dá-me filhos, senão morrerei."[6]

Freud, a mulher e seu texto

Como negar que no Texto se encena algo de decisivo no tocante à mulher? Vê-se que é uma coisa inteiramente diferente da associação maniqueísta entre o erro e a mulher: mas ela é realmente situada num lugar de onde nos perguntamos como falar a seu respeito. Freud, em certo sentido, só fez reinstaurar os termos dessa questão.

Como que sobrevivendo ao sono do homem, que faz a primeira mulher, na verdade, a não ser perguntar-se o que realmente quer, uma vez que está à margem de seu desejo? E, no fundo, esse Texto, que fala *da* mulher com autoridade, não diz grande coisa sobre seu querer: com isso, conserva sua potência.

Não procederemos a nenhuma equivalência simplista entre as imagens bíblicas e as psicanalíticas. Contentar-nos-emos em fazer ouvir os ecos tão precisos entre os dois textos: com efeito, há neles como que a trama de uma mesma narrativa. Não é simplesmente que Freud esteja sob o efeito de alguma noção bíblica prévia, nem que, inversamente, seja lícito puxarmos o texto bíblico para o lado da análise; mas é que, tanto num quanto noutro, um mesmo nó invertido se ata entre o texto e o inconsciente da feminilidade.

Assim, tão imbuído do discurso masculino sobre a mulher, Freud se expôs sem contemplação — ainda que não sem resistência de sua parte — à fala inaudita e desorganizadora do Texto que leva o nome de *histeria*. Essa fala vazia, que sobrevive à ordem dos parentescos e constrói a lei de seu querer sobre a miséria de seu desejo — justamente a que é tão bem expressada no Texto — não será ela a que a histeria experimenta e atira no rosto de seu parceiro, o detentor do Texto? Transgressão inocente, que Freud teve todas as dificuldades de referir a uma lógica da transgressão, por mais que houvesse nela um toque de culpa.

Acaso a fala histérica não comprova a tragédia singularíssima de um desejo que quer se igualar ao emblema do gozo masculino? O fato de ela poder estar, para o outro, no lugar do falo, reinstaura a genealogia pela "costela". Mas, por outro lado, essa homenagem ao homem contesta seu poder: de onde vem a capacidade de contestação histérica, que atira no rosto do poder fálico o clarão refratado e mortífero de sua potência? De onde vem, também, o fato de ela representar exemplarmente a forma de feminilidade que não consegue se decidir a abdicar da potência mortífera de *sua* fala, em troca do Filho e da imagem da maternidade?

Compreendemos, agora, onde conviria situar a contribuição freudiana, no lugar contraditório em que, ao mesmo tempo que interpela a feminilidade do ponto de vista da Lei, ela não pára de assinalar o que ali existe de irredutível. Trata-se, pois, do *avesso* do Texto: como se a história fosse simultaneamente repetida e invertida. Por isso é que ela tanto pode ser narrada como a história da *resistência de Freud à mulher* quanto como a da *evidenciação da verdade de sua irredutibilidade*; assim, foi-nos permanentemente possível remeter a mulher à trajetória freudiana, como seu "sintoma", e identificar a exploração ímpar dos impasses da imagem inconsciente que a feminilidade permitiu a Freud pensar. Tanto assim que a inigualável fecundidade do freudismo nos autoriza a jogar Freud contra ele mesmo. Pelo menos, vimos quão longe estamos do brutal rebaixamento da feminilidade que lhe foi atribuído, por não se haver elucidado a contradição específica que se estabeleceu na relação da fundação psicanalítica com a feminilidade.

Falamos inicialmente no desafio epistemológico, e este, no fundo, é apenas a vertente, do lado do exercício do saber, da questão ética: a questão da lei. Se, aqui, a feminilidade é a objeção ao Texto da lei, do ponto de vista da inocência, lá ela é a objeção da verdade ao ponto de vista do saber. É como se, por um efeito de "redundância", a divisão entre saber e verdade, que constitui a objetividade analítica — ou seja, o próprio inconsciente —, se exacerbasse nela. A questão da feminilidade bem poderia ser, nesse sentido, *a expressão do problema epistemológico da psicanálise em sua própria identidade*.[7]

Mas ocorre que, se o Texto fala da falta, ele não lhe pode conferir outro estatuto senão o de não-criada, seja para absorvê-la, seja para excluí-la. Se, por um lado, Freud está do lado da Lei a partir da qual o Texto pode ser escrito, por outro ele está do lado... da serpente. Do lado em que a fala da falta se torna audível. Mais exatamente, está do lado de um homem que fosse informado da falta da mulher e tivesse uma escuta sensível para isso: em suma, do lado de Don Juan.[8]

Entretanto, ele foi também, como vimos, um Don Juan que renegou a si mesmo; mas que, através da nostalgia[9] ressaltada, se informou da questão que estava em jogo: o móbil de uma relação e de um texto. Na verdade, Freud nunca conseguiu fazer outra coisa senão tentar situar-se em relação à demanda da mulher, embora, ao mesmo tempo, num movimento oposto, tentasse fazê-la entrar no texto. Não conseguiu optar entre as duas alternativas: essa é a contradição, provavelmente incontornável, da relação psicanalítica com a feminilidade. Donde a necessidade de ela meditar sobre a aventura de Freud, para recolocar a questão de sua natureza singular.

Essa posição freudiana é, acima de tudo, única. Teríamos que situá-la em algum ponto entre a Bíblia e Don Juan, entre a vontade de ser uma autoridade *em matéria da* mulher e a de vivenciar sua falta a ponto de gozar com ela. Isso é o que explicaria ele ter descoberto um meio de amiúde enxergar com tanta clareza, ao mesmo tempo faltando a seu encontro; de atingir em cheio uma verdade, mas mantendo a equivocidade da relação.

A lei implícita do texto o forçou a procurar a chave do desejo, até o limite de uma lógica da transgressão de onde brotou a arbitrariedade do querer, que ele não deixou de expressar, ainda que ela fizesse voar pelos ares a estrutura do texto. No final das contas, houve uma *verdade* da feminilidade que conseguiu se expressar, através do dispositivo exclusivo instaurado pela psicanálise.

O único "ponto obscuro"

Assim, devemos finalmente compreender a tranqüila reivindicação de Freud: "Talvez não seja descabido assegurar que, nesta descrição da vida amorosa feminina, qualquer tendência à depreciação da mulher me é estranha."[10] Ele mesmo deveria destacar que a construção gramatical dessas declarações remetia a uma lógica da denegação. De modo que transpareceria, no inconsciente, essa *Tendez zur Herabsetzung* que ele evocou para descartar. Tal protesto de inocência, portanto, não pode ser apreendido unicamente em seu conteúdo consciente.

Mas pode ser tomado ao pé da letra: de fato, é verdade que, sob o efeito de um longo processo clínico e teórico, Freud veio a conhecer e exprimir, mesmo que contraditoriamente, "a vida amorosa feminina". Talvez tenha sido a contragosto que ele se deixou impor o que sua experiência analítica o forçou a dizer da mulher. Assim, haveria nisso como que uma denegação invertida, que exprimiríamos numa formulação deste tipo: eu (como homem) poderia ter tendido a depreciar a mulher — uma *Tendez* decorrente do complexo de castração através do qual o homem ganha acesso à mulher —, mas fui protegido disso pela assiduidade com que freqüentei o inconsciente, capaz de captar, aquém de "qualquer tendenciosidade", a verdade produzida pelo sujeito que se debate com o objeto de seu desejo. Desde que façamos nosso o desejo de Freud, vemos efetivamente abrir-se, como a presente obra pretendeu persuadir-nos, a única via de acesso que permite começarmos a dizer algo sobre a mulher. É verdade que, para isso, não basta, como Freud fingiu acreditar, sermos alheios a "qualquer tendenciosidade em geral". É que entra em jogo essa "tendenciosidade" particularíssima que é a castração, que introduz no dizer sobre a mulher esse obstáculo tão singular. Que Freud tenha, *mesmo assim*, introduzido esse logos, é uma razão para não deixarmos que ele se perca.

Uma pequena nota do texto sobre a *sexualidade feminina* indica que a questão da interpretação do vínculo entre a mulher e a castração, confirmado pela experiência analítica, de modo algum lhe havia escapado. Se Freud a abordou tão marginalmente, embora ela possa ter passado a nos parecer central, foi para lhe conferir o único *status* que lhe cabia dentro do discurso analítico: o de um boato provocado por uma teoria analítica fora do campo em que ela é produzida. Por isso, conferiu-lhe uma posição clara: o que os "amigos" e "inimigos" das "mulheres" pudessem dizer a partir do que a psicanálise enunciava era apenas uma "aplicação polêmica da psicanálise".[11] Mais uma vez, a tradução reduz a exatidão da expressão alemã, "*agonale Verwendung*".[12] *Verwendung* evoca a idéia de emprego e aplicação, mas também de intervenção e intromissão, enquanto *agonale* remete à idéia de combate. Tratava-se, pois, de uma apoderação da teoria da castração, de uma intromissão entre ela e a experiência que a havia autorizado, para debater-se com ela e combatê-la, com vistas a um aviltamento da mulher — o que servia de base para discursos falocráticos de segunda categoria.

A postura de Freud diante dessa estratégia, tão ativa desde sua época, foi a um tempo firme e sóbria: "A aplicação belicosa da análise não leva, evidentemente (*offenbar*), a nenhuma decisão (*Entscheidung*)." Em outras palavras, nada, na experiência estritamente analítica, permitia autorizar uma tese polêmica relativa ao que fosse enaltecedor ou pejorativo no tocante à essência feminina. Não obstante, basta nos empenharmos em seu exame, e fica fácil constatar que a tese analítica funciona como uma "faca de dois gumes".[13] O que a tese analítica tem de assustador e reconfortante é a característica de que os que dela se apoderam para legitimar seu discurso inevitavelmente se ferem, isto é, fornecem ao adversário meios de inverter seu discurso.

Sem dúvida, é isso que Freud nos ensina, essencialmente, sobre a questão da mulher: a empunhar com firmeza, na cacofonia dos discursos sobre a mulher, a arma da teoria analítica, para reafirmar incansavelmente sua agudeza própria, irredutível às manipulações ideológicas. Não que essa postura freudiana fique miraculosamente imune à contradição ideológica. Tivemos algumas confirmações brutais disso, de passagem. Entretanto, o mais impressionante nos parece ser o fato de a postura freudiana abrir para si, tanto nessa questão quanto em outras, um caminho tão fecundo e tão desprovido de concessões.

Resta-nos indagar a que se prende esse privilégio da apreensão freudiana — pois é daí que provém a legitimidade de a levarmos a intervir nas questões em jogo na atualidade. Poderíamos dizer que esse privilégio se prende a um dado essencial: ao fato de Freud abordar a feminilidade pela fresta ao mesmo tempo estreita e esclarecedora da experiência analítica. Ele mesmo confessou ter envolto em trevas seu objeto inconsciente, para concentrar sua atenção no "único ponto obscuro".[14] Foi também isso o que aconteceu no tocante à feminilidade.

Esse "ponto obscuro" singular era, na verdade, o querer-feminino. Na impossibilidade de produzir um modelo global e integrador que nos permitisse captar toda a intensidade da alienação social imposta à mulher, articulada com sua dependência "psicológica", Freud se colocou num ponto muito especial do horizonte, que foi a feminilidade apreendida pelo inconsciente. A vantagem disso foi que, em momento algum, o que continuava impossível de precisar no querer da Mulher foi adjudicado em benefício próprio. Procuramos adaptar o método do presente texto à alternância das "cenas" que encontra seu rigor, no entanto, no reflexo recíproco. Assim, vimos como o que Freud vivenciou da forma específica de resistência da histérica, conjugado à experiência inconsciente de sua própria resistência, pôde ser pensado e dito no plano da teoria, na elaboração estrutural que foi possível fazer disso. Quanto à *Kultur*, ela forneceu a essa cena seu aspecto de realidade.

É como se, em suma, através da "idéia fixa"[15] de Freud, alguma coisa do querer-feminino tivesse ganho corpo, tanto por sua resistência quanto por seu compromisso com a verdade. Quer Freud tenha introduzido a mulher em seu texto, quer se tenha descoberto introduzido no texto da mulher, foi nesse lugar, de qualquer modo, que se disse esse algo da feminilidade que não devemos deixar que se perca.[16]

NOTAS

1. O original diz "une aide *en face*". Há várias traduções bíblicas em português para essa expressão, como "uma adjutora *que esteja como diante dele*", ou "uma ajudante *semelhante a ele*", ou ainda "uma auxiliadora *que lhe seja idônea*" etc. A idéia é a de termos como "propícia", "apropriada", porém tomados em suas origens etimológicas (latinas) de "mais próxima" (no tempo e no espaço), "mais ligada" (por parentesco), "que mais se parece", "que toca mais de perto" etc. As origens de "idônea" também apontam para essas idéias de "própria para", "conveniente", "propícia". (N.T.)
2. Deus Jeová, em sua designação no Antigo Testamento (em hebraico) ou na Torah. (N.T.)
3. Nas Bíblias cristãs, varoa ou virago, de varão (*Ich*). (N.T.)
4. Segundo uma outra versão, ele estaria, nesse momento, trabalhando em seu campo (mas, será que este existia antes da expulsão do Paraíso?). O conteúdo inconsciente da presente versão, de qualquer modo, permite autorizá-la.
5. É esse o sentido da palavra *Havah*.
6. Esse foi o apelo de Raquel.
7. Avaliaremos os efeitos desta digressão com base em nossa reflexão posterior sobre a episteme freudiana.
8. Ver *supra*. Terá sido por acaso, diga-se de passagem, que o *Don Juan* de Mozart era uma das raríssimas obras musicais consideradas "susportáveis" por Freud?
9. Ver *supra*.
10. *Sobre o narcisismo: uma introdução*, *G.W.*, vol. X [*E.S.B.*, vol. XIV, 1ª ed.].
11. *G.W.*, vol. XIV, nota 1 [*E.S.B.*, vol. XXI, 1ª ed.].
12. Que também se poderia traduzir por uma "utilização belicosa" da psicanálise. (N.T.)
13. *Op.cit., ibid.*
14. Cf. carta a Lou Andreas-Salomé.
15. Foi com esse termo que Freud designou sua teoria da castração.
16. Procuraremos, para tentar não deixar que se perca essa trilha, aprofundar essa teoria freudiana, tanto na extensão, mostrando sua fecundidade clínica, quanto na compreensão, dando continuidade à reflexão sobre episteme freudiana iniciada há dez anos.